名校名师精品系列教材

U0742537

Cloud Computing Automation
Operation and Maintenance

云计算
自动化运维

麒麟版 | 微课版

池瑞楠 黄新 彭添淞 ◎ 主编

王艳秋 张夏衍 李伟 ◎ 副主编

人民邮电出版社

北京

图书在版编目（CIP）数据

云计算自动化运维：麒麟版：微课版 / 池瑞楠,
黄新，彭添淞主编. -- 北京：人民邮电出版社，2025.
（名校名师精品系列教材）. -- ISBN 978-7-115-67542-2

Ⅰ. TP393.027

中国国家版本馆 CIP 数据核字第 2025EX3657 号

内 容 提 要

本书是一本专注于 Python 和 Ansible 工具在云计算环境中应用的教材。全书以实战项目为导向，涵盖从基础知识到高级技能的内容，旨在培养具备实际操作能力的自动化运维工程师。本书具体内容包括 Python 程序设计基础、Python 高级编程技术、Python 自动化运维、Ansible 基础与部署、Ansible 自动化脚本设计、Ansible 进阶与最佳实践、Ansible 高可用实践、自动化运维综合实践。对于每个任务，本书都通过实际操作和案例分析，帮助读者深入理解并掌握云计算自动化运维的核心技能。

本书不仅适合高校计算机网络技术、云计算技术应用等相关专业的学生和工程师阅读，也为中高级 Linux 系统管理员提供了宝贵的技术参考。通过对本书的学习，读者将能够掌握 Python 和 Ansible 工具在云计算中的应用，提高在云计算领域的技能水平。

◆ 主　编　池瑞楠　黄　新　彭添淞
　　副主编　王艳秋　张夏衍　李　伟
　　责任编辑　郭　雯
　　责任印制　王　郁　焦志炜

◆ 人民邮电出版社出版发行　　北京市丰台区成寿寺路 11 号
　　邮编　100164　电子邮件　315@ptpress.com.cn
　　网址　https://www.ptpress.com.cn
　　固安县铭成印刷有限公司印刷

◆ 开本：787×1092　1/16
　　印张：15.5　　　　　　　　　2025 年 9 月第 1 版
　　字数：428 千字　　　　　　　2025 年 9 月河北第 1 次印刷

定价：59.80 元

读者服务热线：(010)81055256　印装质量热线：(010)81055316
反盗版热线：(010)81055315

一、缘起

党的二十大报告明确提出加快建设网络强国、数字中国的战略目标，为我国信息化发展指明了方向。随着信息技术（Information Technology，IT）的快速发展，各类互联网应用已经成为人们日常生活的重要组成部分。云计算彻底改变了 IT 资源的部署、配置和管理方式，使服务提供商致力于实现"服务即一切"的交付模式。用户通过云计算能够体验到更高效、更便捷的服务。同时，服务提供商能通过云生态系统向用户提供更高的价值。

这种转变依赖于庞大的 IT 系统基础设施，而运维工作则负责保障这些系统的稳定运行。传统的人工运维方式已经难以满足业务不断发展的需求，因此需要从流程化、标准化、自动化的角度构建新的运维体系。DevOps 的兴起促使运维、开发和质量控制团队从全局角度考虑系统组件，打破了运维与开发之间的壁垒，实现了跨部门的深度融合。DevOps 项目不断增加，同时支撑持续集成和持续部署的自动化工具层出不穷。

作为 DevOps 工具链中的重要组成部分，Ansible 因其具有开创性的跨平台基础设施即代码（Infrastructure-as-Code）功能而备受关注。Ansible 不仅简化了系统管理员和开发者在自动化部署及维护整个应用生命周期中的操作，还推动了持续部署的实践。现如今，Ansible 已成为 GitHub 上最受欢迎的开源自动化工具之一，广泛应用于各种自动化管理场景。

二、内容和结构

本书围绕 Python 和 Ansible 两大工具，详细讲解如何在云计算环境中实现高效的自动化运维。Python 凭借其简洁的语法和丰富的库支持，为自动化脚本编写提供了强大能力；Ansible 则以其无代理的架构和强大的配置管理能力，成为自动化部署与维护的理想选择。通过剖析 Python 脚本和 Ansible Playbooks 的实际应用，本书可以帮助读者构建全面的自动化运维技术框架，以满足现代云计算环境的复杂需求。

全书以项目为核心，从基础到进阶，逐步引导读者进行学习。首先，本书通过对 Python 基础知识的讲解，为读者的后续学习打下基础；其次，系统解析 Ansible 的使用方法，包括配置、操作和最佳实践；最后，通过综合案例将两者整合，展示它们在实际运维场景中的完整应用流程。本书的每一章都结合实践建议和具体步骤，帮助读者掌握技术细节并实现高效应用。

本书不仅关注工具的使用，更注重实践经验的传授和运维思维的培养。通过真实案例的实操，读者将在解决实际问题的过程中提升能力，同时积累优化与创新的经验。

三、使用

本书采用模块化和任务驱动的编写方法，全书共 8 个项目，每个项目都由多个教学任务组成。每个项目都通过具体的项目描述引入核心内容，并设定明确的学习目标。任务分为任务描述、任务分析和任务实施 3 个阶段，这样可以帮助读者系统地掌握 Python 和 Ansible 在云计算自动化运维中的应用。

在每个项目结束后，本书都提供了项目小结、课后练习和实训练习。其中，项目小结帮助读者回顾和整合每个项目的核心知识，确保学习目标的实现；课后练习和实训练习旨在加深读者对知识的理解，确保读者能够将所学内容有效应用于实际工作中。

本书建议授课 64 课时，教学内容及课时安排如下表所示。

教学内容及课时安排表

项目	任务	任务课时	讲授时长/课时
项目 1 Python 程序设计基础	任务 1.1 银河麒麟高级服务器操作系统安装	2	8
	任务 1.2 环境配置与 Python 安装	2	
	任务 1.3 基础数据类型和操作	2	
	任务 1.4 控制结构与循环逻辑	2	
项目 2 Python 高级编程技术	任务 2.1 函数的使用方法	3	6
	任务 2.2 OOP 基础	3	
项目 3 Python 自动化运维	任务 3.1 自动化数据库备份	2	8
	任务 3.2 服务器资源监控	3	
	任务 3.3 自动化日志分析	3	
项目 4 Ansible 基础与部署	任务 4.1 Ansible 环境搭建与配置	2	8
	任务 4.2 基本 Inventory 文件的编写	3	
	任务 4.3 简单 Playbooks 的编写与执行	3	
项目 5 Ansible 自动化脚本设计	任务 5.1 Ansible 模块深入应用	2	8
	任务 5.2 Playbooks 的设计与高级特性	3	
	任务 5.3 Vault 的安全实践	3	

续表

项目	任务	任务课时	讲授时长/课时
项目 6 Ansible 进阶与最佳实践	任务 6.1 Roles 的高级用法与管理	3	6
	任务 6.2 基于 Roles 快速部署 MariaDB	3	
项目 7 Ansible 高可用实践	任务 7.1 Ansible 部署高可用 Web 服务	4	12
	任务 7.2 Ansible 自动化部署负载均衡器	4	
	任务 7.3 Ansible 部署高可用数据库集群	4	
项目 8 自动化运维综合实践	任务 8.1 Shell 语言基础语法	2	8
	任务 8.2 Shell 部署 2048 小游戏	2	
	任务 8.3 Python 自动化部署 Web 网站	2	
	任务 8.4 Ansible 部署 DNS 集群	2	
总计			64

　　本书由池瑞楠、黄新、彭添淞任主编，王艳秋、张夏衍、李伟任副主编。由于编者水平有限，书中存在不足之处在所难免，殷切希望广大读者批评指正，如有问题，请致信到邮箱 chiruinan@szpu.edu.cn。

编　者

2025 年 5 月

目 录

项目 **1**

Python程序设计基础

项目描述

　　在IT日新月异的时代，读者应深入学习Python的基础数据类型、操作方法、控制结构与循环逻辑等核心内容。通过系统的学习，读者将掌握如何定义和操作整数、浮点数、布尔值、字符串、列表和字典等多种数据类型，并了解它们在不同场景中的实际应用。此外，读者还将学习如何运用控制命令，如if…elif…else语句，以及for循环和while循环等基本循环逻辑，来构建复杂的逻辑流程。通过丰富的实际案例练习，读者将在实践中加深对这些概念的理解，并能够在实际项目中灵活运用所学知识。

学习目标

知识目标
- 理解银河麒麟高级服务器操作系统的基础概念和安装过程。
- 了解 Python 的基础数据类型、控制结构、循环逻辑及其操作方法。

能力目标
- 能够安装并配置银河麒麟高级服务器操作系统，为 Python 环境的安装提供支持。
- 能够独立编写简单的 Python 程序，熟练使用基础数据类型、控制结构和循环逻辑。

素养目标
- 通过科学思维的培养，提升对操作系统和编程问题的理解能力。
- 提高动手操作能力，并在实践中增强团队合作意识与掌握沟通技巧。

任务分解

本项目的目标是让读者掌握银河麒麟高级服务器操作系统的安装与配置，以及Python编程的基础知识和操作技能。为了帮助读者系统地学习和掌握这些内容，本项目划分了4个具体任务。

首先，读者将学习如何安装银河麒麟高级服务器操作系统，为后续学习打下基础。具体步骤包括加载银河麒麟高级服务器操作系统镜像、配置虚拟机环境，以及在虚拟机中完成系统的安装与初步配置。其次，读者将学习如何在银河麒麟高级服务器操作系统上配置环境和安装Python。内容包括挂载本地镜像源、安装编译工具包以及通过源码编译安装Python。此外，读者还将学习如何验证Python的安装结果。再次，读者将深入学习Python的基础数据类型和操作方法，内容涉及整数、浮点数、布尔值、字符串等数据类型的定义与操作，以及这些数据类型在编程中的实际应用。最后，读者将学习Python中的控制结构与循环逻辑，内容包括条件命令、循环结构的基本概念，以及实际案例，旨在利用这些结构进行逻辑控制与代码优化。

通过依次完成这4个任务，读者将逐步掌握银河麒麟高级服务器操作系统的安装、环境的配置与Python的安装，Python编程的基础知识和操作技能，以及控制结构与循环逻辑，为将来在实际工作中应用这些技术打下坚实基础。项目1任务分解如表1-1所示。

表1-1　项目1任务分解

任务	任务目标	安排课时
任务 1.1 银河麒麟高级服务器操作系统安装	掌握银河麒麟高级服务器操作系统的安装与基础配置	2
任务 1.2 环境配置与 Python 安装	学习环境的配置与 Python 的安装	2
任务 1.3 基础数据类型和操作	掌握 Python 基础数据类型的定义与操作	2
任务 1.4 控制结构与循环逻辑	学习并应用 Python 的控制结构与循环逻辑	2
总计		8

📖 **知识准备**

1.1 Python 概述

Python 是一种高级编程语言，以其易读性和强大的功能而受到广泛推崇。它结合了解释型、交互式和面向对象等特性，使得开发者能够灵活地选择最适合的编程方法。在这些特性中，Python作为解释型语言的优势尤为显著，值得深入探讨。

1. 解释型语言

Python 是一种解释型语言，这意味着代码在运行时由解释器逐行翻译成机器语言，而无须事先编译成独立的可执行文件。这种特性使得代码的编写和调试过程更加高效，开发者可以在没有编译步骤的情况下，直接运行和测试代码。语言解释过程如图 1-1 所示。

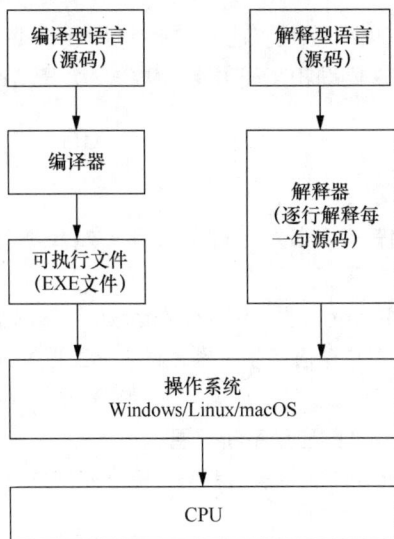

图 1-1 语言解释过程

2. 简洁的语法

Python 的语法设计旨在提高代码的可读性。相比其他编程语言，Python 使用了更少的关键字和标点符号，并采用了直观的代码结构，使得代码更易于理解和维护。例如，Python 使用缩进来表示代码块，而不是使用花括号（{}），这种设计使得代码结构更加清晰。

3. 多编程范式支持

Python 支持多种编程范式。

（1）面向对象程序设计（Object-Oriented Programming，OOP）：Python 通过类和对象的概念支持 OOP，使得代码可以通过封装、继承和多态进行组织及管理。类的定义和继承结构可以使程序设计更加模块化，可复用性更强。

（2）函数式编程：Python 允许将函数作为第一类对象，这意味着函数可以作为参数传递给其他函数，也可以作为返回值返回。Python 支持高阶函数和闭包等功能，使得代码更加灵活。

（3）命令式编程：传统的命令式编程也是 Python 支持的编程范式，其通过顺序执行一系列命令来改变程序状态。

4. 交互式开发环境

Python 提供了一个强大的交互式开发环境，开发者可以在 Python 提示符下直接输入代码片段并即时执行。这种交互式模式对快速测试代码片段、调试程序和学习语言特性非常有帮助。

5．广泛的应用

Python 广泛应用于各种领域，包括 Web 开发、数据分析、科学计算、人工智能、机器学习和游戏开发等。其丰富的第三方库和框架（如 Django、NumPy、TensorFlow）进一步扩展了 Python 的应用范围。

综上所述，Python 凭借其简洁的语法、灵活的编程范式和广泛的应用等，成为当今最受欢迎的编程语言之一，能够满足从初学者到专业开发者的各种需求。

1.2　Python 的优势和应用

Python 因其独特的特性和广泛的应用领域而成为一种极受欢迎的编程语言。以下是 Python 的一些主要优势。

1．强大的社区支持

Python 拥有一个活跃且用户数不断增长的开发者社区，该社区提供了大量的第三方库和框架。这些资源可以帮助开发者快速解决问题和实现功能，从 Web 开发到数据分析，再到人工智能，这些资源几乎可涵盖所有编程需求。

2．广泛的应用领域

Python 广泛应用于各个领域。

（1）Web 开发：Python 拥有多个强大的 Web 框架，如 Django 和 Flask，能够简化 Web 应用的开发过程，支持快速构建和部署。

（2）数据分析和科学计算：Python 的 NumPy、pandas 和 Matplotlib 等库使得数据分析和科学计算变得高效且直观。这些工具广泛应用于金融、科研、工程等领域。

（3）人工智能和机器学习：TensorFlow、Keras 和 Scikit-learn 等库支持构建及训练机器学习模型，使 Python 在人工智能领域的应用不断扩展。

（4）自动化脚本编写：Python 的简单语法和强大标准库使其成为编写自动化脚本的理想选择，能够有效地完成各种日常任务和系统管理。

此外，Python 具备跨平台兼容性，可以在 Windows、macOS 和 Linux 等操作系统上运行，从而简化了跨平台开发。它的交互式开发环境和即时反馈机制加速了开发与调试过程，使开发者能够快速测试和优化代码。在具体应用中，Python 被广泛用于计算机科学教育、金融和商业分析、游戏开发以及网络编程和安全等领域，其强大的生态系统和多样化的功能奠定了其在技术社区的核心地位。

（1）计算机科学教育：Python 因其易学性和直观的语法，广泛用于计算机科学教育中。许多计算机科学入门课程和编程课程都选择 Python 作为教学语言。

（2）金融和商业分析：在金融和商业分析领域，Python 被用于数据分析、风险管理、量化交易等任务。其丰富的数据处理库使得分析和处理复杂的金融及商业数据变得简单高效。

（3）游戏开发：虽然 Python 不是主要的游戏开发语言，但它在游戏原型设计和开发中仍然具有应用价值。例如，Pygame 支持开发简单的 2D 游戏。

（4）网络编程和安全：Python 被广泛用于网络编程和安全领域。其强大的标准库和第三方库（如 Scapy）使得网络数据包分析、自动化测试和网络安全工具开发变得便捷。

Python 的优势在于其简单易读、强大的社区支持以及广泛的应用领域等，这使得它成为许多开发者和企业的首选编程语言。

1.3　Python 的版本选择

Python 的版本分为 Python 2.x 和 Python 3.x 两个系列，这两个系列具有不同的功能和支持情况。选择合适的 Python 版本对于开发项目的成功至关重要。以下是关于 Python 版本选择的详细信息。

1. Python 2.x 系列

版本：Python 2.7。

发布日期：2010 年 7 月。

特点：Python 2.7 是 Python 2.x 系列的最后一个版本，它引入了一些重要的新特性，如垃圾回收、列表推导式以及对 Unicode 的初步支持。然而，由于一些语言设计上的缺陷，Python 2.x 系列的维护和功能扩展已于 2020 年 1 月结束。

停用情况：Python 2.7 自 2020 年 1 月 1 日起不再得到支持，不再接受安全更新或改进。这意味着使用 Python 2.7 的项目将面临安全风险，并且无法享受最新的功能和性能改进。

2. Python 3.x 系列

（1）Python 3.0

发布日期：2008 年 12 月。

特点：Python 3.0 进行了重大版本更新，旨在修正 Python 2.x 系列中的设计缺陷。它引入了许多不兼容的更改，如设置新的字符串处理机制、移除旧特性和设置改进的标准库。这一版本标志着 Python 语言的现代化转型。

（2）Python 3.6

发布日期：2016 年 12 月。

特点：Python 3.6 引入了格式化字符串字面量（f-strings），支持更高效的字符串格式化和更直观的语法，同时，增加了异步生成器等特性，改善了异步编程体验。

（3）Python 3.7

发布日期：2018 年 6 月。

特点：Python 3.7 继续在性能和功能方面进行改进，引入了数据类（Data Class），简化了数据对象的创建和管理。上下文变量（Context Variable）和改进的异步特性进一步增强了编程灵活性。

（4）Python 3.8 及以上版本

Python 3.8：发布于 2019 年 10 月，新增了海象运算符（Walrus Operator）等特性，提升了表达能力。

Python 3.9：发布于 2020 年 10 月，进一步改进了类型注解和内置函数。

Python 3.10：发布于 2021 年 10 月，带来了结构模式匹配、改进的类型提示等新特性。

其后续版本（如 Python 3.11 和 Python 3.12）继续进行性能优化和功能扩展。

3. Python 版本的选择建议

关于 Python 版本的选择建议如下。

（1）新项目：对于新项目，建议使用 Python 3.x 系列，特别是较新的 Python 3.10 或更高版本。Python 3.x 系列提供了更丰富的功能、更好的性能和更长的支持周期，适合现代开发需求。

（2）现有项目：对于已经在使用 Python 2.x 系列的现有项目，建议尽快迁移到 Python 3.x 系列。虽然迁移可能涉及一定的工作量，但从长期来看，Python 3.x 系列的功能和安全更新将提供更多的支持及优势。

选择合适的 Python 版本将有助于确保项目的可维护性、安全性和性能，同时利用最新的语言特性并获得社区支持。

1.4 基础数据类型与操作

在编程语言中，基础数据类型构成了数据处理的核心框架。理解这些基础数据类型及其操作是编程的基础，它们决定了数据如何存储、处理及运算。下面详细介绍几种常见的基础数据类型及其相关操作。

1. 整数

整数（int）是基础的数值数据类型，表示没有小数部分的数字。它们可以是正数、负数或零。整数广泛应用于计数、索引以及需要精确计算的场景。编程语言中的整数通常支持各种数学运算，如加法、减法、乘法和除法。其支持的高级操作包括取余运算（计算两个数相除后的余数）、幂运算（将一个数按指定指数进行幂次计算），以及位运算（如与运算、或运算、异或运算）等。

整数在计算机中通常以二进制形式存储和处理。在编程中，整数可能有不同的位数（如 32 位、64 位）和范围，这会影响它们能够表示的最大值和最小值。例如，32 位整数的范围通常是 $-2147483648 \sim 2147483647$。

2. 浮点数

浮点数（float）用于表示具有小数部分的数字，这使得它们适用于需要处理实数的计算场景。浮点数在计算机中的表示基于科学记数法，其中数字由一个基数和一个指数组成。这种表示方式能够处理更广泛的数值范围，但也可能引入舍入误差。因此，浮点数运算可能会存在精度问题。

浮点数运算包括加法、减法、乘法和除法，以及涉及更复杂的数学函数，如求平方根函数、求对数函数和三角函数。由于浮点数的精度限制，程序员需要特别注意在进行大量运算或比较时可能出现的误差。

3. 布尔值

布尔值（boolean）只有两个可能的取值：真（True）和假（False）。它们主要用于逻辑判断和条件控制，如图 1-2 所示。在编程中，布尔值常用于控制结构与循环逻辑，如条件命令和循环命令。布尔运算符（如与、或、非）允许将多个布尔表达式组合起来，以形成复杂的逻辑条件。这些布尔运算符帮助程序在执行过程中进行决策，如是否执行某段代码或确定循环的次数。

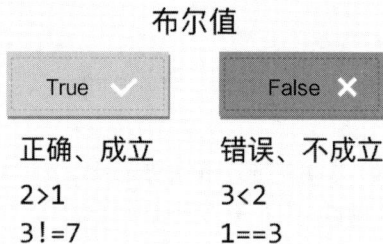

图 1-2 布尔值

4. 字符串

字符串（string）是由字符组成的序列，用于处理和存储文本数据。字符串可以包含字母、数字、符号和空白字符。字符串在编程中的应用非常广泛，包括数据输入输出（Input/Output，I/O）、文本处理，以及动态生成内容。字符串操作包括拼接（将多个字符串合并成一个）、切片（提取子字符串）、查找（定位子字符串的位置）、替换（用新字符串替换旧字符串）等。

在许多编程语言中，字符串是不可变的，即每次对字符串的修改都会创建一个新的字符串对象，而不是在原有字符串上进行更改。字符串的格式化技术允许在字符串中插入变量，以生成动态文本内容。例如，可以使用占位符或格式化方法将变量插入字符串中，以生成自定义的输出。

5．数据类型转换

不同的数据类型之间可以进行相互转换。例如，将整数转换为浮点数可以通过显式转换来实现，反之亦然。字符串和整数之间的转换通常也会被用到。在进行这些转换时，可能会遇到数据丢失或精度损失的问题。例如，将浮点数转换为整数时，通常会丢失小数部分。

6．数据类型的应用

基础数据类型在各种应用中扮演着关键角色。整数常用于计数、索引，以及状态标志。浮点数在科学计算、金融分析等领域中用于处理精确的数值。布尔值用于控制流程和逻辑判断，确保程序按照预期的条件执行。字符串则用于处理文本数据，如用户输入、文件读取和信息显示等。

7

1.5 控制结构与循环逻辑

控制结构与循环逻辑是程序设计中的核心概念，它们用于指导程序的执行流程，控制程序的执行路径以及重复执行某些操作。

1．控制结构

控制结构用于根据条件来决定程序的执行路径。最常见的控制结构之一是条件命令，它允许程序在运行时根据不同的条件做出不同的决策，控制结构如图 1-3 所示。

（1）条件命令

条件命令帮助程序根据特定条件选择不同的执行路径。通过条件判断，程序能够在不同的情况下执行不同的代码块。例如，当某个条件成立时，程

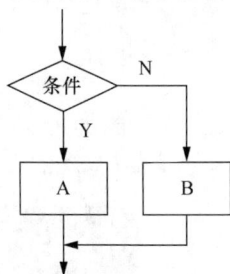

图 1-3　控制结构

序会执行一个代码块；如果条件不成立，则可以选择执行另一个代码块。条件命令通常包括基本的判断和分支功能，可以处理各种逻辑判断和选择执行路径。

（2）嵌套条件

在实际编程中，条件命令可以嵌套，即在一个条件命令内部再包含其他条件命令。这种嵌套方式允许程序处理更复杂的逻辑判断，使得程序可以根据多层次的条件做出决策。

2．循环逻辑

循环逻辑用于重复执行某个代码块，直到满足特定条件为止。这种功能在需要多次执行相似操作时特别有用，可以减少代码的重复性和提高效率，循环逻辑如图 1-4 所示。

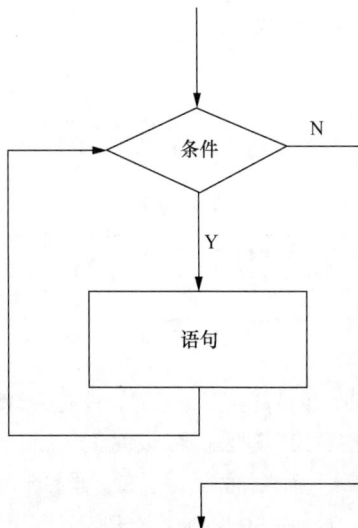

图 1-4　循环逻辑

（1）for 循环：for 循环用于遍历一个集合或序列中的每个元素。它能够自动迭代集合或序列中的每一项，并对每一项执行相同的操作。for 循环通常用于处理列表、字符串或其他可迭代对象。当需要对固定范围内的数据进行操作时，for 循环是一个非常高效的选择。

（2）while 循环：while 循环在满足特定条件时持续执行指定的代码块。循环会一直运行，直到条件不再满足为止。这种循环适用于不确定迭代次数的情况，例如，当需要不断等待用户输入或检查某种状态时，while 循环可以提供灵活的控制。

（3）循环控制：在循环体内，可以使用 break 和 continue 命令控制循环的行为。break 命令用于立即退出循环，无论条件是否满足；continue 命令则用于跳过当前循环的剩余部分，直接进入下一次迭代。这些控制机制允许程序在循环执行过程中灵活调整逻辑、优化性能和控制流程。

（4）嵌套循环：在某些情况下，可能需要在一个循环内部嵌套另一个循环。这种嵌套循环可以处理多维数据结构或需要复杂迭代的任务。例如，处理矩阵数据时，可以使用嵌套循环遍历每一行和每一列。

通过有效地使用控制结构与循环逻辑，程序员可以设计出能够应对各种情况的复杂程序，增强程序的功能性和灵活性。这些概念在编程中扮演了至关重要的角色，使得程序能够根据不同的条件和需求做出智能的响应及处理。

任务 1.1　银河麒麟高级服务器操作系统安装

【任务描述】

本任务将引导读者学习如何安装银河麒麟高级服务器操作系统，并使用 VMware Workstation Pro 作为实践环境。在此过程中，读者将了解如何准备 VMware Workstation Pro 软件、安装银河麒麟高级服务器操作系统，以及配置网络和进行基本设置。通过完成这些步骤，读者将获得银河麒麟高级服务器操作系统安装的实战经验，这将为构建一个可靠且高效的云原生应用环境奠定基础。

微课

任务 1.1 实操演示

通过这个任务，读者将深入了解银河麒麟高级服务器操作系统的特性和功能，并能够在实际操作中灵活运用这些知识。这不仅有助于提升读者对银河麒麟高级服务器操作系统的熟悉度，还能为后续应用的部署、管理和维护提供有力的支持。

【任务分析】

（1）规划节点

使用银河麒麟高级服务器操作系统规划节点，如表 1-2 所示。

表 1-2　规划节点

IP 地址	主机名	节点
192.168.200.10	localhost	银河麒麟高级服务器操作系统控制节点

（2）基础准备

进行 VMware Workstation Pro 软件的实操练习时，首先启动软件并选择"创建新的虚拟机"选项，打开安装向导，在安装向导中选择使用典型配置，设置虚拟机参数，包括分配 4 个虚拟 CPU、4GB 内存和 40GB 磁盘空间，并选择 NAT 模式作为网络设置，同时分配静态 IP 地址 192.168.200.10。指定加载 Kylin-Server-10-SP2-Release-Build09-20210524-x86_64.iso 镜像文件作为启动介质，完成虚拟机的各项配置后启动虚拟机，按照引导完成系统安装。为了确保安全性，建议设置主机密码为 Kylin2024。按照这些步骤，读者可以顺利完成单节点的安装。

【任务实施】

（1）运行安装程序"VMware-workstation-full-16.2.4.exe"，在打开的安装向导中单击"下一步"按钮继续操作，如图 1-5 所示。

（2）在"最终用户许可协议"界面中，勾选"我接受许可协议中的条款"复选框，然后单击"下一步"按钮继续操作，如图 1-6 所示。

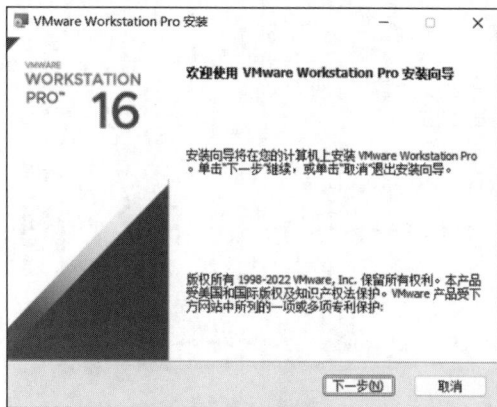

图 1-5　安装向导

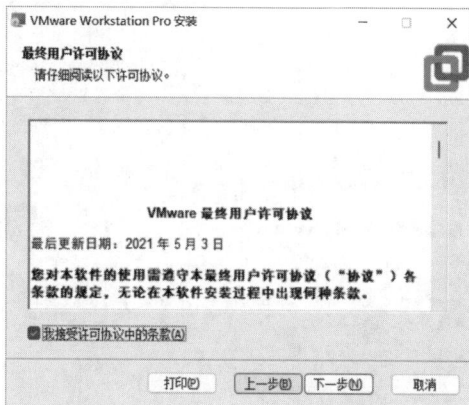

图 1-6　"最终用户许可协议"界面

（3）进入"自定义安装"界面，取消勾选"增强型键盘驱动程序（需要重新引导以使用此功能）"复选框，同时勾选"将 VMware Workstation 控制台工具添加到系统 PATH"复选框，并单击"下一步"按钮继续操作，如图 1-7 所示。

（4）在"用户体验设置"界面中，不勾选"启动时检查产品更新"和"加入 VMware 客户体验提升计划"复选框，直接单击"下一步"按钮继续操作，如图 1-8 所示。

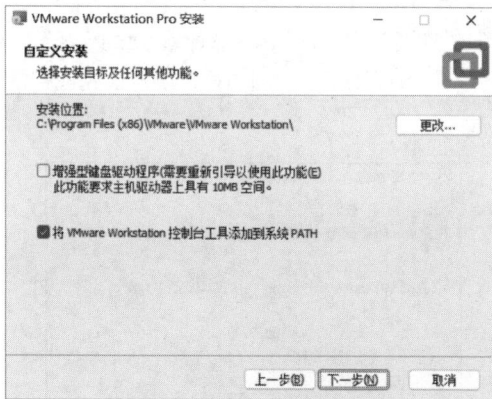

图 1-7　"自定义安装"界面

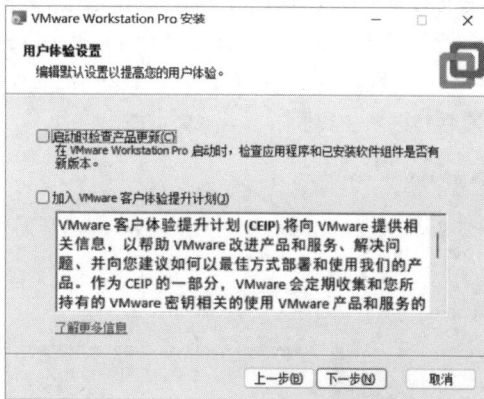

图 1-8　"用户体验设置"界面

（5）在"快捷方式"界面中，勾选"桌面"和"开始菜单程序文件夹"复选框，然后单击"下一步"按钮继续操作，如图 1-9 所示。

（6）在"已准备好安装 VMware Workstation Pro"界面中，单击"安装"按钮（见图 1-10），进入图 1-11 所示的"正在安装 VMware Workstation Pro"界面，系统开始安装 VMware Workstation Pro。

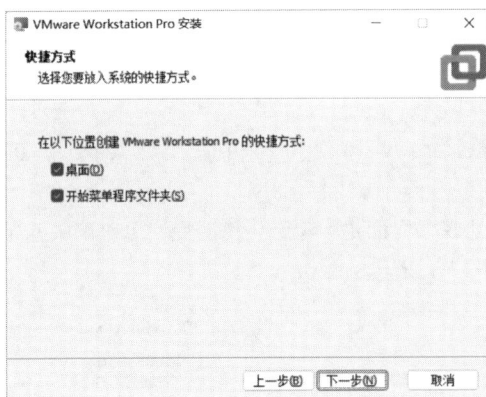

图 1-9　"快捷方式"界面

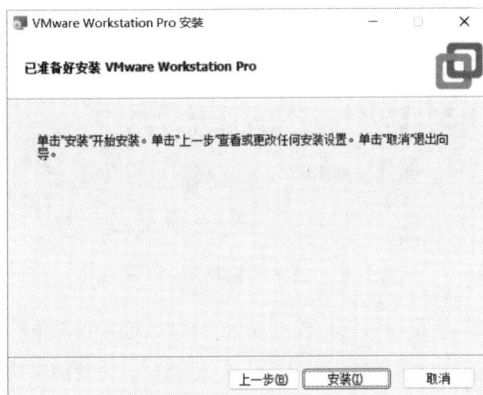

图 1-10　"已准备好安装 VMware Workstation Pro"界面　　图 1-11　"正在安装 VMware Workstation Pro"界面

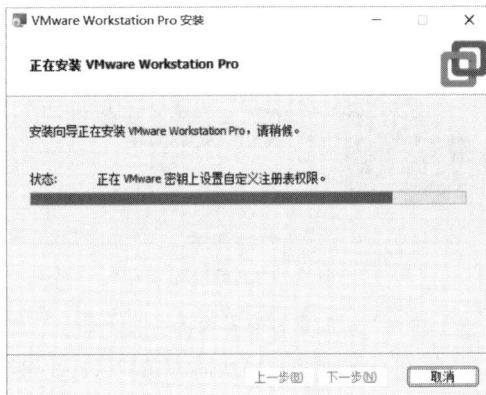

（7）安装完成后，在进入的"VMware Workstation Pro 安装向导已完成"界面中不立即输入许可证密钥，直接单击"完成"按钮退出安装向导，如图 1-12 所示。

（8）启动 VMware Workstation Pro，在打开的"欢迎使用 VMware Workstation 16"对话框中选中"我希望试用 VMware Workstation 16 30 天"单选按钮，如图 1-13 所示。完成初始化设置后，进入主界面。

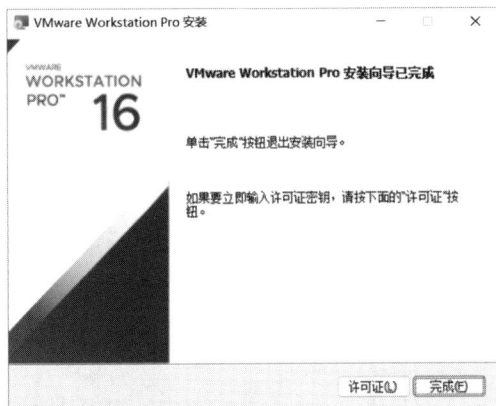

图 1-12　"VMware Workstation Pro 安装向导已完成"
界面

图 1-13　"欢迎使用 VMware Workstation 16"
对话框

安装好的 VMware Workstation Pro 主界面如图 1-14 所示。

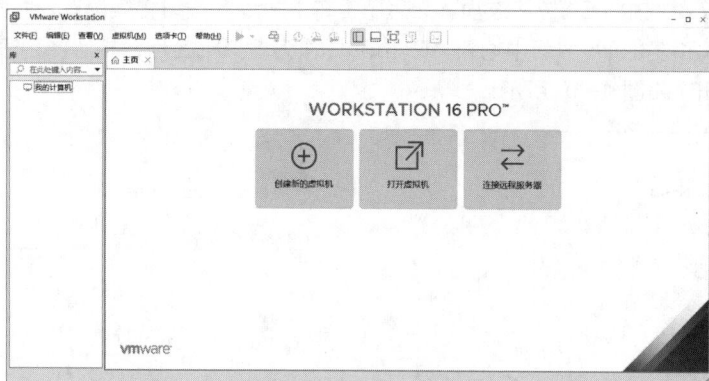

图 1-14　安装好的 VMware Workstation Pro 主界面

（9）在 VMware Workstation Pro 主界面中，选择"创建新的虚拟机"选项，如图 1-15 所示。

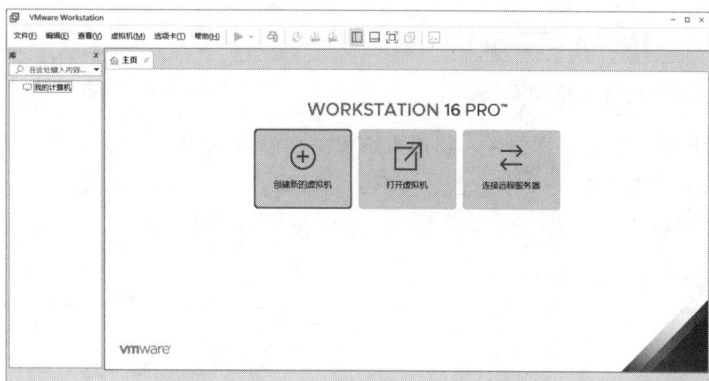

图 1-15　选择"创建新的虚拟机"选项

（10）在"欢迎使用新建虚拟机向导"界面中选中"典型（推荐）"单选按钮，然后单击"下一步"按钮继续设置，如图 1-16 所示。

（11）在"安装客户机操作系统"界面中选中"稍后安装操作系统"单选按钮，单击"下一步"按钮继续设置，如图 1-17 所示。

图 1-16　"欢迎使用新建虚拟机向导"界面

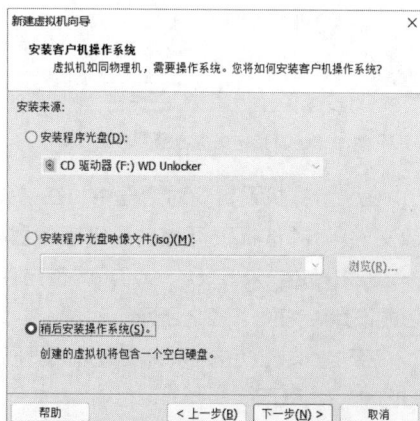

图 1-17　"安装客户机操作系统"界面

（12）在"选择客户机操作系统"界面中，选中"Linux"单选按钮，并在"版本"下拉列表中选择"其他 Linux 4.x 内核 64 位"选项，然后单击"下一步"按钮继续设置，如图 1-18 所示。

（13）在"命名虚拟机"界面中输入"Python"作为虚拟机名称，并选择合适的安装位置，单击"下一步"按钮，如图 1-19 所示。

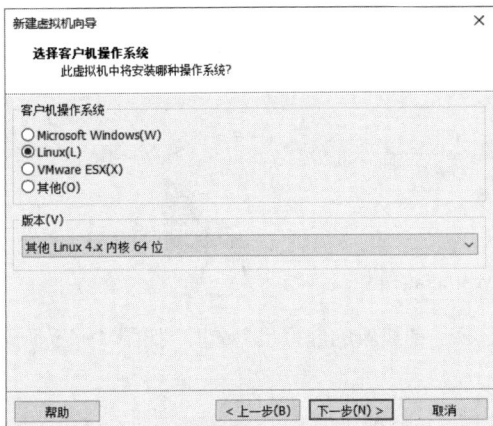

图 1-18　"选择客户机操作系统"界面

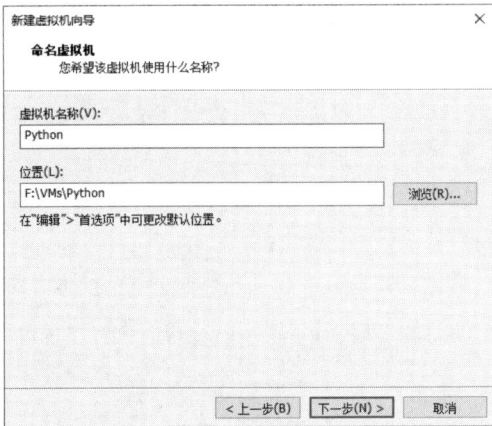

图 1-19　"命名虚拟机"界面

（14）在"指定磁盘容量"界面中，将最大磁盘大小设置为 100GB，选中"将虚拟磁盘存储为单个文件"单选按钮，然后单击"下一步"按钮继续设置，如图 1-20 所示。

（15）在"已准备好创建虚拟机"界面中，确认设置并单击"完成"按钮以创建虚拟机，如图 1-21 所示。

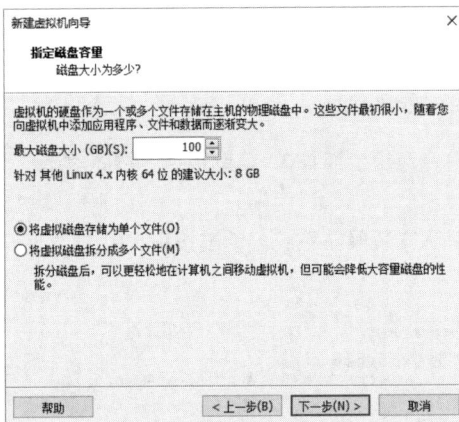

图 1-20　"指定磁盘容量"界面

图 1-21　"已准备好创建虚拟机"界面

（16）在"虚拟机设置"对话框中，在"硬件"选项卡中配置"新 CD/DVD（IDE）"为"使用 ISO 映像文件"，并选择银河麒麟高级服务器操作系统镜像（Kylin-Server-10-SP2-Release-Build09-20210524-x86_64.iso），调整内存为 4GB，处理器设置为 4 个核心，每个处理器两个内核，完成设置，如图 1-22 所示。

（17）启动虚拟机，进入系统安装选项界面，选择"Install Kylin Linux Advanced Server V10"选项，如图 1-23 所示。

（18）在语言选择界面中选择"中文"→"简体中文"选项，并单击"继续"按钮，如图 1-24 所示。

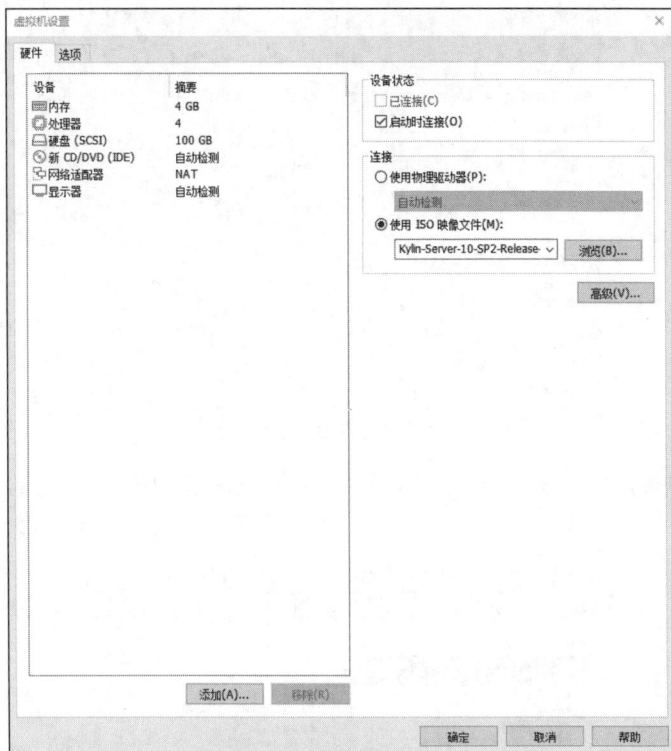

图 1-22 "虚拟机设置"对话框

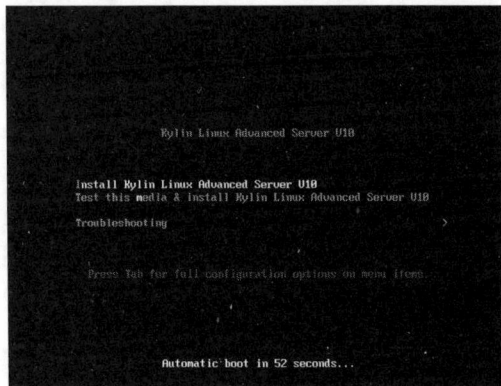

图 1-23 系统安装选项界面

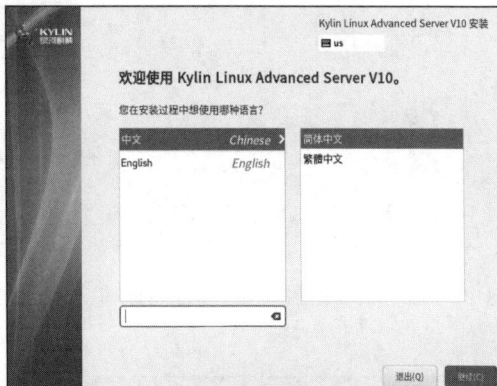

图 1-24 语言选择界面

（19）进入"时间和日期"界面，选择"地区"为"亚洲"，"城市"为"上海"，单击左上角的"完成"按钮，如图 1-25 所示。

图 1-25 "时间和日期"界面

（20）进入"安装目标位置"界面，选择"VMware,VMware Virtual S"作为安装目标，其他选项保持默认，单击左上角的"完成"按钮，如图 1-26 所示。

图 1-26 "安装目标位置"界面

（21）进入"软件选择"界面，选中"最小安装"单选按钮，单击左上角的"完成"按钮，如图 1-27 所示。

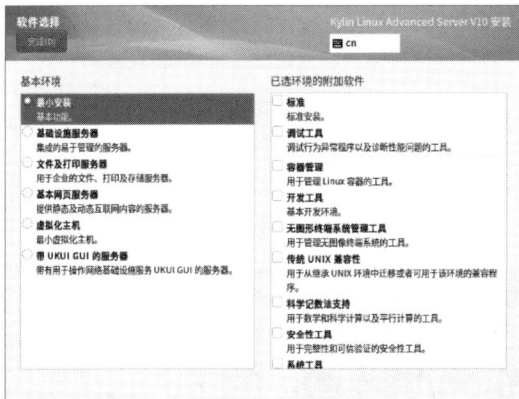

图 1-27 "软件选择"界面

（22）进入"ROOT 密码"界面，设置密码为"Kylin2024"，单击左上角的"完成"按钮，如图 1-28 所示。

（23）在"安装信息摘要"界面中，单击右下角的"开始安装"按钮，开始安装系统，如图 1-29 所示。

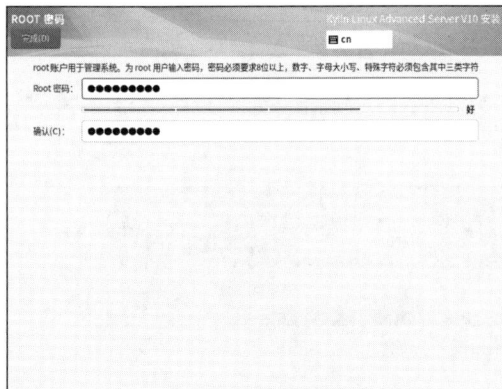

图 1-28 "ROOT 密码"界面

图 1-29 "安装信息摘要"界面

（24）等待一段时间后，系统安装完成。在"安装进度"界面中，单击"重启系统"按钮，重启虚拟机，如图 1-30 所示。

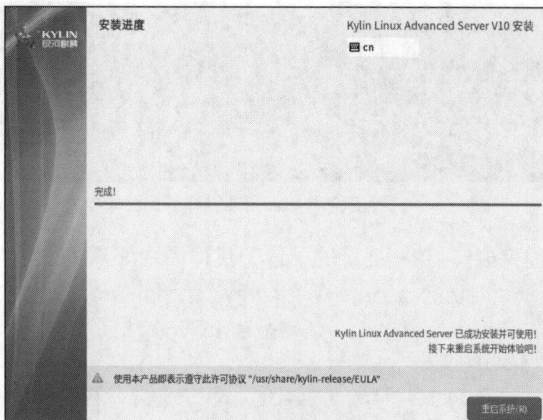

图 1-30 "安装进度"界面

（25）重启虚拟机后，选择默认的第一个选项，按回车键，即可进入操作系统，如图 1-31 所示。

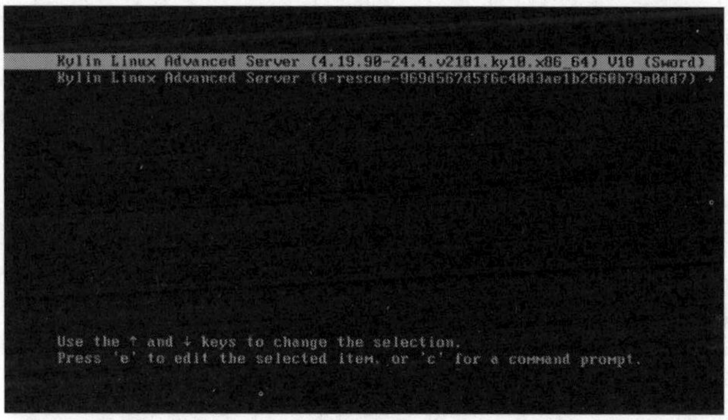

图 1-31 选择默认的第一个选项

（26）首次进入系统后，需要进行初始化，先输入"3"，按回车键，再输入"2"，按回车键，接着输入"c"，按回车键，最后输入"c"，按回车键，如图 1-32 所示。

图 1-32 初始化

（27）系统初始化后，输入用户名"root"并按回车键，再输入密码"Kylin2024"并按回车键，完成登录。银河麒麟高级服务器操作系统登录界面如图1-33所示。

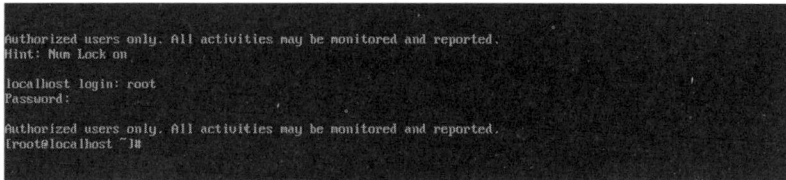

图1-33　银河麒麟高级服务器操作系统登录界面

（28）登录成功后需要完成节点IP地址的配置，具体命令如下。

```
[root@localhost ~]# vim /etc/sysconfig/network-scripts/ifcfg-ens33
TYPE=Ethernet
PROXY_METHOD=none
BROWSER_ONLY=no
BOOTPROTO=static
DEFROUTE=yes
IPV4_FAILURE_FATAL=no
IPV6INIT=yes
IPV6_AUTOCONF=yes
IPV6_DEFROUTE=yes
IPV6_FAILURE_FATAL=no
IPV6_ADDR_GEN_MODE=stable-privacy
NAME=ens33
UUID=14d5b99d-6a33-4afd-844b-1e88f06d59a4
DEVICE=ens33
ONBOOT=yes
IPADDR=192.168.200.10
NETMASK=255.255.255.0
GATEWAY=192.168.200.2

[root@localhost ~]# nmcli c r
[root@localhost ~]# nmcli c up ens33
连接已成功激活（D-Bus 活动路径：/org/freedesktop/NetworkManager/ActiveConnection/3）
[root@localhost ~]# ip a
1: lo: <LOOPBACK,UP,LOWER_UP> mtu 65536 qdisc noqueue state UNKNOWN group
default qlen 1000
    link/loopback 00:00:00:00:00:00 brd 00:00:00:00:00:00
    inet 127.0.0.1/8 scope host lo
       valid_lft forever preferred_lft forever
    inet6 ::1/128 scope host
       valid_lft forever preferred_lft forever
2: ens33: <BROADCAST,MULTICAST,UP,LOWER_UP> mtu 1500 qdisc fq_codel state
UP group default qlen 1000
    link/ether 00:0c:29:7c:cf:70 brd ff:ff:ff:ff:ff:ff
    inet 192.168.200.10/24 brd 192.168.200.255 scope global noprefixroute ens33
       valid_lft forever preferred_lft forever
    inet6 fe80::69f2:864f:22c1:22fb/64 scope link noprefixroute
       valid_lft forever preferred_lft forever
```

（29）使用 SecureCRT 连接两台虚拟机，如图 1-34 和图 1-35 所示。

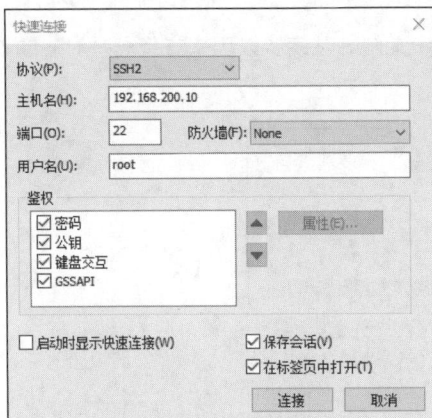

图 1-34　连接虚拟机 1

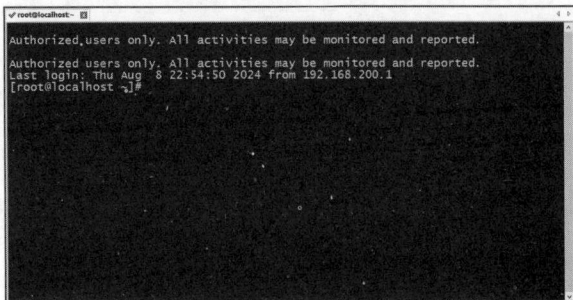

图 1-35　连接虚拟机 2

可以看到，终端的返回内容是正常的。至此，系统及网络配置完成。

任务 1.2　环境配置与 Python 安装

【任务描述】

读者通过本任务将学习如何在银河麒麟服务器操作系统上配置本地 YUM 仓库，并使用 yum 命令管理器安装 Python 的相关开发工具包和依赖项。具体操作包括挂载 ISO 镜像、配置本地 YUM 仓库、安装开发工具包和 Python 所需的依赖项，以及通过编译安装的方式在系统中安装 Python 3.11.9，并验证安装结果。

微课

任务 1.2 实操演示

通过本任务，读者将掌握在服务器环境中通过源码编译安装 Python 的全过程，能够独立完成从环境配置到 Python 安装的各个步骤，为后续开发和使用 Python 奠定坚实的基础。这些技能将使读者在实际工作中更加熟练地处理类似的环境配置和软件安装任务。

【任务分析】

（1）规划节点

使用银河麒麟高级服务器操作系统规划节点，如表 1-3 所示。

表 1-3　规划节点

IP 地址	主机名	节点
192.168.200.10	localhost	银河麒麟高级服务器操作系统控制节点

（2）基础准备

在进行 VMware Workstation Pro 软件的实操练习时，首先启动软件并选择"创建新的虚拟机"选项，打开安装向导，在安装向导中选择使用典型配置，设置虚拟机参数，包括分配 4 个虚拟 CPU、4GB 内存和 40GB 磁盘空间，并选择 NAT 模式作为网络设置，同时分配静态 IP 地址 192.168.200.10。指定加载 Kylin-Server-10-SP2-Release-Build09-20210524-x86_64.iso 镜像文件作为启动介质，完成虚拟机的各项配置后启动虚拟机，按照引导完成系统安装。为了确保安全性，建议设置主机密码为 Kylin2024。按照这些步骤，读者可以顺利完成单节点的安装。

【任务实施】

（1）挂载 ISO 镜像

首先需要确保虚拟机挂载了银河麒麟高级服务器操作系统的 ISO 镜像以用来安装一些对应的软件包，挂载 ISO 镜像，如图 1-36 所示。

图 1-36　挂载 ISO 镜像

确保镜像挂载后，需要使用命令将镜像挂载到指定目录下，以让系统读取到镜像中的内容，具体命令如下。

```
[root@localhost ~]# mount /dev/sr0 /mnt/
mount: /mnt: WARNING: source write-protected, mounted read-only.
[root@localhost ~]# ls /mnt/
EFI  images  isolinux  LICENSE  manual  Packages  repodata  TRANS.TBL
```

（2）配置本地 YUM 仓库

配置本地 YUM 文件以实现安装软件包时使用本地的镜像仓库，具体命令如下。

```
[root@localhost ~]# vim /etc/yum.repos.d/kylin_x86_64.repo
# 先删除文件中的所有内容，再新增以下内容
[local]
name=local
gpgcheck=0
baseurl=file:///mnt
```

通过使用 yum 命令检查配置是否正确，具体命令如下。

```
[root@localhost ~]# yum repolist
仓库标识                                          仓库名称
local                                            local
```

（3）安装开发工具包和编译依赖项

利用步骤（2）配置好的本地 YUM 仓库，安装一些开发工具包和用于 Python 编译的依赖项，具体命令如下。

```
[root@localhost ~]# sudo yum -y groupinstall "Development tools"
```

[root@localhost ~]# sudo yum -y install zlib-devel bzip2-devel openssl-devel ncurses-devel sqlite-devel readline-devel tk-devel libffi-devel gcc-c++ tar

上述两条命令的执行结果分别如图 1-37 和图 1-38 所示。

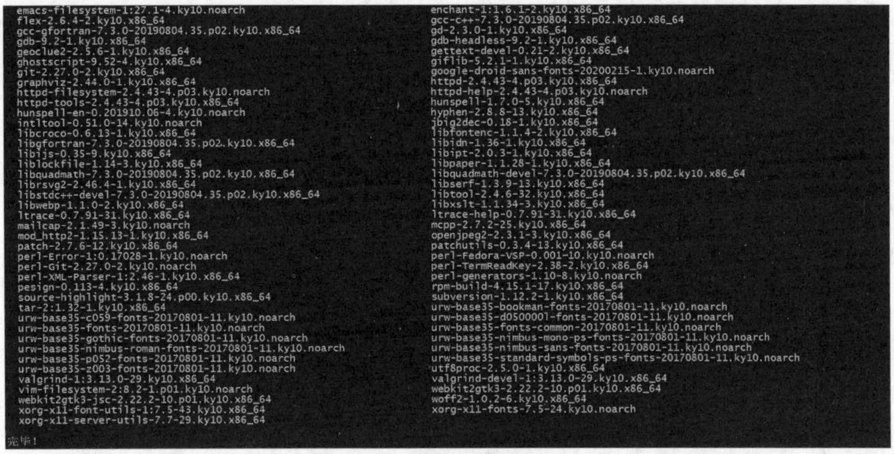

图 1-37　开发工具包安装

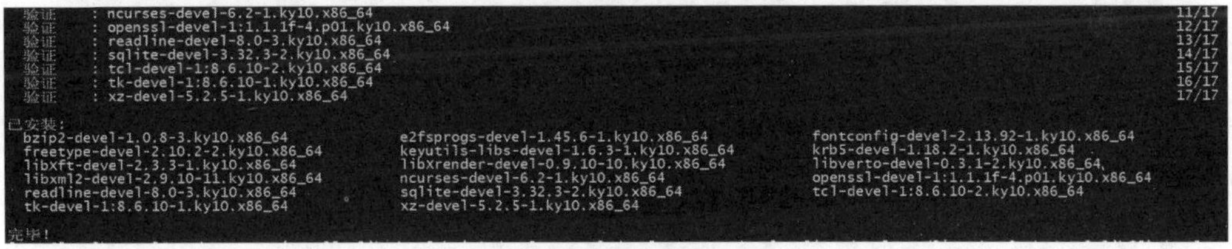

图 1-38　编译依赖项安装

（4）安装 Python

步骤（1）～步骤（3）已将安装 Python 的各项准备工作做完，接下来正式开始安装 Python。将 Python 的源码包上传至服务器的/root/目录下，查看上传结果，具体命令如下。

```
[root@localhost ~]# ls
anaconda-ks.cfg   initial-setup-ks.cfg   Python-3.11.9.tgz
[root@localhost ~]# tar xf Python-3.11.9.tgz
[root@localhost ~]# ls
anaconda-ks.cfg   initial-setup-ks.cfg   Python-3.11.9   Python-3.11.9.tgz
```

生成配置，具体命令如下。

```
[root@localhost ~]# cd Python-3.11.9
configure: creating Makefile
[root@localhost Python-3.11.9]# ./configure --enable-optimizations
# 省略检查输出
configure: creating ./config.status
config.status: creating Makefile.pre
config.status: creating Misc/python.pc
config.status: creating Misc/python-embed.pc
config.status: creating Misc/python-config.sh
config.status: creating Modules/Setup.bootstrap
config.status: creating Modules/Setup.stdlib
config.status: creating Modules/ld_so_aix
config.status: creating pyconfig.h
```

```
config.status: pyconfig.h is unchanged
configure: creating Modules/Setup.local
configure: creating Makefile
```

编译安装，此过程需要等待较长时间，具体命令如下。

```
[root@localhost Python-3.11.9]# make -j 4 altinstall
# 省略安装输出内容
Writing grammar tables to /usr/local/lib/python3.11/lib2to3/PatternGrammar3.11.9.final.0.pickle
if test "xupgrade" != "xno"   ; then \
        case upgrade in \
                upgrade) ensurepip="--altinstall --upgrade" ;; \
                install|*) ensurepip="--altinstall" ;; \
        esac; \
        ./python -E -m ensurepip \
                $ensurepip --root=/ ; \
fi
Looking in links: /tmp/tmprzr_khkh
Processing /tmp/tmprzr_khkh/setuptools-65.5.0-py3-none-any.whl
Processing /tmp/tmprzr_khkh/pip-24.0-py3-none-any.whl
Installing collected packages: setuptools, pip
Successfully installed pip-24.0 setuptools-65.5.0
WARNING: Running pip as the 'root' user can result in broken permissions and conflicting
behaviour with the system package manager. It is recommended to use a virtual environment
```

这里可以看到已经安装完成，可以通过指定命令查看 Python 的版本，具体命令如下。

```
[root@localhost ~]# python3.11 --version
Python 3.11.9
[root@localhost ~]# pip3.11 --version
pip 24.0 from /usr/local/lib/python3.11/site-packages/pip (python 3.11)
```

至此，可以看到 Python 已经安装成功，也能看到安装的版本。

任务 1.3　基础数据类型和操作

【任务描述】

在本任务中，读者将系统地学习 Python 中的基础数据类型，包括整数、浮点数、布尔值、字符串、列表和字典。通过对每种数据类型的详细解释和示例演示，读者将掌握如何定义和使用这些数据类型，以及它们在数据处理和运算中的实际应用。本任务还包括对数据类型特性，如浮点数的精度问题、列表的常见操作以及字典的键值对结构等的深入讲解，帮助读者全面理解如何在 Python 中进行数据操作和管理。

完成本任务后，读者将能够熟练掌握 Python 的基础数据类型及其操作，提升编程能力并能够在实际开发中有效应用相关技术。这将使读者能够编写功能丰富、代码结构清晰的程序，并具备处理复杂数据结构的能力。通过对数据类型及其操作的深入了解，读者将能够优化代码性能，解决实际编程中的问题，提高编程效率。

微课

任务 1.3 实操演示

【任务分析】

（1）规划节点

使用银河麒麟高级服务器操作系统规划节点，如表 1-4 所示。

表 1-4 规划节点

IP 地址	主机名	节点
192.168.200.10	localhost	银河麒麟高级服务器操作系统控制节点

（2）基础准备

在进行 VMware Workstation Pro 软件的实操练习时，首先启动软件并选择"创建新的虚拟机"选项，打开安装向导，在安装向导中选择使用典型配置，设置虚拟机参数，包括分配 4 个虚拟 CPU、4GB 内存和 40GB 磁盘空间，并选择 NAT 模式作为网络设置，同时分配静态 IP 地址 192.168.200.10。指定加载 Kylin-Server-10-SP2-Release-Build09-20210524-x86_64.iso 镜像文件作为启动介质，完成虚拟机的各项配置后启动虚拟机，按照引导完成系统安装。为了确保安全性，建议设置主机密码为 Kylin2024。按照这些步骤，读者可以顺利完成单节点的安装。

【任务实施】

（1）编写第一个程序

在编写之前，先安装 Vim 编辑器，具体命令如下。

```
[root@localhost ~]# yum install -y vim
上次元数据过期检查: 1 day, 1:47:54 前, 执行于 2024 年 08 月 08 日 星期四 15 时 25 分 21 秒。
依赖关系解决。
# 安装输出省略
安装:
 vim-enhanced          x86_64          2:8.2-1.p01.ky10          local          1.4 M
安装依赖关系:
 gpm-libs              x86_64          1.20.7-22.ky10            local          17 k
 vim-common            x86_64          2:8.2-1.p01.ky10          local          6.8 M

# 安装输出省略
已安装:
 gpm-libs-1.20.7-22.ky10.x86_64              vim-common-2:8.2-1.p01.ky10.x86_64
vim-enhanced-2:8.2-1.p01.ky10.x86_64

完毕!
```

使用 Python 语言在 Linux 环境中编写第一个程序"Hello World!"，执行以下命令创建一个新的 Python 脚本文件。

```
[root@localhost ~]# touch hello_world.py
```

为了编辑 Python 脚本文件，使用 Vim 编辑器打开刚刚创建的文件，具体命令如下。

```
[root@localhost ~]# vim hello_world.py
```

在 Vim 编辑器中，按 i 键进入插入模式，然后输入以下代码。

```
print("Hello, World!")
```

输入完代码后，按 Esc 键退出插入模式，接着输入:wq 并按回车键保存并退出 Vim 编辑器，接着运行 Python 脚本文件，具体命令如下。

```
[root@localhost ~]# python3.11 hello_world.py
Hello, World!
```

运行脚本文件后，终端将返回"Hello, World!"。通过上述步骤，读者已经成功编写并运行了第一个 Python 程序"Hello World!"。

（2）整数数据类型

整数是一种基础数据类型，用于表示没有小数部分的数字。Python 支持任意大小的整数，既可以是正整数，也可以是负整数，还可以是零。例如，1、100、-888、0 等。Python 中的整数不带小数点，并且在 Python 3.x 系列中，整数没有大小限制，能够支持非常大的整数。

① 定义整数变量。

在 Python 中，可以通过直接赋值的方式定义一个整数变量，具体命令如下。

```
num = 42
print(num)   # 结果是 42
```

② 整数的运算。

以下是一个整数的运算案例。

```
a = 10
b = 5
# 加法
sum_result = a + b
print("加法:", sum_result)   # 结果是 15
# 减法
difference_result = a - b
print("减法:", difference_result)   # 结果是 5
# 乘法
product_result = a * b
print("乘法:", product_result)   # 结果是 50
```

③ 整除和取余运算。

整除运算和取余运算是整数运算中的重要操作。整除运算用于获取商的整数部分，而取余运算用于获取余数。这些运算在实际编程中非常有用，特别是在需要将数据分组或处理循环时，具体命令如下。

```
a = 17
b = 4
# 整除
floor_division_result = a // b
print("整除:", floor_division_result)   # 结果是 4
# 取余
remainder_result = a % b
print("取余:", remainder_result)   # 结果是 1
```

说明如下。

- 整除运算返回的是商的整数部分。例如，17 // 4 的结果是 4。
- 取余运算返回的是除法运算后的余数。例如，17 % 4 的结果是 1。

④ 幂运算。

幂运算用于计算一个数的某次方，具体命令如下。幂运算在计算科学、工程学等领域中经常使用。

```
base = 2
exponent = 8
power_result = base ** exponent
print("幂运算:", power_result)   # 结果是 256
```

幂运算的结果是 base 的 exponent 次方。例如，2**8 的结果是 256。

⑤ 整数的类型检查。

通过 type() 函数可以检查变量的类型，具体命令如下。

```
num = 42
print("类型检查:", type(num))  # 结果是 <class 'int'>，确认其为整数
```

⑥ 整数转换。

可以使用 int()函数将其他数据类型转换为整数。例如，将字符串转换为整数，具体命令如下。

```
string_number = "123"
integer_number = int(string_number)
print("字符串转换为整数:", integer_number)  # 结果是 123
```

（3）浮点数数据类型

① 浮点数的定义及表示。

浮点数用于表示有小数部分的数值。浮点数包括整数部分和小数部分，并且可以用科学记数法表示。浮点数允许表示非常大或非常小的数值。Python 的浮点数遵循 IEEE 754 标准，这意味着浮点数有一定的精度限制。

② 浮点数运算。

以下是一个浮点数的运算案例。

```
a = 5.5
b = 2.0

# 加法
sum_result = a + b
print("加法:", sum_result)  # 结果是 7.5
# 减法
difference_result = a - b
print("减法:", difference_result)  # 结果是 3.5
# 乘法
product_result = a * b
print("乘法:", product_result)  # 结果是 11.0
# 除法
quotient_result = a / b
print("除法:", quotient_result)  # 结果是 2.75
# 幂运算
power_result = a ** 2
print("幂运算:", power_result)  # 结果是 30.25
```

③ 浮点数精度问题。

浮点数精度问题源于计算机内部的浮点数的表示方式。浮点数在计算机中使用二进制表示，并且是近似表示的。这种近似表示会导致一些浮点数无法完全精确地表示。例如，某些十进制浮动数在二进制中不能被精确表示，从而在运算中出现微小的误差。

编写一个脚本文件，具体命令如下。

```
[root@localhost ~]# vim test_float.py
a = 0.1
b = 0.2
result = a + b
print("0.1 + 0.2 =", result)
[root@localhost ~]# python3 test_float.py
0.1  + 0.2 = 0.30000000000000004
```

④ 浮点数精度问题的解决方法。

使用 round()函数进行四舍五入：在浮点数运算后，可以使用 round()函数对结果进行四舍五

入，以减少误差带来的影响，具体命令如下。

```
a = 0.1
b = 0.2
result = a + b
print("四舍五入后的结果:", round(result, 2))   # 结果是 0.3
```

⑤ 浮点数与其他数据类型的转换。

可以使用 float()函数将其他数据类型转换为浮点数。

将整数和字符串转换为浮点数，具体命令如下。

```
# 从整数转换为浮点数
integer_number = 10
float_number = float(integer_number)
print("整数转换为浮点数:", float_number)   # 结果是 10.0

# 从字符串转换为浮点数
string_number = "123.456"
float_number = float(string_number)
print("字符串转换为浮点数:", float_number)   # 结果是 123.456
```

⑥ 浮点数的科学记数法表示。

浮点数可以用科学记数法表示，这对于表示非常大或非常小的数值非常有用，具体命令如下。

```
large_number = 1.23e9
small_number = 3.45e-6
print("科学记数法表示的大数:", large_number)   # 结果是 1230000000.0
print("科学记数法表示的小数:", small_number)   # 结果是 0.00000345
```

（4）布尔值数据类型

① 布尔值的定义及表示。

布尔值是 Python 中的一种基础数据类型，用于表示逻辑上的 True 和 False。布尔值有两个取值：True（真）和 False（假）。

② 布尔值的基本运算。

布尔值支持以下基本运算。

- 与运算（运算符为 and）：只有两个布尔值都为 True 时，结果才为 True。

- 或运算（运算符为 or）：只要有一个布尔值为 True，结果就是 True。

- 非运算（运算符为 not）：将 True 变为 False，将 False 变为 True。

编写一个脚本文件以对上述基本运算进行解释，具体命令如下。

```
[root@localhost ~]# vim test_bool.py
a = True
b = False

# 与运算
and_result = a and b
print("与运算:", and_result)   # 结果是 False

# 或运算
or_result = a or b
print("或运算:", or_result)   # 结果是 True
```

```
# 非运算
not_result = not a
print("非运算:", not_result)  # 结果是 False
[root@localhost ~]# python3 test_bool.py
与运算: False
或运算: True
非运算: False
```

布尔值在条件判断中广泛应用。通过布尔值，可以控制程序的执行流程，具体命令如下。

```
age = 18
is_student = True

# 条件判断
if age >= 18 and is_student:
    print("成年人且是学生")
else:
    print("不是成年人或不是学生")
```

上面的代码逻辑是，如果 age 大于或等于 18 且 is_student 为 True，则输出"成年人且是学生"；否则输出"不是成年人或不是学生"。

③ 布尔值的类型检查。

可以使用 type()函数检查变量的类型，具体命令如下。

```
is_raining = True
print("布尔值的类型检查:", type(is_raining))  # 结果是 <class 'bool'>，确认其为布尔值
```

④ 布尔值与其他数据类型的转换。

在 Python 中，除了布尔值外，其他数据类型也可以转换为布尔值。非零数值、非空字符串、非空容器对象等都会被转换为 True，而零值、空字符串、空容器对象会被转换为 False，具体命令如下。

```
# 从整数转换为布尔值
zero = 0
non_zero = 10
print("0 转换为布尔值:", bool(zero))  # 结果是 False
print("10 转换为布尔值:", bool(non_zero))  # 结果是 True

# 从字符串转换为布尔值
empty_string = ""
non_empty_string = "Hello"
print("空字符串转换为布尔值:", bool(empty_string))  # 结果是 False
print("非空字符串转换为布尔值:", bool(non_empty_string))  # 结果是 True
```

（5）字符串数据类型

① 字符串的定义及表示。

字符串是一种用于表示文本的数据类型。字符串由字符组成，字符可以是字母、数字、符号或空白字符。Python 中的字符串是不可变的，这意味着其一旦创建，就不能修改。

字符串表示方式如下。

- 使用单引号：'Hello,World!'。
- 使用双引号："Hello,World!"。
- 使用三引号（用于多行字符串）：'''Hello,World!'''或"""Hello,World!"""。

具体命令如下。

```
single_quote_string = 'Hello, World!'
double_quote_string = "Hello, World!"
multi_line_string = """这是第一行内容
这是第二行内容"""
print("单引号字符串:", single_quote_string)
print("双引号字符串:", double_quote_string)
print("三引号字符串:", multi_line_string)
```

输出结果如下。

```
单引号字符串: Hello, World!
双引号字符串: Hello, World!
三引号字符串: 这是第一行内容
这是第二行内容
```

② 字符串操作。

字符串支持多种操作，包括拼接、重复、切片和查找等。

- 拼接（使用+），具体命令如下。

```
str1 = "Hello"
str2 = "World"
concatenated_str = str1 + " " + str2
print("拼接字符串:", concatenated_str)   # 结果是 Hello World
```

- 重复（使用*），具体命令如下。

```
str1 = "Hi! "
repeated_str = str1 * 3
print("重复字符串:", repeated_str)   # 结果是 Hi! Hi! Hi!
```

- 切片（使用[]），具体命令如下。

```
text = "Python Programming"
slice_str = text[0:6]
print("字符串切片:", slice_str)   # 结果是 Python
```

- 查找（使用 find() 和 index()），具体命令如下。

```
text = "Python Programming"
find_index = text.find("Programming")
print("find() 查找索引:", find_index)   # 结果是 7

index_index = text.index("Programming")
print("index() 查找索引:", index_index)   # 结果是 7
```

注意:

- find()方法返回子字符串的索引，如果未找到，则返回-1。
- index()方法返回子字符串的索引，如果未找到，则会抛出 ValueError 异常。

③ 字符串格式化。

字符串格式化用于将变量插入字符串中，Python 提供了多种格式化方法。

a. 旧式格式化（使用%），具体命令如下。

```
name = "Alice"
age = 30
formatted_str = "Name: %s, Age: %d" % (name, age)
print("旧式格式化:", formatted_str)   # 结果是 Name: Alice, Age: 30
```

b. str.format() 方法，具体命令如下。

```
formatted_str = "Name: {}, Age: {}".format(name, age)
print("str.format() 格式化:", formatted_str)  # 结果是 Name: Alice, Age: 30
```

c. f-strings（适用于 Python 3.6+），具体命令如下。

```
formatted_str = f"Name: {name}, Age: {age}"
print("f-strings 格式化:", formatted_str)  # 结果是 Name: Alice, Age: 30
```

④ 字符串常用方法。

字符串对象提供了许多方法，下面将以一个脚本文件来进行说明，具体命令如下。

```
[root@localhost ~]# vim test_str.py
text = "   Hello, World!   "

# 删除首尾空白字符
stripped_text = text.strip()
print("删除空白字符:", stripped_text)
# 转换为大写字符串
upper_text = text.upper()
print("大写字符串:", upper_text)
# 转换为小写字符串
lower_text = text.lower()
print("小写字符串:", lower_text)
# 替换子字符串
replaced_text = text.replace("World", "Python")
print("替换子字符串:", replaced_text)
# 分割字符串
split_text = text.split(", ")
print("分割字符串:", split_text)
[root@localhost ~]# python3 test_str.py
删除空白字符: Hello, World!
大写字符串:    HELLO, WORLD!
小写字符串:    hello, world!
替换子字符串:    Hello, Python!
分割字符串: ['   Hello', 'World!   ']
```

说明：

- strip()用于删除字符串两端的空白字符。
- upper()用于将字符串转换为大写。
- lower()用于将字符串转换为小写。
- replace()用于替换字符串中的指定子字符串。
- split()用于将字符串分割成列表。

⑤ 字符串转义。

字符串中可以使用转义字符来表示一些特殊字符，如换行符、制表符等。转义字符以反斜杠（\）开头。

常见的转义字符如下。

- \n：换行符。
- \t：制表符。
- \\：反斜杠。

- \'：单引号。
- \"：双引号。

具体命令如下。

```
text_with_newline = "Hello,\nWorld!"
print("包含换行符的字符串:\n", text_with_newline)
# 结果是
# Hello,
# World!

text_with_tab = "Hello,\tWorld!"
print("包含制表符的字符串:", text_with_tab)  # 结果是 Hello,        World!

text_with_backslash = "Hello, \\ World!"
print("包含反斜杠的字符串:", text_with_backslash)  # 结果是 Hello, \ World!
text_with_single_quote = 'Hello, \'World!\''
print("包含单引号的字符串:", text_with_single_quote)  # 结果是 Hello, 'World!'
text_with_double_quote = "Hello, \"World!\""
print("包含双引号的字符串:", text_with_double_quote)  # 结果是 Hello, "World!"
```

注意:

- 在需要表示实际的反斜杠时，使用两个反斜杠。
- 转义字符在字符串中不能被直接显示出来，它们仅在输出时才会表现出实际效果。

（6）列表数据类型

① 列表的定义及表示。

列表（list）是一种用于存储多个项目的容器，可以包含不同类型的元素，如整数、浮点数、字符串等。列表是可变的，可以在创建后进行修改。

列表表示方式如下。

- 使用方括号（[]）来表示列表，元素之间用逗号分隔。
- 列表可以为空，也可以包含多个元素。

具体命令如下。

```
empty_list = []
number_list = [1, 2, 3, 4, 5]
mixed_list = [1, "Hello", 3.14, True]
print("空列表:", empty_list)  # 结果是[]
print("数字列表:", number_list)  # 结果是[1, 2, 3, 4, 5]
print("混合列表:", mixed_list)  # 结果是[1, 'Hello', 3.14, True]
```

② 列表操作。

列表支持多种操作，包括添加、插入、删除、修改、排序等。

- 添加（使用 append() 和 extend()）: append()方法用于在列表的末尾添加一个新元素，可以添加任意类型的元素，包括列表本身；extend()方法用于将一个可迭代对象（如列表）中的所有元素添加到列表末尾。具体命令如下。

```
my_list = [1, 2, 3]
# 添加单个元素
my_list.append(4)
print("添加单个元素:", my_list)  # 结果是[1, 2, 3, 4]
# 扩展列表
```

```
my_list.extend([5, 6])
print("扩展列表:", my_list)   # 结果是[1, 2, 3, 4, 5, 6]
```

- 插入（使用 insert()）：insert()方法用于在列表的指定位置插入一个新元素。列表中指定位置右侧的元素会向右移动，以腾出空间插入新元素。具体命令如下。

```
my_list = [1, 2, 3]
my_list.insert(1, "Inserted")
print("插入元素:", my_list)   # 结果是[1, 'Inserted', 2, 3]
```

- 删除（使用 remove()和 pop()）：remove()方法用于删除列表中第一次出现的指定元素，如果元素不存在，则会抛出 ValueError 异常；pop()方法用于删除并返回列表中指定位置的元素，如果未指定位置，则删除并返回列表的最后一个元素。具体命令如下。

```
my_list = [1, 2, 3, 4, 5]
# 删除指定元素
my_list.remove(3)
print("删除指定元素:", my_list)   # 结果是[1, 2, 4, 5]
# 删除并返回最后一个元素
last_element = my_list.pop()
print("删除并返回最后一个元素:", last_element)   # 结果是 5
print("删除后的列表:", my_list)   # 结果是[1, 2, 4]
```

- 修改：可以通过指定索引来修改列表中的元素。索引从 0 开始递增，负索引表示从列表末尾开始计数。具体命令如下。

```
my_list = [1, 2, 3]
my_list[1] = "Modified"
print("修改元素:", my_list)   # 结果是[1, 'Modified', 3]
```

- 切片（使用[]）：切片用于从列表中提取一部分元素。可以指定切片开始和结束的索引，以及步长（默认步长为 1）。具体命令如下。

```
my_list = [1, 2, 3, 4, 5]
sliced_list = my_list[1:4]
print("列表切片:", sliced_list)   # 结果是[2, 3, 4]
```

- 排序（使用 sort()和 sorted()）：sort()方法用于对原列表进行排序，排序可以采用升序或降序，通过传递 reverse=True 参数实现降序排序；sorted()方法用于返回一个新的排序列表，原列表保持不变。具体命令如下。

```
my_list = [5, 3, 1, 4, 2]
# 使用 sort() 方法对列表进行排序
my_list.sort()
print("原地排序:", my_list)   # 结果是[1, 2, 3, 4, 5]
# 使用 sorted() 方法返回新的排序列表
sorted_list = sorted([5, 3, 1, 4, 2])
print("使用 sorted() 排序:", sorted_list)   # 结果是[1, 2, 3, 4, 5]
```

- 反转（使用 reverse()）：reverse()方法用于将列表中的元素顺序反转。具体命令如下。

```
my_list = [1, 2, 3, 4, 5]
# 使用 reverse() 方法反转列表
my_list.reverse()
print("反转列表:", my_list)   # 结果是[5, 4, 3, 2, 1]
```

③ 列表的嵌套。

列表可以嵌套其他列表，从而形成嵌套列表（也称多维列表）。可以使用嵌套列表来表示更复杂的数据结构。具体命令如下。

```
nested_list = [[1, 2, 3], [4, 5, 6], [7, 8, 9]]
print("嵌套列表:", nested_list)  # 结果是[[1, 2, 3], [4, 5, 6], [7, 8, 9]]
# 访问嵌套列表中的元素
element = nested_list[1][2]
print("访问嵌套列表中的元素:", element)  # 结果是6
```

④ 列表的长度。

使用 len()函数可以获取列表的长度，即列表中元素的数量。具体命令如下。

```
my_list = [1, 2, 3, 4, 5]
list_length = len(my_list)
print("列表长度:", list_length)  # 结果是5
```

（7）字典数据类型

① 字典的定义及表示。

字典（dict）是一种用于存储键值对的容器。字典中的每个元素都是一个键值对，其中键是唯一的，而值可以是不唯一的，并且可以是任意类型的。字典是可变的，可以在创建后进行修改。

② 字典的表示方式。

- 使用花括号（{}）表示字典，键值对之间用逗号分隔，键和值之间用冒号（:）分隔。
- 字典可以为空，也可以包含多个键值对。

具体命令如下。

```
empty_dict = {}
person_dict = {"name": "Alice", "age": 30, "city": "New York"}
mixed_dict = {1: "one", 2.5: "two point five", "key": [1, 2, 3]}
print("空字典:", empty_dict)  # 结果是{}
print("个人信息字典:", person_dict)  # 结果是{'name': 'Alice', 'age': 30, 'city': 'New York'}
print("混合字典:", mixed_dict)  # 结果是{1: 'one', 2.5: 'two point five', 'key': [1, 2, 3]}
```

③ 字典操作。

字典支持多种操作，包括添加、修改、删除和访问元素等。以下是常见的字典操作及其示例。

a. 添加和修改元素（使用[]和 update()）。

- 使用[]运算符：可以向字典中添加新键值对或修改现有键的值。如果键已存在，则其对应的值会被更新；如果键不存在，则会添加一个新的键值对。
- 使用 update()方法：可以将一个字典的键值对添加到另一个字典中，或修改现有键的值。如果键已经存在，则会更新其对应的值；如果键不存在，则会添加新的键值对。update()方法还可以接收其他可迭代的键值对（如列表或元组）。

具体命令如下。

```
my_dict = {"name": "John", "age": 25}
# 添加新的键值对
my_dict["city"] = "Boston"
print("添加新键值对:", my_dict)  # 结果是{'name': 'John', 'age': 25, 'city': 'Boston'}
# 修改现有键的值
my_dict["age"] = 26
print("修改现有键的值:", my_dict)  # 结果是{'name': 'John', 'age': 26, 'city': 'Boston'}
# 使用 update() 方法
my_dict.update({"job": "Engineer", "city": "New York"})
print("使用 update() 方法:", my_dict)  # 结果是{'name': 'John', 'age': 26, 'job': 'Engineer',
'city': 'New York'}
```

b. 删除元素（使用 del 和 pop()）。

• 使用 del 命令：可以删除字典中的指定键及其对应的值。删除操作不会返回被删除的值。如果删除的键不存在，则会抛出 KeyError 异常。

• 使用 pop() 方法：可以删除字典中指定键的键值对，并返回其对应的值。若指定的键不存在，则会抛出 KeyError 异常。pop() 方法还可以接收一个可选的默认值参数，如果键不存在，则返回该默认值，而不是抛出异常。

具体命令如下。

```
my_dict = {"name": "John", "age": 26, "city": "New York"}
# 使用 del 命令删除指定键及其对应的值
del my_dict["city"]
print("删除指定键:", my_dict)   # 结果是{'name': 'John', 'age': 26}
# 使用 pop()方法删除键值对并返回指定键的值
age_value = my_dict.pop("age")
print("删除并返回指定键的值:", age_value)   # 结果是 26
print("删除后的字典:", my_dict)   # 结果是{'name': 'John'}
```

c. 访问元素（使用[]和 get()）。

• 使用[]运算符：可以通过键访问字典中的值。如果键不存在，则会抛出 KeyError 异常，适用于确定键是否存在的情况。

• 使用 get() 方法：可以通过键访问字典中的值。如果键不存在，则可以返回默认值而不抛出异常。get() 方法的第二个参数是默认值，默认为 None。

具体命令如下。

```
my_dict = {"name": "John", "age": 26}
# 使用 [] 访问元素
name_value = my_dict["name"]
print("访问元素（使用 []）:", name_value)   # 结果是 John
# 使用 get() 方法访问元素
age_value = my_dict.get("age")
print("访问元素（使用 get()）:", age_value)   # 结果是 26
# 使用 get() 方法并提供默认值访问元素
job_value = my_dict.get("job", "Not specified")
print("访问不存在的键（提供默认值）:", job_value)   # 结果是 Not specified
```

d. 获取字典的所有键、值和键值对（使用 keys()、values()、items()）

• 使用 keys() 方法：返回字典中所有键的视图对象。视图对象可以转换为列表，包含字典中的所有键。

• 使用 values() 方法：返回字典中所有值的视图对象。视图对象可以转换为列表，包含字典中的所有值。

• 使用 items() 方法：返回字典中所有键值对的视图对象。视图对象包含所有的键值对，每个键值对都是一个元组。

具体命令如下。

```
my_dict = {"name": "John", "age": 26, "city": "New York"}
# 获取所有键
keys = my_dict.keys()
print("所有键:", list(keys))   # 结果是['name', 'age', 'city']
# 获取所有值
```

```
values = my_dict.values()
print("所有值:", list(values))   # 结果是['John', 26, 'New York']
# 获取所有键值对
items = my_dict.items()
print("所有键值对:", list(items))   # 结果是[('name', 'John'), ('age', 26), ('city', 'New York')]
```

④ 字典的合并。

可以使用{**dict1, **dict2}语法将两个字典合并为一个新字典，具体命令如下。相同键的值会被 dict2 中的值覆盖。字典合并是一种将多个字典的数据整合到一起的方便的方式。

```
dict1 = {"name": "John", "age": 26}
dict2 = {"city": "New York", "job": "Engineer"}
# 合并两个字典
merged_dict = {**dict1, **dict2}
print("合并后的字典:", merged_dict)   # 结果是{'name': 'John', 'age': 26, 'city': 'New York', 'job': 'Engineer'}
```

任务 1.4　控制结构与循环逻辑

【任务描述】

在本任务中，读者将系统学习 Python 中的控制结构与循环逻辑，并在实际操作中学习如何运用这些概念来编写有效的程序。首先，读者将学习条件命令的基本用法，包括 if、if...else、if...elif...else 命令的使用，理解如何通过判断条件执行不同的代码块。其次，读者将深入学习循环逻辑，重点学习 for 循环和 while 循环的基本语法及其在不同场景中的应用。此外，读者还将了解如何使用 break 和 continue 命令来灵活控制循环的执行流程。

微课

任务 1.4 实操演示

通过具体的案例分析和代码实践，读者能够将这些控制结构与循环逻辑应用到实际编程中，从而增强代码的逻辑性和可读性，为后续的编程学习和开发奠定坚实的基础。这些技能将使读者在编写具有复杂逻辑的程序时更加得心应手，提高编程效率和质量。

【任务分析】

（1）规划节点

使用银河麒麟高级服务器操作系统规划节点，如表 1-5 所示。

表 1-5　规划节点

IP 地址	主机名	节点
192.168.200.10	Master	银河麒麟高级服务器操作系统控制节点

（2）基础准备

在进行 VMware Workstation Pro 软件的实操练习时，首先启动软件并选择"创建新的虚拟机"选项，打开安装向导，在安装向导中选择使用典型配置，设置虚拟机参数，包括分配 4 个虚拟 CPU、4GB 内存和 40GB 磁盘空间，并选择 NAT 模式作为网络设置，同时分配静态 IP 地址 192.168.200.10。指定加载 Kylin-Server-10-SP2-Release-Build09-20210524-x86_64.iso 镜像文件作为启动介质，完成虚拟机的各项配置后启动虚拟机，按照引导完成系统安装。为了确保安全性，建议设置主机密码为 Kylin2024。按照这些步骤，读者可以顺利完成单节点的安装。

【任务实施】

（1）控制结构的使用

① 基本的 if 命令。

if 命令是一种条件命令，用来判断某个条件是否为 True。如果条件为 True，则执行与之关联的代码块；如果条件为 False，则跳过这些代码块，语法如下。

```
if 条件:
    # 如果条件为 True，则执行此代码块
    执行的代码块
```

实际示例具体命令如下。

```
number = 5  # 假设 number 是要判断的数字

if number > 0:
    print("数字是正数")  # 如果 number 大于 0，则输出"数字是正数"
```

a. 在 if 命令中，条件的判断结果必须是一个布尔值（True 或 False）。在上述示例中，number>0 是一个布尔表达式，当 number 大于 0 时，表达式的判断结果为 True，否则为 False。

b. print() 是一个输出函数，用来在控制台上显示信息。这个示例中，当 number 大于 0 时，"数字是正数"会被输出。

② if...else 语句。

有时，需要在条件不成立时执行另一个代码块。这时可以使用 if...else 语句，语法如下。

```
if 条件:
    # 如果条件为 True，则执行此代码块
    执行的代码块
else:
    # 如果条件为 False，则执行此代码块
    其他代码块
```

实际示例具体命令如下。

```
number = -3  # 假设 number 是要判断的数字

if number > 0:
    print("数字是正数")
else:
    print("数字是非正数")  # 当 number 不大于 0 时，输出"数字是非正数"
```

- else 部分不需要条件，它的代码块仅在 if 条件为 False 时执行。
- else 后同样需要加":"，且它的代码块也需要缩进。

③ 使用 if...elif...else 命令进行多个条件判断。

在某些情况下，可能需要判断多个条件，并根据不同的条件执行不同的代码块。此时可以使用 if...elif...else 语句，语法如下。

```
if 条件 1:
    # 如果条件 1 为 True，则执行此代码块
    执行的代码块
elif 条件 2:
    # 如果条件 1 为 False，条件 2 为 True，则执行此代码块
    执行的代码块
else:
```

```
    # 如果上述条件都为 False，则执行此代码块
其他代码块
```

实际示例具体命令如下。

```
number = 0   # 假设 number 是要判断的数字

if number > 0:
    print("数字是正数")
elif number == 0:
    print("数字是零")   # 当 number 等于 0 时，输出"数字是零"
else:
    print("数字是负数")   # 当 number 小于 0 时，输出"数字是负数"
```

- elif 是 elseif 的缩写，用于判断多个条件。
- 只有第一个满足条件的代码块会被执行，后续的条件不再判断。
- else 部分的代码块在所有条件都不满足的情况下执行。

④ 根据分数判断成绩级别。

在教学和成绩评定中，经常需要根据学生的分数判断其成绩级别。下面编写将分数转换为成绩级别的程序，具体命令如下。

```
# 提示用户输入学生的分数
score = float(input("请输入学生的分数（0-100）："))

# 定义成绩级别与分数的对应关系
if score >= 90:
    level = "A"
    message = "非常优秀！继续保持。"
elif score >= 80:
    level = "B"
    message = "很好，表现不错。"
elif score >= 70:
    level = "C"
    message = "合格，但还有提升空间。"
elif score >= 60:
    level = "D"
    message = "及格了，努力提高。"
else:
    level = "E"
    message = "未及格，需要加强学习。"

# 输出学生的分数和对应的成绩级别及鼓励或建议信息
print(f"分数：{score}，级别：{level}，{message}")
```

此程序结构分为下面 3 个模块。

- 输入处理：使用 float(input())获取用户输入的分数，并转换为浮点数。
- 条件判断：使用 if...elif...else 语句来判断分数所在的区间，并赋予相应的成绩级别。
- 输出结果：输出学生的分数、成绩级别和相应的鼓励或建议信息。

以上通过设计一个简单的成绩评定程序，展示了如何使用 if...elif...else 语句来实现基于分数的条件判断，并据此分配成绩级别。

（2）循环的使用

在编写自动化脚本时，循环逻辑是一种极其重要的编程结构。循环逻辑允许多次执行一段代码，直到满足某个条件为止。这对于处理大量数据、批量执行任务及自动化工作流程都非常有用。接下来将重点介绍 Python 中常用的两种循环逻辑：for 循环和 while 循环。

① for 循环。

for 循环是 Python 中最常用的循环之一，通常用于遍历一个序列。在每次循环中，循环变量都会被赋值为序列中的下一个元素，直到序列中的所有元素都被处理完毕。

a. for 循环的基本语法如下。

```
for 变量 in 序列:
    执行的代码块
```

- 变量：在迭代时，变量会依次被赋予序列中的每一个元素。
- 序列：可以是任何可迭代对象，如列表、字符串、元组、字典或生成器。
- 执行的代码块：在每次循环中都会执行的代码块，通常缩进 4 个空格。

接下来看一个应用示例，具体命令如下。

```
fruits = ['apple', 'banana', 'cherry']
for fruit in fruits:
    print(fruit)
```

在上述代码中，fruits 是一个列表，for 循环会依次将每个水果名称赋值给变量 fruit，然后执行 print(fruit)命令。输出结果如下。

```
apple
banana
cherry
```

b. range()函数与 for 循环。

在需要指定循环执行次数的场景中，range()函数通常与 for 循环一起使用，具体命令如下。

```
for i in range(5):
    print(i)
```

这里的 range(5)生成一个包含 0~4 的整数的序列，for 循环会依次将这些整数赋值给变量 i 并输出。输出结果为 01234。

注意：

- range()函数生成的序列从 0 开始，结束值不包含在内。
- 如果需要从其他数字开始或指定步长，则可以使用 range(start,stop,step)。

② while 循环。

while 循环在条件为 True 的情况下重复执行代码块，直到条件不再满足为止。

while 循环的基本语法如下。

```
while 条件:
    执行的代码块
```

- 条件：在每次循环开始时都会检查的布尔表达式。如果条件为 True，则执行循环体内的代码块；如果为 False，则退出循环。
- 执行的代码块：条件为 True 时执行的代码块，通常缩进 4 个空格。

具体命令如下。

```
count = 0
while count < 5:
    print(count)
```

```
        count += 1
```

在上述代码中，while 循环会检查 count 是否小于 5。如果条件为 True，则输出 count 的值，并将 count 的值增加 1；循环会继续，直到 count 不再小于 5 为止。输出结果为 012345。

注意：

- 确保 while 循环中的条件在某个时刻会变为 False，以避免无限循环。
- 可以使用 break 命令提前退出循环，也可以使用 continue 语句跳过当前循环的剩余代码，并开始下一次循环。

③ 嵌套循环。

无论是 for 循环还是 while 循环，都可以嵌套使用，即在一个循环体内再包含一个或多个循环。这在处理多维数据结构时非常有用，具体命令如下。

```
for i in range(3):
    for j in range(2):
        print(f"i={i}, j={j}")
```

输出结果如下。

```
i=0, j=0
i=0, j=1
i=1, j=0
i=1, j=1
i=2, j=0
i=2, j=1
```

注意：

- 嵌套的循环次数可能会导致代码执行时间增加，应谨慎使用。
- 在嵌套循环中，内层循环在每次外层循环迭代时都会完全执行一遍。

④ 循环逻辑中的控制命令。

在 Python 的循环逻辑中，break 和 continue 是两个非常重要的控制命令。它们可以用于改变循环的正常执行流程，帮助程序员更加灵活地控制代码的执行。

a. break 命令

break 命令用于立即退出所在的循环，不论循环条件是否已经满足，只要遇到 break，循环都会强制退出。

具体命令如下。

```
for i in range(10):
    if i == 5:
        break
    print(i)
```

在上述代码中，当 i 等于 5 时，break 命令将立即终止循环，输出结果为 0 1 2 3 4 5。可以看到，循环在 i 等于 5 时终止，后续的 print(i)命令不再执行。

示例：

```
count = 0
while True:  # 这是一个无限循环
    print(count)
    count += 1
    if count >= 3:
        break
```

在这个示例中，while True 创建了一个无限循环，但是当 count 的值大于或等于 3 时，break

命令会终止循环，输出结果为 0 1 2。

注意：

- break 命令只能终止它所在的最内层循环。如果循环是嵌套的，那么 break 只会退出当前的循环，外层循环仍会继续执行。
- break 语句可以用在 for 和 while 循环中，用于在满足某个条件时提前退出循环。

b. continue 命令。

continue 命令用于跳过当前循环中剩余的所有命令，并开始下一次循环。与 break 语句不同，continue 语句并不会终止循环，而是直接跳转到下一次循环。

continue 语句的基本语法如下。

```
for 变量 in 序列:
    if 条件:
        continue
    执行的代码块
```

在 for 循环中使用 continue，具体命令如下。

```
for i in range(5):
    if i == 2:
        continue
    print(i)
```

在上述代码中，当 i 等于 2 时，continue 命令会跳过当前循环的剩余部分，直接进入下一次循环，输出结果为 0 1 3 4。当 i 等于 2 时，print(i)命令被跳过。

注意：

- continue 命令只会跳过当前循环中的剩余代码，并不会退出循环。
- continue 命令通常用于忽略某些特定条件下的处理，而继续执行剩余的循环。

c. break 命令与 continue 命令的比较。

break 和 continue 是两种常用的循环控制命令。break 命令用于完全退出循环，无论循环条件是否满足，都会直接停止循环体的执行；而 continue 命令用于跳过当前迭代中剩余的代码，直接进入下一次循环。在选择是使用 break 命令还是 continue 命令时，应根据是需要终止循环还是跳过特定条件下的操作来确定。

项目小结

　　本项目深入探讨了银河麒麟高级服务器操作系统的安装与配置，以及在该环境下进行Python的安装和执行基础编程任务的实践应用。本项目详细介绍了如何在VMware Workstation Pro中安装银河麒麟高级服务器操作系统，包括虚拟机的创建、ISO镜像的加载、网络设置以及基本的系统配置。在此基础上，本项目通过具体的任务实施，指导读者如何配置本地YUM仓库，安装Python开发工具包和依赖项，并最终成功在系统中编译安装Python 3.11.9。

　　本项目的任务设计强调实操性，读者可通过亲身实践，逐步掌握操作系统的安装、配置和Python环境的搭建方法。从基础的系统安装到网络配置、YUM源配置，再到Python的编译安装和基础数据类型及控制结构与循环逻辑的学习，每个环节都有详细的步骤指导。通过对本项目的学习和实践，读者不仅能掌握操作系统安装和环境配置的基本技能，还能系统地学习Python的基础数据类型、运算操作、控制结构与循环逻辑。这些技能和知识将为读者在实际开发和运维工作中高效使用Python编写和管理脚本提供有力支持，并为读者进一步深入学习高级编程技术和系统运维奠定坚实的基础。

课后练习

1.【单选题】银河麒麟高级服务器操作系统的安装需要使用什么工具进行虚拟化？（　　　　）

A. Virtual Box
B. VMware Workstation Pro
C. Hyper-V
D. QEMU

2.【单选题】在 Python 中，哪种数据类型是不可变的？（　　　）

A. 列表
B. 字典
C. 字符串
D. 集合

3.【多选题】Python 中的整数数据类型可以执行哪些运算？（　　　）

A. 加法
B. 幂运算
C. 字符串拼接
D. 取余

4.【多选题】下列哪些操作是 Python 中的常见列表操作？（　　　）

A. 列表切片
B. 列表排序
C. 列表求和
D. 列表添加元素

5.【判断题】在银河麒麟高级服务器操作系统上安装 Python 时，可以通过 YUM 软件包管理器安装所有依赖项。（　　　）

实训练习

1. 使用VMware Workstation Pro软件创建一台虚拟机，配置4个虚拟CPU、4GB内存和40GB磁盘空间，并安装银河麒麟高级服务器操作系统作为实操环境，配置静态IP地址为192.168.200.10，完成系统的初步设置。在已安装好的银河麒麟高级服务器操作系统上，挂载本地ISO镜像，配置本地YUM源，并使用yum命令安装Python开发工具包和相关依赖项，最后通过源码编译安装Python 3.11.9。

2. 编写一个Python程序，创建列表[3, 7, 2, 9, 5]。使用Python内置的排序方法对列表进行升序排序，并输出排序后的列表。

项目 **2**

Python高级编程技术

项目描述

    Python编程语言因其简洁性和强大的功能在云计算与自动化运维领域占据重要地位。本项目以深入理解Python编程核心技术为目标，帮助读者系统掌握函数和OOP的基础知识及实践技能，通过逐步学习与实操，为开发高效、模块化的代码提供坚实的支持。

    首先，本项目将介绍函数的定义与应用，包括参数管理、函数结构优化及灵活的代码表达方式。可变参数、匿名函数、递归函数与高阶函数、闭包和装饰器、迭代器和生成器等将进一步增强代码的灵活性与可维护性，使读者能够高效处理复杂编程需求。

    其次，本项目将引导读者深入了解OOP的基本理念及其实际应用。通过系统学习类与对象的创建、封装与继承、多态性等核心概念，读者将掌握如何设计清晰、易扩展的程序结构。同时，本项目将介绍运算符重载、构造与析构函数的使用，以及类的深浅复制技术，为复杂的功能开发提供技术保障。

    通过结构化的学习与实践，读者不仅能够系统掌握Python编程的核心技能，还将为应对实际开发中的复杂问题提供方法论支持，为未来在技术领域的进一步探索奠定基础。

学习目标

知识目标

- 理解 Python 中函数的定义及其在编程中的作用与意义。
- 掌握 OOP 的基本概念，包括类、对象、封装、继承和多态。
- 了解函数与 OOP 的基础知识。

能力目标

- 能够熟练定义和使用函数，包含使用常见的参数类型和递归函数。
- 能够熟练创建和使用类及对象，并运用封装、继承和多态等。
- 具备使用高阶函数特性的能力。

素养目标

- 提高解决编程问题的逻辑思维能力。
- 在编程过程中增强团队合作意识，提升协作与沟通能力。

任务分解

本项目的目标是让读者掌握Python函数与OOP的基础知识和操作技能。为了帮助读者系统地学习和掌握这些内容，本项目划分为两个具体任务。

首先，读者将学习函数的定义与使用方法，为后续深入理解编程逻辑打下基础。具体步骤包括使用def关键字创建函数、设置参数列表以及编写函数体。同时，读者还将学习如何使用可变参数（*args和**kwargs）以及匿名函数简化代码。进一步的内容将涉及递归函数的使用与高阶函数的应用，使读者能够编写更加灵活和高效的代码。其次，读者将深入学习OOP的基础内容。任务内容包括类与对象的定义与使用，以及封装、继承和多态等OOP的基本特性。此外，读者还将学习构造函数与析构函数的作用及使用方法，通过运算符重载增强类的功能，以及类与对象的深浅复制技术。最终，读者将学习如何设计模块化、可维护的代码结构，为编写复杂的自动化运维脚本打下坚实的基础。

通过依次完成这两个任务，读者将逐步掌握Python函数与OOP的基础知识和操作技能，为将来在实际工作中应用这些编程技术奠定坚实的基础。项目2任务分解如表2-1所示。

表 2-1　项目 2 任务分解

任务	任务目标	安排课时
任务 2.1 函数的使用方法	学习 Python 函数的定义与使用	3
任务 2.2 OOP 基础	掌握 OOP 的基本概念	3
总计		6

📖 知识准备

2.1 函数的概念

1. 函数的定义

在编程中，函数是一种将一组相关操作封装在一起的结构项目，目的是完成特定的任务或实现某种计算。在 Python 中，函数的定义以 def 关键字开始，紧接着是函数名、参数列表、函数体和可选的返回值。函数名是函数的标识符，用于调用函数。参数列表位于圆括号（()）内，用来接收函数调用时传递的参数。函数体包含实际执行的代码，是函数的核心部分。函数定义结束后，可以通过函数名加()的形式来调用这个函数，并将参数传递给它。

函数的定义使得相同的代码块可以被多次调用，而无须重复编写。这不仅减少了代码冗余，还提高了代码的可维护性和可读性。当一个函数被调用时，程序会跳转到该函数的定义处，执行函数体中的代码，然后返回调用点，继续执行后续的程序流程。

2. 函数的结构

Python 中的函数结构由以下几个主要部分组成。

（1）函数名：这是函数的标识符，遵循 Python 的命名规范。函数名应当简洁明了，能够准确描述函数的作用。Python 推荐使用小写字母和下画线的组合来命名函数，以提高可读性。

（2）参数列表：位于函数名后面的()中，参数是函数在执行时接收的输入数据。参数可以是位置参数、关键字参数、默认参数等，允许函数在不同的情况下处理不同的数据输入。参数列表为空时，表示该函数不接收任何输入数据。

（3）函数体：函数体是实际执行任务的代码块，所有函数体中的代码都必须缩进，这是 Python 语法的强制要求。函数体可以包含各种命令，如条件命令、循环语句、其他函数的调用语句等。

（4）可选的返回值：函数通过 return 返回结果。具体可见下面的"4.函数的返回值"。

函数结构的设计影响着函数的功能和使用方式。一个设计良好的函数结构应该清晰明了，使得调用者能够直观地理解函数的作用，并正确地传递参数和接收结果。

3. 函数的参数

函数参数为函数的灵活性提供了支持，使得同一个函数可以在不同的情况下使用不同的数据。Python 函数支持多种类型的参数，从而可以灵活地处理不同数据类型和数量的参数。

（1）位置参数：这是最常见的参数形式之一，参数值根据位置依次传递给函数。调用函数时，实参的顺序必须与形参的顺序一致。位置参数的优势在于它们的调用方式直观明了，尤其适用于参数数量少且顺序明确的函数。

（2）关键字参数：关键字参数允许在调用函数时通过参数名来传递值，而不需要按照定义的顺序传递值。关键字参数的主要优势是提高了代码的可读性，特别是在函数接收多个参数时，通过显式地指明参数名，可以避免顺序错误。

（3）默认参数：在定义函数时，可以为某些参数设置默认值，如果调用时未提供这些参数的值，那么它们将使用默认值。默认参数简化了函数调用，使得调用者只需提供必要的参数，而其他参数则使用默认值。这在函数设计中非常有用，因为它允许函数以多种不同的方式进行调用。

（4）可变参数：Python 允许函数接收任意数量的参数，这需要通过*args 和**kwargs 实现。*args 用于接收任意数量的位置参数，**kwargs 用于接收任意数量的关键字参数。可变参数使得函数可以适应更复杂的调用场景，无论是处理多个独立的参数还是一组关键字。

4. 函数的返回值

函数的返回值是函数执行完成后传递给调用者的结果。返回值可以是单个值、多个值，也可以没有返回值，甚至可以是复杂的数据结构。

（1）单个值：函数通常返回一个值，该值可以是函数的计算结果、操作结果或状态信息。例如，函数可以返回一个计算后的数值、一个布尔值，或者一个字符串。这个返回值是函数的主要输出，调用者通常会利用这个值进行进一步的处理或判断。

（2）多个值：Python 支持函数返回多个值，这些值通常以元组的形式返回。多个返回值使得函数能够一次性提供多个相关的信息，而不需要调用者多次调用函数来获取不同的结果。调用者可以通过多重赋值的方式直接解包这些返回值，从而简化代码结构。

（3）没有返回值：有时，函数的主要目的是执行某个操作，而不是返回一个特定的结果。例如，函数可能只用于输出、将内容写入文件、发送网络请求等。在这种情况下，函数可以没有返回值（即 return 命令后没有跟随任何值），这时函数会默认返回 None。尽管这些函数没有返回数据，但它们仍然是程序逻辑的重要组成部分。

（4）复杂的数据结构：函数的返回值还可以是复杂的数据结构，如列表、字典或嵌套的结构。这些返回值适用于需要传递多维或丰富信息的场景，调用者可以根据需要解析和使用这些数据。

2.2 OOP 的基本概念

OOP 是现代编程中的一个重要范式，强调通过对象来组织代码。对象是状态或数据（属性）与行为的封装体，而类是对象的模板或蓝图。OOP 的核心思想是通过类的定义创建对象，并将程序划分为相互作用的模块化单元。这些对象通过彼此的状态（属性）和行为（方法）相互协作，从而完成程序的功能。

1. 对象与类

（1）对象：对象是 OOP 中的基本概念，是对现实世界事物的抽象。一个对象可以代表任何事物，如一台服务器、一台虚拟机、一个任务或一个用户。在编程中，所有的对象都是某个类的实例。对象不仅可以存储状态或数据，这些状态或数据通常称为对象的属性，还可以执行行为操作，这些行为操作通常称为对象的方法。

（2）类：类定义了对象的属性和方法。在创建对象时，会根据类的定义分配内存，并初始化对象的属性和方法。一个类可以创建多个对象，这些对象称为类的实例。例如，在云计算环境中，类可以定义服务器的配置和管理行为，而每一个服务器实例是这个类的一个对象。

对象与类的具体对比如图 2-1 所示。

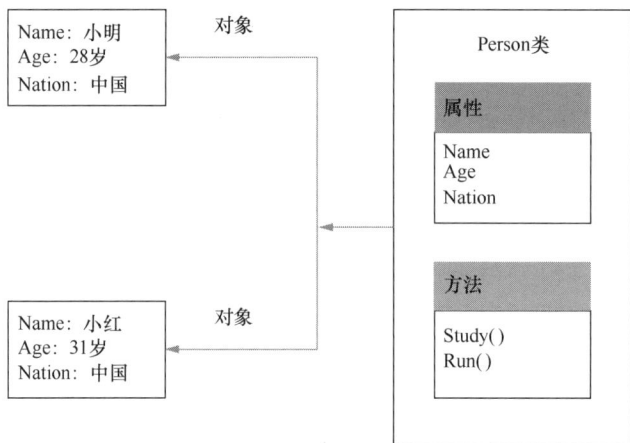

图 2-1　对象与类的具体对比

图 2-1 展示了 Person 类与其对象之间的关系。Person 类定义了 3 种属性,即 Name(姓名)、Age(年龄)和 Nation(国籍),以及两种方法,即 Study()(学习)和 Run()(跑步)。类是一个抽象的模板,而图 2-1 中的小明和小红则是这个模板的具体实例,也就是对象。

在图 2-1 中,每个对象都继承了 Person 类的属性和方法,但它们的属性值各不相同。例如,小明的 Age 为 28 岁,而小红的 Age 为 31 岁。尽管属性值不同,但这些对象都可以调用 Person 类中的方法,如 Study()和 Run()。

我们可以清楚地看到,类提供了一个统一的结构和行为定义,而对象是这个结构的具体实现。类中的方法和属性被对象共享,但每个对象都可以根据自己的实际情况赋予属性不同的值。这种设计展示了 OOP 的核心理念,即通过类定义多样化的对象,并通过对象间的交互,构建出能够有效模拟复杂现实世界的程序结构。

2. 类的定义与对象的创建

类的定义包括定义类名、属性和方法。类通常使用以大写字母开头的命名方式,表示这个类的名称。属性是类中定义的变量,用于存储对象的状态或数据。属性可以是公有的,允许外部访问,也可以是私有的,限制只能在类内部访问。方法是定义在类中的函数,用于描述对象的行为。方法可以操作对象的属性,也可以执行其他操作。

当类定义好后,可以通过调用类来创建对象。这个过程被称为实例化(Instantiation)。在实例化时,对象会根据类的定义被创建,并初始化其属性。每一个对象都是独立的实体,具有独立的属性值,但它们的方法由同一个类定义,因此方法是相同的。

3. OOP 的四大基本特性

OOP 具有四大基本特性:封装、继承、多态和抽象。这些特性是 OOP 的核心理念,支撑了代码的模块化、可重用性和可扩展性。

(1)封装(Encapsulation):封装的核心思想是将属性和数据的方法绑定在一起,隐藏具体实现细节,以实现安全性和可维护性。封装不仅能够保护数据,还通过提供清晰的接口增强代码的重用性和灵活性。

(2)继承(Inheritance):继承是 OOP 的重要机制,它允许一个类继承另一个类的属性和方法,从而避免代码重复。通过继承,类与类之间形成层次结构,子类可以继承父类的属性和行为,同时能够扩展新的功能或修改已有行为。继承的使用不仅增强了代码的复用性,还提升了系统的扩展性和维护性。

(3)多态(Polymorphism):多态是指同一方法在不同对象中可以有不同的实现方式。多态的具体结构如图 2-2 所示。

图 2-2 多态的具体结构

在图 2-2 中,"动物"处于最上层,表示所有可以"吃一般的粮食"的生物;而"猫"与"狗"是从"动物"派生出来的两个子类,分别对应"吃猫粮"和"吃狗粮"。通过多态性,它们可以共享相同的属性或方法(如营养成分分析、食品安全级别等),但在具体实现时会根据它们所吃的粮食种类(猫粮或狗粮)而有所差异,从而体现了同一个接口(或方法)在不同子类中的不同实现。

多态使得代码更加灵活,因为它能够根据对象的实际类型在运行时自动选择合适的方法执行。这一特性允许对象通过同一接口调用不同的方法,从而简化代码,降低复杂性和提高灵活性。

(4)抽象(Abstraction):抽象是指对复杂的现实问题进行简化,通过抽象类或接口定义对象的通用行为(即抽象方法),而具体实现由子类完成。抽象的具体结构如图 2-3 所示。

抽象允许开发者关注对象的行为,而忽略具体实现细节,从而提高代码的可扩展性和灵活性。抽象的目的在于让不同的对象实现同样的接口,提供一致的行为规范。

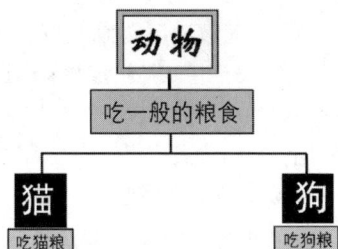

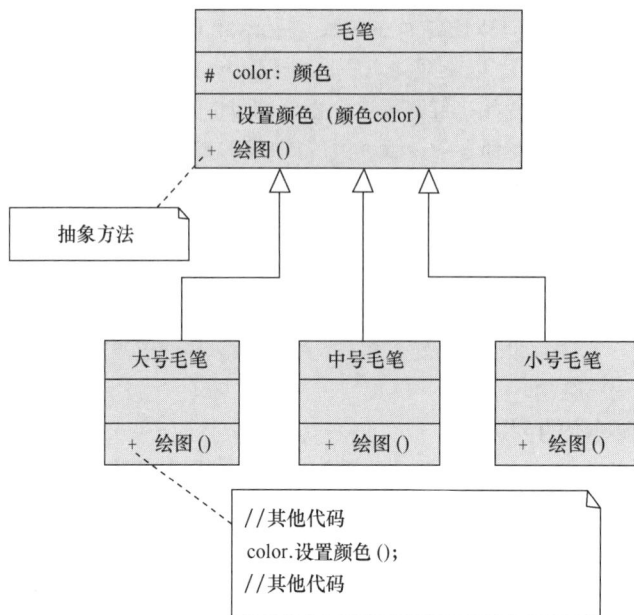

图 2-3　抽象的具体结构

4．OOP 的优势

OOP 带来了许多显著的优势，使得它成为现代编程的主流范式之一。

① 模块化和可维护性：通过将属性和方法封装在对象中，OOP 可以使程序结构更加清晰，以及使模块化开发更为容易。每个类都可以单独开发和测试，从而提高代码的可维护性。由于类的内部实现细节对外部是隐藏的，因此修改一个类的实现通常不会影响其他类，从而降低了代码的耦合度。

② 代码复用：OOP 的继承和多态特性使得代码可以在多个类之间共享，避免了重复代码的编写。子类可以复用父类的代码，而不需要重新编写相同的逻辑，这大大提高了开发效率。

③ 灵活性和可扩展性：通过多态和抽象，开发者可以编写更加灵活和可扩展性更强的代码。程序可以适应变化的需求，支持添加新的功能而无须修改现有代码。多态允许不同对象以统一的方式使用，从而提高了代码的灵活性和适应性。

④ 现实世界的映射：OOP 通过类和对象的概念，可以更加自然地映射现实世界中的事物。程序员可以通过 OOP 模型直接将现实世界的问题转化为代码，从而提高开发效率。这种映射关系使得开发者更容易理解和设计复杂系统，特别是在涉及大量交互的应用程序中，OOP 的优势尤为明显。

2.3　对封装、继承与多态的详细探讨

1．封装

封装是 OOP 的核心原则之一，通过将对象的属性和方法封装在一起，形成一个独立的模块，对外隐藏实现细节。外部只能通过类提供的接口（方法）访问对象的属性和功能，从而确保数据的安全性并提高代码的可维护性。

（1）数据隐藏

封装的核心思想之一是数据隐藏。数据隐藏通过将对象的属性设为私有（访问修饰符为 private）来防止外部代码直接访问和修改。这种做法有助于保护对象的内部属性不被外部代码误操作或篡改，确保对象的完整性和一致性。例如，银行账户类可能会将账户余额设置为私有属性，并通过公有（访问修饰符为 public）方法进行存款和取款操作。

（2）访问控制

在封装中，访问控制是实现数据隐藏的手段。通过访问修饰符（如 public、protected 和 private），可以控制外部代码对对象属性和方法的访问权限。通常，公有方法用于定义接口，使外部代码能够安全地与对象进行交互；私有属性则用于存储对象的状态，这些属性不能被外部代码直接访问；保护（访问修饰符为 protected）属性可以被子类访问，但不能被其他非子类访问。

（3）提供操作接口

封装不仅有助于隐藏数据，更重要的是提供操作这些数据的接口。通过公有方法（通常称为 getter 和 setter），对象可以对外暴露一个受控的操作接口。这些方法允许外部代码通过定义好的方式访问和修改对象的状态。例如，提供一个"获取账户余额"的方法来读取账户余额，而不允许直接修改余额，这样可以在方法内部进行合法性检查，从而确保账户状态的一致性。

（4）可维护性和灵活性

封装的一个重要好处是增强了程序的可维护性和灵活性。当对象的内部实现发生变化时，只需修改对象的内部实现，而不需要改变外部代码。这使得程序员可以自由调整对象的内部实现，而不影响其他依赖于这个对象的外部代码。这不仅提高了代码的模块化，还使得系统更加易于维护和扩展。

（5）封装的实际应用

封装在实际编程中的应用十分广泛。例如，在设计一个用户管理系统时，可以将用户的个人信息（如姓名、邮箱账号、密码）封装在用户类中，并提供公有方法来修改用户的密码或更新邮箱信息。这种设计可以确保用户个人信息的安全性，并提供一致的操作接口，避免了直接对用户数据的非法操作。

2. 继承

继承是 OOP 的核心原则之一，它使得一个类（称为子类或派生类）能够继承另一个类（称为父类或基类）的属性和方法。继承机制不仅促进了代码的重用，还帮助构建了清晰的类层次结构，从而完善了软件的整体架构，增强了可维护性。

（1）继承的基本概念

继承是指让某个类获得另一个已有类的属性和方法。子类继承父类后，会拥有父类所有的公有和保护属性及方法，使得开发者可以在此基础上添加新的功能或修改现有功能以适应新的需求。

（2）继承的多样性

- 单继承：子类只继承一个父类。这是大多数面向对象语言所采用的模型，如 Java 和 C#。
- 多重继承：子类可以从多个父类继承属性和方法。这种继承方式在 Python 中得到支持，它提供了更大的灵活性，但同时增加了设计的复杂性，特别是当多个父类具有相同的方法时，可能导致冲突。

（3）继承的具体实现

- 覆盖（Overriding）：子类可以修改从父类继承的方法，以提供特定于子类的功能。
- 超类（Super）：子类中可以通过 super 关键字调用父类的构造函数，这对于在现有功能的基础上进行扩展是非常有用的。

（4）继承的深入理解与应用

- 优化代码结构：通过继承，可以将通用的代码放在父类中，将特定的实现放在子类中。这种分层的代码结构使得程序易于管理和扩展。例如，在一个交通工具系统中，父类"Vehicle"可以包含所有交通工具共有的属性，如重量和速度，而子类"Car""Bike"可以分别添加适合各自特点的属性和方法。
- 解决实际问题：在实际开发中，继承可以用于解决各种问题，如代码复用、接口统一和多态实现。通过继承，不同的功能模块可以具有统一的接口，而多态允许以统一的方式处理不同类型的对象，增加了代码的灵活性。

（5）继承的高级特性和设计原则

抽象类提供了一种机制，允许开发者定义不能被实例化的类，该类只能被其他类继承。接口则定义了类必须实现的方法集合，无论它们的具体实现是什么。这两者都是用于规范结构和保证一致性的工具。

使用继承时，应考虑如下设计原则。

- 里氏替换原则：子类在不改变程序意图的情况下，应能替换其父类。
- 开放封闭原则：软件实体应具备对扩展开放、对修改封闭的特性。继承支持扩展现有类的行为而无须修改类本身。

继承不仅是 OOP 的基础，还是构建可维护和可扩展系统的关键工具。通过理解和正确使用继承，开发者可以创建出更为健壮、灵活和易于维护的应用程序。

3. 多态

多态是 OOP 中的一个基础且重要的概念。它允许同一个接口接收不同数据类型的输入，或者让一个方法在不同的子类中有不同的实现。通过多态，程序可以通过相同的接口调用在不同对象中实现的方法，增强了程序的灵活性和可扩展性。

（1）多态的基本原理

多态的实现依赖于几个核心机制：继承、抽象和动态绑定。通过继承，子类可以继承父类的属性和方法，并根据需要对方法进行重写或扩展，从而表现出不同的行为；抽象通过抽象类或接口定义统一的规范，使得不同的类能够以一致的方式被调用；动态绑定可以确保程序在运行时根据对象的实际类型选择适当的方法执行，从而实现多态的灵活性和可扩展性。

多态可以分为两种主要形式：静态多态（编译时多态）和动态多态（运行时多态）。

① 静态多态（编译时多态）。

静态多态通常是通过方法重载实现的，即在同一个类中定义多个同名方法，但这些方法的参数类型或数量不同。编译器根据方法签名在编译时确定调用哪个方法。

② 动态多态（运行时多态）。

动态多态是通过方法覆盖实现的，这涉及在子类中定义一个与父类同名的方法，以提供特定的实现。在运行时，依据对象的实际类型来动态选择调用哪个方法。

（2）多态的应用范围

设计模式中的多态：多态是许多设计模式的基础，如工厂模式、策略模式和状态模式。通过多态，这些模式能够在不同的场景下得到灵活应用，使得设计更加模块化和可扩展。

事件驱动编程中的多态：在事件驱动编程中，多态允许事件处理程序（如回调函数）具有统一的接口，而具体实现可以根据不同的需求进行定制。

（3）多态的实际应用

在实际的软件开发中，多态的应用非常广泛。例如，可以定义一个父类"Shape"，它包含一个抽象方法"draw()"。此后，可以派生出各种具体的形状类，如"Circle""Rectangle""Triangle"，每个类都具体实现"draw()"方法。在程序运行时，可以通过父类的引用来调用具体对象的"draw()"方法，实现各种形状的绘制。这种方式使得新增其他形状类时，不需要修改现有的代码。

多态不仅减少了程序的复杂性，还增强了系统的可扩展性和灵活性，使得新增类和方法成为一种无缝的过程，不必修改现有的代码。正确地应用多态可以极大地提高软件系统的设计质量和运行效率。

任务 2.1　函数的使用方法

【任务描述】

在本任务中，读者将深入学习 Python 中函数的定义及其基本用法，包括如何通过 def 关键字创建函数、设置参数列表，以及编写函数体。函数不仅是一个实现编程逻辑的工具，更是一种将代码模块化，提高可读性和可维护性的有效方法。通过具体的代码示例，读者将学会创建简单的函数来执行特定任务，如计算两个数之和，从而避免在程序中重复编写相同的代码块。此外，读者将探索如何使用可变参数，这些参数使函数能够接收不确定数量的输入数据，极大地增强了函数的灵活性和适用性。通过实际的代码示例，本任务将展示如何收集和处理这些参数，以及如何通过匿名函数简化代码，并将其作为参数传递给其他函数。

微课

任务 2.1 实操演示

通过对本任务的学习，读者不仅能够掌握函数的基础知识和高级功能，如递归函数和高阶函数的应用，还能了解如何通过闭包和装饰器进一步增强函数的功能。这些高级主题将帮助读者理解 Python 中函数的强大能力，提升编写高效和优雅代码的能力。同时，读者将学习如何通过迭代器和生成器有效地处理数据集，这对于管理大规模数据或复杂的数据流特别有用。总的来说，本任务将极大地丰富读者的编程工具箱，使读者能够更加自信地解决各种编程问题，提高代码的性能和可维护性。这不仅会提升读者的技术、技能水平，还会加深读者对 Python 编程范式的理解，为解决更复杂的问题打下坚实的基础。

【任务分析】

（1）规划节点

使用银河麒麟高级服务器操作系统规划节点，如表 2-2 所示。

表 2-2　规划节点

IP 地址	主机名	节点
192.168.200.10	localhost	银河麒麟高级服务器操作系统控制节点

（2）基础准备

在进行 VMware Workstation Pro 软件的实操练习时，首先启动软件并选择"创建新的虚拟机"选项，打开安装向导，在安装向导中选择使用典型配置，设置虚拟机参数，包括分配 4 个虚拟 CPU、4GB 内存和 40GB 磁盘空间，并选择 NAT 模式作为网络设置，同时分配静态 IP 地址 192.168.200.10。指定加载 Kylin-Server-10-SP2-Release-Build09-20210524-x86_64.iso 镜像文件作为启动介质，完成虚拟机的各项配置后启动虚拟机，按照引导完成系统安装。为了确保安全性，建议设置主机密码为 Kylin2024。按照这些步骤，读者可以顺利完成单节点的安装。

【任务实施】

（1）函数的定义和基本用法

在 Python 中，函数使用 def 关键字定义，紧随其后的函数名是调用时的标识符。圆括号用于包含参数列表，参数可选，但括号必不可少。函数体位于冒号后的缩进部分，可包含逻辑和操作。函数可以选择性地使用 return 命令返回结果，未明确返回结果时，默认返回 None。

定义一个函数通常是为了重复使用代码，避免在程序中多次编写相同的代码块，这也是函数如此重要的原因之一。下面创建一个简单的函数来计算两个数的和，具体命令如下。

```
def add(a, b):
```

```
        """返回两个数的和"""
        result = a + b
    return result
```

调用这个函数需要使用函数名和提供适当的参数，具体命令如下。

```
result = add(10, 5)
print("The sum is:", result)   # 这将输出：The sum is: 15
```

在这个例子中，add()函数接收两个参数 a 和 b，计算它们的和，并将结果返回。每次调用 add()
函数时，只需传入两个数值，函数就会返回它们的和，从而避免在程序中多次编写实现两个数相加
的代码。

（2）可变参数的使用

在某些情况下，开发者可能需要定义一个函数，它可以接收任意数量的参数。这在 Python 中
可以通过使用可变参数实现。可变参数分为两类：*args 和**kwargs。

① *args 用于收集额外的位置参数，这些参数没有特定的名称。在函数内部，args 是一个元
组，包含所有传递给函数的位置参数。

例如，创建一个函数来计算任意数量数字的和，具体命令如下。

```
def sum_all(*args):
    total = 0
    for number in args:
        total += number
    return total
```

这个函数使用 *args 来收集所有传递进来的数字，并将它们累加起来。使用这个函数时，可以
传入任意数量的数字，具体命令如下。

```
print("Total sum is:", sum_all(5, 10, 15, 20))   # 输出：Total sum is: 50
```

② **kwargs 用于收集关键字参数。这些参数在函数调用时明确指明了名称。在函数内部，
kwargs 是一个字典，键是参数的名称，值是参数的值。

创建一个函数来接收任意数量的命名属性，并将它们作为字典中的元素存储，具体命令如下。

```
def collect_data(**kwargs):
    for key, value in kwargs.items():
        print(f"{key} is set to {value}")
```

这个函数使用**kwargs 来收集关键字参数并遍历它们。调用这个函数的具体命令如下。

```
collect_data(name="Alice", age=30, city="New York")
```

输出结果如下。

```
name is set to Alice
age is set to 30
city is set to New York
```

使用可变参数，可以极大地提高函数的灵活性和通用性。这两种参数形式使得函数能够处理不
确定数量的输入数据，非常适用于需要处理多种调用情况的场景。

（3）匿名函数的使用

在 Python 中，匿名函数是通过 lambda 关键字定义的，因此也称 lambda 函数，这种函数不
需要使用标准的 def 语句来定义。它们通常用于执行简单的一次性任务，尤其是在需要函数作为参
数的地方。匿名函数的主要特点是其定义具有较高的简洁性，它允许直接在代码行中创建函数，而
无须预先定义，其语法如下。

```
lambda arguments: expression
```

这里的 arguments 可以是一个或多个输入参数，而 expression 是一个表达式，使用这些参数

通过计算得到返回值。匿名函数没有 return 命令，它自动返回表达式的计算结果。

匿名函数的使用场景与优势如下。

① 简洁的函数定义：匿名函数让代码更加简洁。在某些情况下，特别是在需要一个很简单的函数，而这个函数只会在代码中用到一次时，使用匿名函数可以避免冗余的 def 声明。

② 作为参数传递：匿名函数常用作高阶函数的参数。高阶函数接收其他函数作为参数，常见的高阶函数有 map()、filter() 和 sorted() 等。

③ 功能内联定义：匿名函数通常用于内联定义简单的功能，如算术操作、字符串操作等。

匿名函数的实际应用示例如下。

① 与 map() 函数结合：假设需要对列表中的所有元素进行平方运算，可以通过 map() 与匿名函数结合来实现，具体命令如下。

```
numbers = [1, 2, 3, 4, 5]
squared_numbers = list(map(lambda x: x**2, numbers))
print("Squared numbers:", squared_numbers)  # 输出: Squared numbers: [1, 4, 9, 16, 25]
```

② 与 filter() 函数结合：如果需要从列表中筛选出符合特定条件的元素，则可以通过 filter() 函数与匿名函数结合来实现。例如，筛选出列表中的偶数，具体命令如下。

```
numbers = [1, 2, 3, 4, 5, 6]
even_numbers = list(filter(lambda x: x % 2 == 0, numbers))
print("Even numbers:", even_numbers)  # 输出: Even numbers: [2, 4, 6]
```

③ 与 sorted() 函数结合：匿名函数可以作为 sorted() 函数的关键字参数来自定义排序规则。例如，根据字符串的最后一个字符进行排序，具体命令如下。

```
words = ['banana', 'apple', 'cherry']
sorted_words = sorted(words, key=lambda word: word[-1])
print("Words sorted by the last letter:", sorted_words)  # 输出: Words sorted by the last
letter: ['banana', 'apple', 'cherry']
```

在使用匿名函数时需要注意以下几点：虽然它们可以简化代码，但复杂的表达式可能会降低代码的可读性。如果匿名函数中的表达式过于复杂或难以理解，则建议定义一个完整的函数。此外，匿名函数的功能受到限制，只能包含单一表达式，无法处理多个独立的命令或复杂的逻辑，如循环或多个条件分支。

（4）递归函数的应用

递归函数是一种在其定义中调用自身的函数。这种函数是一个强大的编程工具，尤其适用于解决那些可以被分解为更小的相似子问题的问题。递归函数的基本思想是将问题分解成更小的相似子问题，直到得到一个简单的子问题，该子问题可以直接解决，通常称为"基案"或"递归基"。

递归函数的基本组成如下。

① 递归基：也称为终止条件，它阻止递归无限进行。递归基是实现整个递归过程的关键，确保递归能够在满足某种简单条件时结束。

② 递归调用：函数在其定义中调用自身，每次调用时都向着递归基进一步靠近。

递归的应用非常广泛，包括但不限于数学问题解决（如计算阶乘、显示斐波那契数列）、算法设计（如设计二分搜索、排序算法），以及处理复杂数据结构（如树和图的遍历）。

递归函数的实际例子如下。

① 计算阶乘。

计算阶乘是最简单的递归函数例子之一。$n!$（ n 的阶乘）是所有小于或等于 n 的正整数的乘积。利用递归方法可以这样实现，具体命令如下。

```
def factorial(n):
    if n == 0:
        return 1  # 递归基，0 的阶乘为 1
    else:
        return n * factorial(n - 1)  # 递归调用
```
调用这个函数，代码如下。
```
print("Factorial of 5:", factorial(5))  # 输出: Factorial of 5: 120
```
② 显示斐波那契数列。

显示斐波那契数列是另一个经典的递归函数应用例子。在斐波那契数列中，每个数字都是前两个数字的和。数列从 0 和 1 开始，无限扩展，具体命令如下。
```
def fibonacci(n):
    if n <= 1:
        return n  # 递归基，斐波那契数列的前两个数字是 0 和 1
    else:
        return fibonacci(n - 1) + fibonacci(n - 2)  # 递归调用
```
显示斐波那契数列的前 10 个数字，具体命令如下。
```
fib_sequence = [fibonacci(i) for i in range(10)]
print("The first 10 Fibonacci numbers:", fib_sequence)  # 输出: The first 10 Fibonacci numbers: [0, 1, 1, 2, 3, 5, 8, 13, 21, 34]
```
注意：

① 性能考虑。虽然递归提供了一种优雅的解决问题的方式，但它可能不如迭代解决方式高效。特别是在处理大规模数据时，递归可能导致大量的函数调用，从而导致栈溢出或性能下降。

② 优化递归。在某些情况下，可以使用尾递归优化或记忆化（使用缓存来存储之前计算的结果）等技术来提高递归函数的效率。

递归是计算机科学中的重要概念之一。它不仅仅是一个编程工具，更深层次地，递归体现了"分而治之"的思想，即将复杂问题分解成简单的子问题来解决。

（5）高阶函数的定义与应用

高阶函数是指那些至少满足下列一个条件的函数：接收一个或多个函数作为输入（参数）或输出（返回值）的函数。这种类型的函数在 Python 中尤为强大，因为它们能提高代码的抽象层级和可复用性，允许开发者编写更加简洁和表达力更强的代码。

高阶函数的核心概念如下。

① 函数作为参数：高阶函数可以接收其他函数作为参数，这允许程序在运行时动态地改变行为。

② 函数作为返回值：高阶函数可以返回一个函数，这使得它可以动态地创建和返回行为。

Python 中常见的高阶函数如下。

① map()：接收一个函数和一个可迭代对象作为参数，然后将传入的函数依次作用于可迭代对象的每个元素，返回一个新的迭代器。

② filter()：接收一个函数和一个可迭代对象。该函数用于决定是否保留可迭代对象中的元素，如果对于某个元素，函数返回 True，则保留该元素。

③ reduce()（来自 functools 模块）：接收一个函数和一个可迭代对象，然后重复地将函数应用于累积结果和可迭代对象的下一个元素，最终返回一个单一的值。

实际应用示例如下。

① 使用 map()处理数据。

假设有一个温度列表，需要将其从摄氏温度转换为华氏温度，则可以定义一个转换函数，并使用 map()来应用这个函数，具体命令如下。

50

```
def celsius_to_fahrenheit(c):
    return (c * 9/5) + 32

temperatures_c = [0, 10, 20, 30, 40]
temperatures_f = list(map(celsius_to_fahrenheit, temperatures_c))
print("Fahrenheit:", temperatures_f)
```

这将输出转换后的华氏温度列表。

② 使用 filter() 筛选数据。

假设想从一组数字中筛选出所有的偶数，则可以使用 filter() 函数，具体命令如下。

```
def is_even(num):
    return num % 2 == 0

numbers = range(1, 11)
even_numbers = list(filter(is_even, numbers))
print("Even numbers:", even_numbers)
```

这将输出 [2, 4, 6, 8, 10]。

③ 使用 reduce() 累积计算。

如果需要计算一组数字的总和，则可以使用 reduce()，具体命令如下。

```
from functools import reduce

def add(x, y):
    return x + y

numbers = [1, 2, 3, 4, 5]
total = reduce(add, numbers)
print("Total sum is:", total)
```

这将输出总和 15。

注意：

① 可读性。虽然高阶函数可以使代码更加简洁，但过度使用或在复杂的情况下使用可能会降低代码的可读性。开发者需确保代码在可读性和简洁性之间保持良好的平衡。

② 性能。在一些性能敏感的情况下，使用循环可能比使用高阶函数 [如 map() 和 filter()] 更有效，尤其是在处理大数据集时。

（6）闭包和装饰器的概念与应用

闭包和装饰器是 Python 高级编程中非常有用的功能，它们都涉及函数的高级概念，使得 Python 程序更加灵活和具有表现力。

① 闭包。

闭包（Closure）是指延伸了作用域的函数，其中包含在函数定义体中引用、在函数定义体外定义的非全局变量。简而言之，闭包是一个函数对象，它记住了其在定义时周围的命名空间。

闭包的创建条件如下。

- 必须有一个嵌套函数（函数内部定义的函数）。
- 嵌套函数必须引用其作用域之外的变量。
- 包含嵌套函数的外部函数必须返回嵌套函数。

闭包的作用：闭包避免了使用全局变量，同时提供了一种方法，使得函数能够访问其作用域之外的变量。

闭包示例代码如下。

```
def make_multiplier(x):
    def multiplier(n):
        return n * x
    return multiplier

# 创建一个将数值翻 2 倍的函数
doubler = make_multiplier(2)
print(doubler(5))  # 输出：10

# 创建一个将数值翻 3 倍的函数
tripler = make_multiplier(3)
print(tripler(5))  # 输出：15
```

在这个例子中，make_multiplier()函数创建并返回了一个 multiplier()函数，该函数记住了它被创建时的命名空间。

② 装饰器。

装饰器（Decorator）是修改其他函数的功能的函数。简单的装饰器就是一个接收函数作为参数并返回一个新函数的函数。

装饰器的特点如下。

- 装饰器可以增强或修改一个函数的行为，而不需要修改函数本身的代码。
- 装饰器在定义时是透明的，也就是说，它们不会影响函数的调用方式。
- 装饰器可以堆叠，即一个函数可以被多个装饰器装饰。

装饰器示例代码如下。

```
def debug(func):
    def wrapper(*args, **kwargs):
        print(f"Calling {func.__name__} with {args}, {kwargs}")
        result = func(*args, **kwargs)
        print(f"{func.__name__} returned {result}")
        return result
    return wrapper

@debug
def add(a, b):
    return a + b

print(add(3, 4))  # 输出：调用 add()函数的结果
```

在这个例子中，@debug 装饰器增加了输出调用函数的结果的功能，从而使得原函数 add()在不改变其内部实现的情况下，增加了输出调试信息的功能。

通过使用闭包和装饰器，Python 开发者可以编写出更干净、更优雅和更强大的代码，同时保持代码的模块化并使其易于测试。

（7）迭代器和生成器的概念与应用

迭代器和生成器是 Python 中用于处理数据流的强大工具，特别是在处理大规模数据或复杂的数据流时，它们提供了一种高效的方式来迭代数据，不需要一次性地将所有数据加载到内存中。

① 迭代器。

迭代器（Iterator）是一个实现了迭代器协议的对象，其中包括方法__iter__()和__next__()。

迭代器允许程序员在集合上创建一个迭代循环，而不必关心集合的底层数据结构。

迭代器的基本使用如下。

- 任何实现了__iter__()和__next__()方法的对象都是迭代器。
- __iter__()返回迭代器本身。
- __next__()返回集合中的下一个元素，并在所有元素都已迭代完成后抛出StopIteration异常。

迭代器示例代码如下。

```python
class Count:
    """一个简单的计数迭代器，返回从 0 开始的连续整数。"""

    def __init__(self, low, high):
        self.current = low
        self.high = high

    def __iter__(self):
        return self

    def __next__(self):
        if self.current < self.high:
            num = self.current
            self.current += 1
            return num
        raise StopIteration

# 使用迭代器
counter = Count(0, 3)
for num in counter:
    print(num)  # 输出: 0, 1, 2
```

② 生成器。

生成器（Generator）是一种特殊类型的迭代器，它使用函数来产生数据序列。与普通函数不同，生成器使用 yield 关键字返回数据。当生成器执行到 yield 时，会暂停运行，并将 yield 后的值作为本次迭代的结果返回；当生成器再次被调用时，会从上次暂停的地方继续执行，直至运行到下一个 yield 或函数结束。

生成器的优势如下。

- 简化代码：不需要编写__iter__()或__next__()方法。
- 能高效地处理大规模数据：生成器只在需要时才生成数据，使用惰性求值（Lazy Evaluation）。
- 适用于表示无限序列和进行管道式处理。

生成器示例代码如下。

```python
def count_up_to(max):
    """一个简单的生成器，实现从 1 计数到 max"""
    count = 1
    while count <= max:
        yield count
        count += 1
```

```
# 使用生成器
counter_generator = count_up_to(3)
for num in counter_generator:
    print(num)  # 输出：1、2、3
```

生成器和迭代器为数据处理提供了极大的灵活性及极高的效率，尤其在面对大规模或无限数据流时。

任务 2.2　OOP 基础

【任务描述】

在本任务中，读者将深入学习 OOP 的基本概念，包括类和对象的基础、封装、继承、多态，以及构造函数和析构函数的使用等。本任务将通过具体示例展示如何定义类、创建对象，以及通过运算符重载、静态方法与类方法的应用来实现更为复杂和灵活的程序结构。此外，本任务还将探讨类和对象的深浅复制，以及如何利用抽象类与接口设计系统的架构。

任务 2.2 实操演示

通过学习这些内容，读者将能够理解如何通过类和对象的设计，使得程序结构更加清晰，功能更为强大，具备更高的可扩展性。OOP 的这些概念和技术，不仅能够帮助开发者提升编写自动化脚本的效率，还能大大增强代码的可读性和可维护性，为开发者的后续开发工作打下坚实的基础。

【任务分析】

（1）规划节点

使用银河麒麟高级服务器操作系统规划节点，如表 2-3 所示。

表 2-3　规划节点

IP 地址	主机名	节点
192.168.200.10	localhost	银河麒麟高级服务器操作系统控制节点

（2）基础准备

在进行 VMware Workstation Pro 软件的实操练习中，先启动软件并加载 Kylin-Server-10-SP2-Release-Build09-20210524-x86_64.iso 镜像文件，再根据推荐配置创建虚拟机，设置虚拟机参数，包括两个虚拟 CPU、4GB 内存和 40GB 磁盘空间。网络设置应选择 NAT 模式，并为虚拟机分配静态 IP 地址 192.168.200.10。为了确保安全性，建议设置主机密码为 Kylin2024。按照这些步骤，读者可以顺利完成单节点的安装。

【任务实施】

在本任务中，将介绍 OOP 的基本概念和技术，这些是在 Python 中进行云计算自动化运维时必不可少的工具。OOP 不仅有助于代码的组织和重用，还能使自动化脚本更加模块化和易于管理。本任务还将涵盖构造函数和析构函数的使用、静态方法和类方法的区别、类和对象的深浅复制、抽象类和接口的设计，以及运算符重载的实现。

（1）类和对象的基础

① 类的定义与结构。

在 Python 中，OOP 是一种广泛使用的编程范式，它允许程序员创建一个模拟现实世界中实体特性和行为的抽象模型。类和对象是 OOP 的基本概念，其中类是对象的模板或蓝图，定义了对象的属性和方法。

在 Python 中，定义类的基本语法如下。

```
class ClassName:
    # 类体
```

类体可以包含属性和方法的定义，属性是用来保存数据的变量，而方法是用来定义对象行为的函数。

示例：定义一个名为 Server 的类，该类将用于表示网络服务器。具体命令如下。

```
class Server:
    def __init__(self, ip, hostname):
        self.ip = ip    # 实例变量
        self.hostname = hostname    # 实例变量

    def launch(self):
        print(f"Launching server {self.hostname} with IP {self.ip}")
```

对这个示例进行以下说明。

- __init__()是一个特殊的方法，称为类的构造器，它在创建新对象时自动调用。
- self 参数是对类实例自身的引用，确保每个对象维护其自身的属性和方法。
- ip 和 hostname 是传递给构造器的参数，并被用作实例变量，用于存储每个对象特有的数据。

② 创建和使用对象。

对象是类的具体实例，可以通过调用类名并传递所需参数来创建，就像调用函数一样。

示例：创建并使用 Server 类的对象。具体命令如下。

```
server1 = Server("192.168.1.1", "webserver")
server1.launch()    # 调用方法
```

这段代码创建了一个 Server 类的实例 server1，并通过调用 launch()方法来启动服务器。

③ 类的属性和方法。

类的属性可以分为实例级的属性（每个对象单独拥有的属性）和类级的属性（所有对象共享的属性）。此外，还可以通过@classmethod 和@staticmethod 装饰器定义类方法及静态方法，以分别实现对类本身或与实例和类无关的逻辑的封装。

- 实例属性是由每个类实例独立维护的数据，如前面示例中的 ip 和 hostname。
- 类属性是所有实例共享的数据，定义在所有方法之外。

方法同样可以定义为实例方法（默认）、类方法和静态方法。

- 实例方法需要传递 self 参数，并可以访问实例属性和其他实例方法。
- 类方法需要传递 cls 参数，并允许访问类属性和其他类方法。
- 静态方法不传递 self 或 cls 参数，不能访问类属性或实例属性，主要用于实现命名空间内的功能。

示例：添加类属性、类方法和静态方法。具体命令如下。

```
class Server:
    active_servers = 0    # 类属性

    def __init__(self, ip, hostname):
        self.ip = ip
        self.hostname = hostname
        Server.active_servers += 1
```

```
        @classmethod
        def display_active(cls):                   #类方法
            print(f"Active servers: {cls.active_servers}")

        @staticmethod                              #静态方法
        def get_server_type():
            return "Virtual Server"

# 使用类方法和静态方法
print(Server.get_server_type())   # 静态方法调用
Server.display_active()           # 类方法调用
```

类和对象为程序提供了组织数据及逻辑的强大方法，使得程序更加模块化和易于维护。

（2）封装、继承和多态

① 封装。

封装是 OOP 中的一种技术，用于隐藏类内部的实现细节并提供必要的接口。在 Python 中，通过在属性或方法名前添加双下画线来实现封装，使其成为私有成员，仅在类内部可访问。

示例：创建一个封装的类。具体命令如下。

```
class Database:
    def __init__(self, url):
        self.__url = url   # 私有属性

    def connect(self):
        print(f"Connecting to database at {self.__url}")

    def __secure_connect(self):   # 私有方法
        print("Establishing a secure connection...")

    def public_method(self):
        self.__secure_connect()   # 在类内部调用私有方法
```

在这个示例中，__url 是一个私有属性，它只能在类的内部访问。同样，__secure_connect()是一个私有方法，不能从类外部直接调用。然而，可以通过类的公有方法 public_method()来间接调用这个私有方法，具体方法如下。

```
db = Database("localhost")
db.connect()
# db.__secure_connect()   # 这将引发错误，因为 __secure_connect()是私有的
db.public_method()         # 通过公有方法间接调用私有方法
```

② 继承。

实践中可以通过继承实现代码的复用，即通过定义子类来继承父类的属性和方法，子类可以直接使用父类已有的功能，同时根据需要添加新的功能或重写父类的方法，从而减少重复代码和增强灵活性。

示例：创建两个具有继承关系的类。具体命令如下。

```
class Database:
    def __init__(self, url):
        self.url = url

    def connect(self):
```

```
            print(f"Connecting to database at {self.url}")

class MySQLDatabase(Database):
    def __init__(self, url, port):
        super().__init__(url)  # 调用父类的构造方法
        self.port = port

    def connect(self):
        print(f"Connecting to MySQL database at {self.url} on port {self.port}")
```

在这个示例中，MySQLDatabase 类继承自 Database 类，并在此基础上扩展了新的属性 port，同时重写了 connect()方法。通过这种方式，继承使得代码更易于扩展和维护，具体命令如下。

```
mysql_db = MySQLDatabase("localhost", 3306)
mysql_db.connect()  # 调用重写后的 connect()方法
```

继承不仅使代码复用更加简单，还允许开发者根据具体需求定制子类的方法。

③ 多态。

多态是指在不改变方法调用方式的前提下，不同的对象可以有不同的方法。多态通常通过方法重写（在子类中重新定义父类的方法）实现。

示例：展示多态。具体命令如下。

```
class PostgreSQLDatabase(Database):
    def connect(self):
        print(f"Connecting to PostgreSQL database at {self.url}")

# 使用多态
databases = [MySQLDatabase("localhost", 3306), PostgreSQLDatabase("localhost")]

for db in databases:
    db.connect()
```

在这个示例中，虽然调用 connect()方法的方式相同，但具体的方法取决于对象的实际类型（MySQLDatabase 或 PostgreSQLDatabase）。这就是多态的作用，它使得代码更加灵活和易于扩展。

通过上面的内容，读者应该能够理解并应用封装、继承和多态这些 OOP 的基本特性。它们为编写高效、模块化和可维护的代码提供了强大的工具，是开发复杂系统和自动化脚本不可或缺的组成部分。

（3）构造函数和析构函数

在 OOP 中，构造函数和析构函数是两个非常重要的概念。它们分别负责对象的初始化和销毁，确保对象在生命周期中的资源管理和状态维护得以正确进行。

① 构造函数。

构造函数（Constructor）是一个特殊的方法，在创建类的实例时自动调用。它通常用于初始化对象的属性。Python 中的构造函数即__init__()方法。

构造函数的主要作用是为新创建的对象分配内存，并对其进行初始化操作，使其具备可用的初始状态。构造函数可以确保每个对象在创建时具有一致的初始设置。

构造函数的定义与使用如下。

```
class Server:
    def __init__(self, ip, hostname):
```

```
        self.ip = ip
        self.hostname = hostname
        print(f"Server {self.hostname} with IP {self.ip} has been initialized.")


    def display_info(self):
        print(f"Server: {self.hostname}, IP: {self.ip}")
```

在这个示例中，__init__()方法被定义为构造函数，负责接收参数 ip 和 hostname 并将它们赋值给实例属性。每当创建 Server 类的对象时，__init__()方法都会自动执行，具体命令如下。

```
server1 = Server("192.168.1.1", "webserver1")
server1.display_info()
```

这段代码中创建了一个 Server 实例，并自动调用构造函数对对象进行初始化。随后，调用 display_info()方法显示服务器信息。具体命令如下。

构造函数还可以通过在类内部设置默认参数来实现更加灵活的初始化操作，具体命令如下。

```
class Server:
    def __init__(self, ip="127.0.0.1", hostname="localhost"):
        self.ip = ip
        self.hostname = hostname
        print(f"Server {self.hostname} with IP {self.ip} has been initialized.")


server2 = Server()   # 使用默认参数
server2.display_info()
```

这个示例展示了如何通过构造函数设置默认参数，使得对象的创建更加简便、灵活。

② 析构函数。

析构函数（Destructor）即另一种特殊方法，用于在对象生命周期结束时执行销毁操作。Python 中的析构函数即__del__()方法。

析构函数的主要作用是释放对象在使用过程中分配的资源，如关闭文件、断开数据库连接等。尽管 Python 有自动的垃圾回收机制，但在某些情况下，明确地定义析构函数仍然是必要的。

析构函数的定义与使用如下。

```
class Server:
    def __init__(self, ip, hostname):
        self.ip = ip
        self.hostname = hostname
        print(f"Server {self.hostname} with IP {self.ip} has been initialized.")


    def __del__(self):
        print(f"Server {self.hostname} with IP {self.ip} is being destroyed.")
```

在这个示例中，__del__()方法被定义为析构函数，当 Server 对象不再使用时，Python 将调用该方法进行资源释放，具体命令如下。

```
server3 = Server("192.168.1.2", "webserver2")
del server3   # 显式删除 server3 对象
```

在这段代码中，通过 del 关键字显式删除了 server3 对象，这将触发析构函数的执行，释放资源。

③ 构造函数和析构函数的注意事项。

• 自动调用：构造函数和析构函数都由 Python 自动调用。构造函数在对象创建时被调用，析构函数在对象被销毁或进行垃圾回收时被调用。

- 资源管理：对于需要手动管理资源的对象（如文件、数据库连接等），使用析构函数确保资源的正确释放非常重要。
- 循环引用问题：在 Python 中，循环引用的对象可能无法进行垃圾回收，因此析构函数可能不会自动被调用。此时，手动管理资源变得更加重要。
- 继承中的构造函数与析构函数：在继承中，子类的构造函数需要显式调用父类的构造函数，这通常通过 super()函数来实现。同样，如果子类需要在销毁时进行特定的清理操作，则应当在子类的析构函数中显式调用父类的析构函数。

通过上面的内容，读者可以看到构造函数和析构函数在对象的生命周期管理中起到了关键作用。理解和正确使用这两个函数对于确保程序的稳定性及资源管理的有效性至关重要。这些概念为开发更加复杂和健壮的自动化运维脚本奠定了基础。

（4）静态方法和类方法

在 OOP 中，除了实例方法外，Python 还提供了两种特别的类内方法：静态方法（使用@staticmethod 定义）和类方法（使用@classmethod 定义）。这两种方法的主要区别在于它们如何处理类和实例，以及它们的使用场景。

① 静态方法。

静态方法是属于类的，但不依赖于实例的特定数据或状态。换句话说，静态方法不会直接修改类或实例的状态，而是一个与类相关的普通函数，通常用于封装逻辑上相关的代码片段，方便组织和复用。

定义与使用：静态方法通过在方法前添加@staticmethod 装饰器来定义，不需要传递 self 或 cls 参数。

示例：创建一个包含静态方法的类。具体命令如下。

```python
class MathOperations:
    @staticmethod
    def add(x, y):
        return x + y

    @staticmethod
    def subtract(x, y):
        return x – y

# 使用静态方法
print(MathOperations.add(5, 3))    # 输出：8
print(MathOperations.subtract(10, 4))    # 输出：6
```

在这个示例中，add()和 subtract()是两个静态方法，它们执行简单的数学运算，不依赖于类的实例。静态方法可以直接通过类名调用，也可以通过类的实例调用。

静态方法的主要用途是将函数组织到类的命名空间内，使函数不独立存在。它们适用于执行一些与类相关但不依赖于类或实例状态的操作。

② 类方法。

类方法是一种将类作为参数传递的特殊方法。与实例方法不同，类方法接收 cls 作为第一个参数，而不是 self。通过类方法，类本身可以作为一个对象来操作。类方法通常用于工厂方法（该方法用于创建类的实例）或对类级别的数据进行操作。

定义与使用：类方法通过在方法前添加@classmethod 装饰器来定义，cls 参数表示当前类对象。

示例：创建一个包含类方法的类。具体命令如下。

```
class Server:
    active_servers = 0   # 类属性

    def __init__(self, ip, hostname):
        self.ip = ip
        self.hostname = hostname
        Server.active_servers += 1

    @classmethod
    def display_active_servers(cls):
        print(f"Active servers: {cls.active_servers}")

    @classmethod
    def create_with_defaults(cls):
        return cls("127.0.0.1", "localhost")
# 使用类方法
Server.display_active_servers()   # 输出：Active servers: 0
server1 = Server("192.168.1.1", "webserver")
Server.display_active_servers()   # 输出：Active servers: 1
# 使用工厂方法创建实例
server2 = Server.create_with_defaults()
server2.display_active_servers()   # 输出：Active servers: 2
```

在这个示例中，display_active_servers()是一个类方法，它可以访问和操作类级别的数据（如类属性 active_servers）。create_with_defaults()是一个典型的工厂方法，它返回使用默认参数创建的类的实例。

类方法通常用于需要访问类级别的数据或执行与类本身有关的操作。它们的主要优势在于可以对类进行抽象操作，而不依赖于特定的实例。

③ 静态方法与类方法的对比。

• 访问权限：静态方法不接收 self 或 cls 参数，因此无法访问或修改类的属性和方法；类方法接收 cls 参数，可以访问类属性和调用其他类方法。

• 用途：静态方法主要用于将逻辑上相关的代码片段组织在一起，而类方法用于操作类本身的状态或创建类的实例。

• 调用方式：静态方法和类方法都可以通过类名或类的实例调用，但静态方法仅用于逻辑上与类相关的功能，不会修改类状态，而类方法能够操作类属性并影响类的状态。

通过上面的内容，读者可以清楚地了解静态方法和类方法的概念及其在编程中的具体应用。这些方法为类提供了更大的灵活性，使得代码能够更加模块化、组织得更好，特别是在处理类级别的数据时。

（5）类和对象的深浅复制

在 OOP 中，理解对象的复制方式是非常重要的。当需要复制对象时，Python 提供了两种主要的复制方式：浅复制（Shallow Copy）和深复制（Deep Copy）。这两种方式在对象的复制过程中有着不同的行为，了解它们的区别有助于编写更加健壮和高效的代码。

① 浅复制。

浅复制用于创建一个新的对象，但其内部的子对象引用仍指向原来的对象。因此，如果子对象发生变化，则原对象和复制对象都会受到影响，因为它们共享这些子对象的引用。

　　浅复制通常通过 copy 模块中的 copy()函数实现，或者使用对象的 copy()方法实现（如果对象支持此方法）。

　　示例：使用浅复制复制对象。具体命令如下。

```
import copy

class ServerConfig:
    def __init__(self, cpu, memory, storage):
        self.cpu = cpu
        self.memory = memory
        self.storage = storage

    def display(self):
        print(f"CPU: {self.cpu}, Memory: {self.memory}GB, Storage: {self.storage}GB")

# 创建原对象
config1 = ServerConfig(4, 16, 500)
config2 = copy.copy(config1)   # 浅复制

# 修改浅复制后对象中的属性
config2.memory = 32

# 显示原对象和浅复制后对象的属性
print("Original Configuration:")
config1.display()
print("Shallow Copy Configuration:")
config2.display()
```

注意：

● 浅复制适用于复制包含不可变数据类型（如字符串、整数等）的对象。

● 对于可变的嵌套对象，浅复制可能会产生意外的副作用，因为子对象仍然共享同一个引用。

② 深复制。

深复制用于创建一个新的对象，并递归地复制所有子对象。这样，深复制后的对象与原对象完全独立，不共享任何引用。这意味着深复制后的对象及其所有子对象都与原对象分离，修改深复制后的对象不会影响原对象。

深复制通常通过 copy 模块中的 deepcopy()函数实现。

示例：使用深复制复制对象。具体命令如下。

```
import copy

class ServerConfig:
    def __init__(self, cpu, memory, storage, software):
        self.cpu = cpu
        self.memory = memory
        self.storage = storage
        self.software = software   # 可变对象（列表）
```

```
        def display(self):
            print(f"CPU: {self.cpu}, Memory: {self.memory}GB, Storage: {self.storage}GB,
Software: {self.software}")

    # 创建原对象
    config1 = ServerConfig(4, 16, 500, ["Apache", "MySQL", "PHP"])
    config2 = copy.deepcopy(config1)  # 深复制

    # 修改深复制后对象中的列表属性
    config2.software.append("Nginx")

    # 显示原对象和深复制后对象的属性
    print("Original Configuration:")
    config1.display()
    print("Deep Copy Configuration:")
    config2.display()
```

在深复制中，config2 的 software 列表是独立的副本，因此对 config2 的 software 列表本身（如添加、删除元素）的修改不会影响 config1。深复制确保了嵌套对象完全独立。

注意：

- 深复制适用于需要完全独立的副本且包含可变的嵌套对象的复杂对象。
- 深复制的开销通常大于浅复制的开销，因为它需要递归复制所有子对象。

③ 浅复制与深复制的对比。

- 性能：浅复制通常比深复制快，因为它只复制对象的引用，而不递归复制整个对象树。然而，这也意味着浅复制不适用于需要独立子对象的场景。
- 独立性：浅复制后的对象与原对象共享嵌套的可变子对象，深复制后的对象则完全独立于原对象。
- 复杂性：浅复制操作简单，适用于对象结构较简单且不涉及嵌套可变对象的情况；深复制可以处理复杂的对象结构，但可能会带来性能问题，尤其是在对象结构非常复杂或深度较大的情况下。

通过上面的内容，读者可以理解并选择合适的复制方式来满足不同的编程需求。在云计算自动化运维中，正确地管理对象的复制可以避免数据共享带来的副作用，确保脚本的健壮性和可维护性。

（6）抽象类和接口

在 OOP 中，抽象类和接口是用来定义行为规范及统一标准的工具。它们为创建灵活且可扩展的系统提供了基础，使得不同的类可以实现相同的接口或继承相同的抽象类，从而实现多态和代码重用。

① 抽象类。

抽象类是不能被实例化的类，通常用作其他类的父类。抽象类可以包含抽象方法和具体方法。抽象方法是指没有实现（即没有方法体）的方法，要求继承它的子类必须实现这些方法。

Python 使用 abc 模块中的 ABC 类和@abstractmethod 装饰器来定义抽象类和抽象方法。

示例：创建一个抽象类。具体命令如下。

```
from abc import ABC, abstractmethod

class CloudService(ABC):
```

```
        @abstractmethod
        def start_instance(self):
            pass

        @abstractmethod
        def stop_instance(self):
            pass

        def health_check(self):
            print("Performing health check...")

class AWSService(CloudService):
    def start_instance(self):
        print("Starting AWS instance...")

    def stop_instance(self):
        print("Stopping AWS instance...")

class AzureService(CloudService):
    def start_instance(self):
        print("Starting Azure instance...")

    def stop_instance(self):
        print("Stopping Azure instance...")
```

在这个示例中，CloudService 是一个抽象类，定义了两个抽象方法 start_instance()和 stop_instance()。这些方法没有具体实现，仅用来规定继承 CloudService 的子类必须实现这些方法。AWSService 和 AzureService 是 CloudService 的子类，并实现了抽象类中的抽象方法。

通过抽象类，Python 可以强制子类遵循一定的设计规范，从而实现类似接口的功能，具体命令如下。

```
aws_service = AWSService()
aws_service.start_instance()      # 输出：Starting AWS instance...
aws_service.health_check()        # 输出：Performing health check...

azure_service = AzureService()
azure_service.start_instance()    # 输出：Starting Azure instance...
```

抽象类提供了一种模板模式，可以定义类的基本结构，同时强制子类实现特定的功能。这种机制确保了接口的一致性，同时允许不同的子类提供各自的实现细节。

② 接口。

在很多面向对象的编程语言（如 Java）中，接口是一组方法的声明，它们必须被实现接口的类实现。Python 没有接口的正式定义，但通过抽象类可以模拟接口。

通常，接口定义了一组方法，这些方法不包含任何实现，而是由实现接口的类来提供具体的实现。

在上面的示例中，CloudService 抽象类用于模拟接口。它定义了所有子类都必须实现的 start_instance()和 stop_instance()方法。尽管 Python 没有原生的接口机制，但使用抽象类可以实现相同的效果。

③ 抽象类与接口的对比。

• 抽象类：抽象类允许提供一些默认的行为，但要求子类实现其余的抽象方法。抽象类可以定义成员变量，并且可以实现某些功能。

- 接口（在 Python 中通过抽象类模拟）：接口通常仅定义方法签名，不包含任何实现细节。实现接口的类必须提供所有方法的具体实现。接口通常用于定义行为规范，确保所有实现接口的类遵循相同的行为规范。

④ 抽象类与接口的应用场景。

- 标准化代码：通过抽象类或接口，可以定义一组标准，确保不同的类可以以一致的方式实现特定功能。这对大型系统尤为重要，特别是在多个开发团队合作的情况下。

- 实现多态：使用抽象类或接口可以轻松实现多态，不同的子类可以通过实现相同的接口提供不同的行为。这使得系统更加灵活和可扩展。

- 定义核心行为：抽象类适合定义系统中的核心行为，同时允许子类提供具体的实现；接口则用于定义一组通用行为，要求实现接口的类提供具体的实现细节。

通过上面的内容，读者可以了解到如何使用抽象类和接口来设计系统的架构，并定义行为规范和统一标准。

（7）运算符重载

运算符重载是 OOP 中一个强大的特性，它允许开发者通过定义特殊方法来改变或扩展 Python 中运算符的行为。运算符重载可以使自定义类的对象表现得像内置类型一样，使开发者可以直接使用运算符进行操作。这种功能使代码更直观、更易读，并且能够更好地与 Python 的其他部分集成。

① 运算符重载的基本概念。

Python 中的运算符（如+、-、*、/等）在默认情况下是用于处理内置数据类型的。然而，运算符重载可以使这些运算符应用于自定义的对象。例如，可以定义一个 Vector 类，使其能够使用+运算符来进行向量相加。

运算符重载是通过定义特殊的"魔术方法"（以__开头和结尾的方法）来实现的。这些方法对应于特定的运算符，例如，__add__()对应于+运算符，__sub__()对应于-运算符，等等。

② 常见的运算符重载。

以下是一些常见的魔术方法及其重载的运算符。

- __add__(self,other)：重载加法运算符（+）。
- __sub__(self,other)：重载减法运算符（-）。
- __mul__(self,other)：重载乘法运算符（*）。
- __truediv__(self,other)：重载除法运算符（/）。
- __eq__(self,other)：重载相等运算符（==）。
- __lt__(self,other)：重载小于运算符（<）。

此外，还有一些用于特殊场景的魔术方法，具体介绍如下。

- __str__(self)：重载字符串表示，在使用 str()和 print()函数时调用。

示例：创建一个简单的 Vector 类，并通过重载加法运算符（+）来实现向量相加。具体命令如下。

```
class Vector:
    def __init__(self, x, y):
        self.x = x
        self.y = y


    def __add__(self, other):
        return Vector(self.x + other.x, self.y + other.y)
```

```
        def __sub__(self, other):
            return Vector(self.x - other.x, self.y - other.y)

        def __mul__(self, scalar):
            return Vector(self.x * scalar, self.y * scalar)

        def __eq__(self, other):
            return self.x == other.x and self.y == other.y

        def __str__(self):
            return f"Vector({self.x}, {self.y})"

    # 使用运算符重载
    v1 = Vector(2, 3)
    v2 = Vector(4, 5)

    print(v1 + v2)      # 输出: Vector(6, 8)
    print(v1 - v2)      # 输出: Vector(-2, -2)
    print(v1 * 3)       # 输出: Vector(6, 9)
    print(v1 == v2)     # 输出: False
```

在这个示例中, Vector 类重载了+、-、*及==运算符, 使得 Vector 对象之间可以直接使用这些运算符进行操作。此外, 还重载了__str__()方法, 使得 Vector 对象在输出时以更直观的格式显示相应内容。

③ 运算符重载的注意事项。

• 不要滥用运算符重载: 虽然运算符重载可以使代码更加简洁和直观, 但不恰当地使用可能会导致代码的可读性下降, 尤其是当重载后的运算符行为不符合读者预期时。

• 保持一致性: 重载运算符时, 应确保它们的行为符合通常的运算符语义。例如, 重载加法运算符(+)时, 它应当执行一种类似"加法"的操作, 而不是其他不相关的操作。

• 性能考虑: 运算符重载会增加类的复杂性, 因此在性能敏感的应用中, 需要仔细考虑运算符重载是否会对性能产生负面影响。

• 返回合适的类型: 在运算符重载时, 确保返回值的类型是合理的, 尤其是确保对于链式运算(如 a+b+c)的支持。

运算符重载可以大大提高自定义类的表达力和可用性, 使得这些类与 Python 的内置类型一样直观和易用。通过上面的内容, 读者可以了解到如何定义和使用运算符重载来增强类的功能, 从而编写更优雅、更易于使用的代码。

🔍 项目小结

通过对本项目的学习, 读者应全面掌握Python函数的使用方法以及OOP的基础知识。在对函数的学习过程中, 读者学会了如何定义和使用函数, 包括通过def关键字创建函数、设置参数列表, 以及编写功能丰富的函数体。此外, 读者还深入理解了可变参数、匿名函数、闭包和装饰器的使用, 并掌握了迭代器和生成器的实现与应用, 提升了编程效率和代码的可维护性。

在对OOP的学习过程中, 读者掌握了类和对象的创建与使用, 理解了封装、继承和多态等基本特性，并能够灵活应用这些概念来设计模块化和可扩展性强的程序。通过学习构造函数与析构函数，读者能够有效地管理对象的生命周期。此外，读者还熟悉了运算符重载的实现，学会了使用它来增强自定义类的功能性，并掌握了类与对象的深浅复制技术，以及静态方法和类方法的区别及应用，能够根据实际需求进行适合的设计。通过抽象类和接口的学习，读者理解了如何设计规范化和扩展性强的类结构，为开发复杂的Python应用奠定了坚实基础。

通过对本项目的学习，读者应具备利用Python编程语言解决实际问题的能力，并能够编写结构清晰、易于维护的代码。这些技能将为读者在今后的编程实践中提供有力的支持，使其能够应对更复杂的开发任务。

课后练习

1. 【单选题】在 Python 中，函数是通过哪个关键字来定义的？（   ）

   A. function   B. def   C. lambda   D. class

2. 【单选题】可变参数的作用是什么？（   ）

   A. 接收函数的默认参数   B. 接收任意数量的参数

   C. 限制参数的类型   D. 使函数执行更快

3. 【单选题】在 Python 中，匿名函数的创建方式有哪些？（   ）

   A. 使用 def 关键字   B. 使用 lambda 关键字

   C. 使用 class 关键字   D. 使用 import 关键字

4. 【多选题】下列哪些特性是 OOP 的核心概念？（   ）

   A. 封装   B. 继承   C. 递归   D. 多态性

5. 【判断题】Python 中的递归函数必须包含一个终止条件，否则可能会导致无限递归。（   ）

实训练习

1. 使用Python编写一个函数calculate_sum()，该函数用于接收任意数量的数字作为参数，并返回所有数字的和。要求使用*args实现可变参数，并确保函数能够正确处理传入的各种参数的个数。

2. 创建一个名为Employee的类，其中包含员工的姓名和职位两个属性。定义一个构造函数__init__()，用于初始化这些属性，并编写一个方法display_info()来输出员工的详细信息。使用该类创建两个员工对象，并调用display_info()方法输出每个员工的详细信息。

项目 3

Python自动化运维

项目描述

　　随着数据库管理与服务器运维的需求不断提升,本项目将围绕自动化数据库备份、服务器资源监控及自动化日志分析3个核心主题展开,重点介绍如何利用Python脚本与相关工具实现高效的自动化运维。读者将在数据库层面学习运用mysqldump与pymysql等技术手段,实现自动化的备份文件管理与过期备份清理;在服务器层面掌握对CPU、内存、磁盘等资源的监控方法,并设置警告阈值以实时获取系统健康状态;读者还将了解如何对系统日志进行自动化解析,过滤关键信息并生成分析报告,以便及时发现系统异常并进行针对性处理。通过系统化地学习和实践,读者可在实际运维工作中有效提升管理效率与风险防控能力,为后续进一步拓展自动化运维技能打下坚实的技术基础。

学习目标

知识目标

- 理解自动化数据库备份、服务器资源监控与自动化日志分析的基本概念。
- 了解自动化脚本在运维中的重要性与应用。
- 掌握 Python 在自动化数据库备份、监控与分析中的技术应用。

能力目标

- 能够安装并配置 MariaDB，为 Python 脚本测试提供环境。
- 能够编写并运行 Python 脚本，实现自动化数据库备份、监控与分析任务。
- 能够在 Linux 操作系统上熟练使用 Python 与相关工具完成运维任务。

素养目标

- 运用科学思维分析自动化运维问题。
- 提升自动化脚本编写与实际操作能力。

任务分解

本项目的目标是让读者掌握自动化数据库备份、服务器资源监控及自动化日志分析的关键技术。为了帮助读者系统地学习和掌握这些内容，本项目划分为3个具体任务。

首先，读者将学习如何通过Python脚本实现自动化数据库备份。具体步骤包括安装和配置MariaDB数据库，编写脚本实现数据库的定时备份与文件管理。其次，读者将学习如何监控服务器的资源使用情况。内容包括使用Python脚本监控CPU、内存、磁盘等资源的使用情况及磁盘I/O活动，设置警告阈值，以及进行性能测试与调优。最后，读者将深入学习自动化日志分析的技术。内容涉及使用Python读取、过滤和解析日志文件，通过正则表达式提取关键信息，并生成分析报告，帮助识别系统中的潜在问题。

通过依次完成这3个任务，读者将逐步掌握自动化运维中的重要技术，为将来在实际工作中高效管理数据库和服务器打下坚实基础。项目3任务分解如表3-1所示。

表 3-1　项目 3 任务分解

任务	任务目标	安排课时
任务 3.1　自动化数据库备份	掌握通过 Python 脚本实现数据库的自动化备份与管理	2
任务 3.2　服务器资源监控	学习并掌握服务器资源的实时监控脚本的编写方法	3
任务 3.3　自动化日志分析	学习对系统日志进行自动化分析与分类处理	3
总计		8

📖 知识准备

3.1 自动化数据库备份

数据库备份是确保数据安全和系统稳定的重要措施，尤其在企业级应用中，数据的丢失或损坏可能导致严重的后果。自动化数据库备份可以将备份过程定期化、标准化，降低人为错误带来的风险，同时确保在系统出现问题时能够快速恢复数据。

1. 数据库备份的基本概念

（1）全量备份

全量备份（Full Backup）是最基础的备份形式之一，它会对所有数据进行一次完整的备份，不论这些数据是否发生了变化。全量备份的内容包含数据库或文件系统的所有内容，因此每次备份都会生成一个独立、完整的副本。全量备份的主要优点在于其数据的完整性和恢复的便捷性。在恢复数据时，通常只需要使用最近一次的全量备份，因为它包含所有的数据。然而，全量备份的缺点也很明显：由于每次都要备份全部数据，即使大部分数据没有变化，因此备份的过程会耗费较长时间，同时生成的备份文件会占用大量的存储空间。通常，在系统首次备份或数据量较小且不频繁变化的环境中使用全量备份。

（2）增量备份

增量备份（Incremental Backup）仅备份自上次备份以来发生变化的数据，无论上次备份是全量备份还是增量备份。增量备份的主要优点在于其高效性：由于只备份自上次备份后新增加或已修改的数据，因此备份的速度较快，且所需的存储空间较少。这使得增量备份特别适用于那些数据量大且频繁更新的系统。然而，增量备份的恢复过程相对复杂。在需要恢复数据时，必须先恢复最近一次的全量备份，再按顺序恢复所有后续的增量备份。如果其中的某个增量备份丢失或损坏，则可能会导致部分数据无法恢复完整。因此，尽管增量备份在日常备份中能节省大量的时间和空间，但它在恢复过程中的复杂性也要求系统管理员具备良好的备份管理能力。

（3）差异备份

差异备份（Differential Backup）是介于全量备份和增量备份之间的一种备份形式。差异备份只备份自上次全量备份以来发生变化的所有数据，而不考虑这些数据是否已经被前一次的差异备份包含。因此，随着时间的推移，差异备份的体积会逐渐增大，直到下次全量备份为止。差异备份的恢复过程比增量备份的恢复过程更简单，因为只需要恢复最近的一次全量备份和最后一次差异备份即可。这使得差异备份在备份效率和恢复速度之间提供了一个良好的平衡：它比全量备份节省时间和存储空间，但在恢复时又比增量备份更快捷、更简单。

全量备份、增量备份、差异备份的不同时间节点状态如图 3-1 所示。

2. 使用 Python 进行自动化数据库备份

在 Linux 环境下，常用的 MySQL 或 MariaDB 数据库可以通过命令行工具 mysqldump 进行备份。这是一种高效、可靠的备份方法，能够导出数据库的表结构和数据，并生成可用于恢复数据库的结构查询语言（Structure Query Language，SQL）脚本。

（1）mysqldump 工具

mysqldump 是 MySQL 和 MariaDB 的自带工具，支持备份单个数据库、多个数据库。它生成的 SQL 文件包含创建表的命令、插入数据的命令，以及其他相关信息。通过使用这个工具，系统管理员可以方便地将数据库内容导出并保存在指定的文件中。例如，命令 mysqldump -u root -p database_name > backup.sql 可以将 database_name 数据库的内容备份到 backup.sql 文件中。

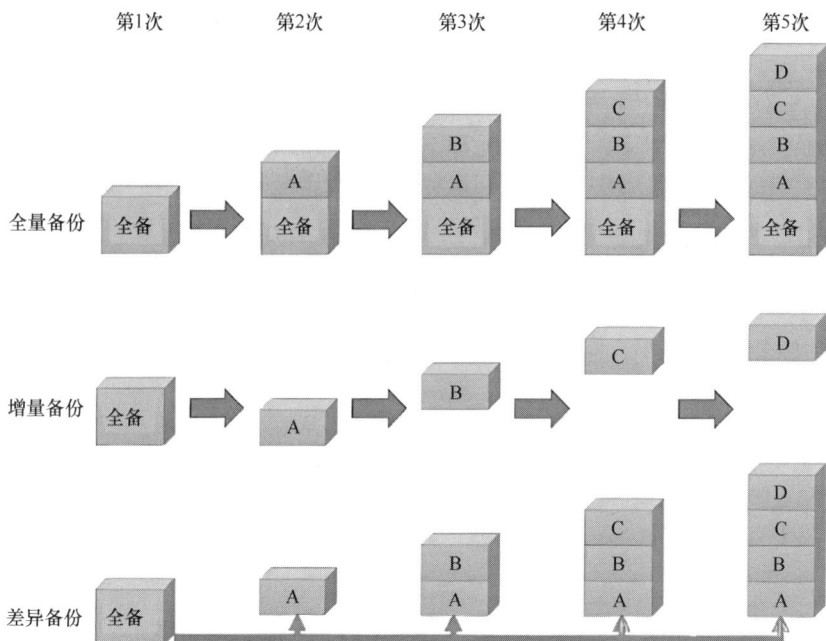

图 3-1　全量备份、增量备份、差异备份的不同时间节点状态

（2）Python 与 mysqldump 的结合

为了实现自动化数据库备份，可以通过 Python 脚本调用 mysqldump 工具，定时执行备份任务。Python 的 subprocess 模块允许运行系统命令，并捕获其输出和错误信息。通过在 Python 脚本中使用 subprocess.run()方法，可以在备份完成后自动处理备份文件，如添加时间戳、压缩文件、将文件移动到指定目录等。这些操作可以极大地提升备份过程的自动化程度，减少人工干预。

3.　PyMySql 库的应用

对于需要更细粒度控制的场景，Python 的 PyMySql 库提供了直接与 MySQL 数据库交互的能力。PyMySql 库允许在 Python 脚本中执行 SQL 查询、插入和其他操作，因此可以用它来实现自定义的备份逻辑。例如，除了备份整个数据库外，还可以备份特定的表或记录。此外，PyMySql 库还可以用于恢复数据库，执行备份文件中的 SQL 命令。

通过 Python 脚本，系统管理员可以编写复杂的备份策略，包括定时执行、增量备份、备份文件管理（如自动删除过期备份）、日志记录等。这些策略有助于确保备份工作的可靠性和数据的可恢复性。

4.　自动化数据库备份的好处与实践

自动化数据库备份不仅节省了人力资源，还提高了数据安全性。手动数据库备份容易出现遗漏或操作失误，而自动化数据库备份可以确保所有重要数据按计划备份，并且能将备份结果记录在日志中，供系统管理员随时查阅。此外，自动化数据库备份的灵活性使得系统管理员可以根据业务需求定制备份策略，以应对不同的数据保护需求。

例如，在实际应用中，可以设置每天进行一次全量备份，每小时进行一次增量备份，这样既保证了数据的完整性，又不会对系统性能造成过大压力。备份文件可以自动压缩并上传到远程存储，以防止本地灾难导致数据丢失。在此过程中，Python 脚本可以完成所有以上操作，使备份工作真正做到"无人值守"。

3.2　服务器资源监控自动化技术

在现代服务器运维中，资源监控是保障系统稳定运行的基础。自动化监控技术能够实时采集并分析服务器资源的使用情况，帮助系统管理员快速识别潜在问题并采取应对措施。通过监控 CPU、内存、磁盘、日志记录等关键资源的状态，系统管理员可以优化服务器性能，降低系统故障风险。此外，综合自动化监控平台的使用，使得资源监控更加高效和智能化，为企业运维提供了强有力的支持。

1. CPU 资源监控自动化

CPU 是服务器的核心计算资源，承担着所有的计算任务。监控 CPU 使用率可以帮助系统管理员了解系统的负载情况，识别性能瓶颈。自动化 CPU 资源监控可以通过定期获取 CPU 的使用数据，并结合警告机制，实现当 CPU 使用率超过设定的阈值时系统自动发出警报，提醒系统管理员采取措施。

在现代服务器中，多核 CPU 的普及使得监控的复杂性增加。自动化监控工具能够实时跟踪每个 CPU 的使用情况，帮助系统管理员识别高负载的应用程序或进程。此外，结合 CPU 亲和性设置，系统管理员可以优化高优先级任务的资源分配，确保系统在高负载下依然平稳运行。

2. 内存资源监控自动化

内存是服务器中用于存储和快速访问数据的关键资源。内存使用率过高可能会导致系统性能下降，甚至导致系统崩溃。自动化内存监控可以帮助系统管理员实时了解内存的使用情况，特别是在处理大量数据或运行多个应用程序时，内存的监控尤为重要。

通过自动化工具，系统管理员可以定期检查内存的总量、已用量和空闲量，并设置警告阈值。当内存使用率达到或超过阈值时，系统会自动发出通知，防止出现内存不足导致的性能问题。此外，自动化内存资源监控还可以帮助检测内存泄漏问题，运维人员可以通过持续的内存使用率监控，识别出内存使用率异常增加的情况，从而采取相应的措施进行应对。

3. 磁盘资源监控自动化

磁盘是服务器用于存储操作系统、应用程序和数据的核心资源。磁盘空间不足会直接影响系统的正常运行，导致数据无法写入或日志文件记录失败。自动化磁盘资源监控通过实时跟踪磁盘的使用情况，帮助系统管理员及时采取措施，防止系统因磁盘空间不足而出现故障。

自动化磁盘资源监控不仅关注磁盘的使用情况，还关注磁盘 I/O 性能。高频的读写操作可能会导致磁盘 I/O 瓶颈，影响系统的响应速度。通过自动化工具，系统管理员可以实时监控磁盘的读写速度、I/O 操作次数，并在出现性能问题时及时做出调整，确保系统的平稳运行。

4. 日志记录的关键筛选

日志是记录系统运行状态的重要工具，能够反映系统的运行情况、错误信息和用户行为。通过自动化日志分析，可以快速处理大量日志数据，实现对系统异常的定位和预警。日志分析的核心在于从海量数据中提取有用信息，并通过数据处理工具将非结构化日志转换为可读的报告。自动化分析通常包括读取日志文件、筛选关键信息、通过正则表达式进行模式匹配和分类、生成统计报告等步骤。依赖 pandas 库，Python 可以高效地完成日志解析和结构化存储。这种分析方法能够帮助系统管理员及时发现问题，提高系统的稳定性和安全性。

5. 综合自动化监控平台

为了实现对服务器各项资源的全面监控，企业通常会采用统一的综合自动化监控平台，如 Prometheus、Zabbix、Nagios 等。这些平台能够集成 CPU、内存、磁盘的监控数据，提供统一的监控界面和警告机制。通过这些平台，系统管理员可以实时监控多台服务器的运行状态，生成综合的性能报告，并进行趋势分析。

综合自动化监控平台不仅能够提供实时监控，还支持历史数据分析和容量规划。通过对历史数据的分析，系统管理员可以预测未来的资源需求，提前做好扩展计划，确保系统在高负载条件下依然能够稳定运行。此外，综合自动化监控平台还支持自动化响应策略，当检测到资源使用率异常时，可以自动触发预设的响应措施，如扩展资源、调整任务调度等。

3.3 自动化运维的核心 Python 模块概述

在自动化运维中，Python 的强大功能和灵活性使其成为实现系统管理、监控和数据处理的重要工具。通过结合多个专用模块，Python 能够有效地执行数据库备份、资源监控、日志分析等任务。以下是一些在自动化运维中常用的核心 Python 模块的概述，这些模块为自动化运维任务提供了强大的支持。

1. psutil 模块

psutil 模块是一个广泛使用的 Python 模块，专门用于获取系统的运行状态信息，包括 CPU 使用率、内存使用情况、磁盘使用情况以及网络接口的流量数据。它提供了直接访问系统资源的接口，使得编写监控脚本变得更加简便。在自动化运维中，psutil 模块可以帮助实时监控服务器的性能指标，自动触发警告，并为优化系统资源分配提供数据支持。

2. subprocess 模块

subprocess 模块用于执行系统命令和脚本，允许 Python 脚本与操作系统进行交互。它能够启动外部进程、捕获输出、检查命令执行状态等。这个模块在任务中用于执行诸如数据库备份命令的系统操作，使自动化脚本能够灵活地调用系统功能，执行备份、恢复等任务。

3. time 模块

time 模块提供了与时间相关的多种功能，如生成时间戳、延迟执行任务、获取当前时间等。在自动化任务中，time 模块通常用于设置定时任务，确保监控和备份操作按计划执行，或者生成带有时间戳的文件名以确保文件的唯一性。

4. re 模块

re 模块是 Python 的正则表达式库，用于在字符串中执行复杂的模式匹配、搜索和替换操作。它是日志分析的强大工具，能够快速提取并分析日志文件中的关键信息，如 IP 地址、错误代码等。在自动化日志分析任务中，re 模块可以帮助系统管理员从大量数据中筛选出有用的信息，并进行分类和生成报告。

5. os 模块

os 模块提供了与操作系统交互的接口，支持文件和目录的操作、环境变量管理等。在自动化运维中，os 模块被广泛用于管理文件系统，如创建和删除备份目录、访问系统路径、执行系统级操作等，使脚本能够灵活地进行文件和目录的管理操作。

6. glob 模块

glob 模块用于根据文件名模式匹配、查找文件路径。它支持通配符查找，是自动化文件管理的便捷工具。在备份管理和日志分析中，glob 模块用于定位和筛选特定类型的文件，进行自动化的文件清理和组织，确保系统中存储的数据井然有序。

7. pandas 模块

pandas 模块是一个用于数据处理和分析的强大工具，它提供了高效的数据结构和操作方法，特别适合处理表格数据。在日志分析和报告生成任务中，pandas 被用来将非结构化的日志数据转换为结构化的表格数据，方便进行筛选、汇总和深入分析。它极大地简化了数据处理和分析过程，是处理和分析大规模数据集的理想选择。

8. PyMySql 模块

PyMySql 模块是用于 Python 和 MySQL 数据库之间交互的模块，允许 Python 脚本执行 SQL 查询、插入、更新和删除操作。在自动化数据库管理任务中，PyMySql 模块使得脚本能够直接操作数据库，进行自动化的备份、恢复和其他数据管理工作，是数据库操作中不可或缺的工具。

9. tabulate 模块

tabulate 模块用于将数据以表格形式展示，支持多种格式的表格输出，使数据更加直观。在生成监控报告和展示分析结果时，tabulate 模块能够帮助开发者生成清晰易读的文本表格，提升数据的可读性和专业性。

这些模块是 Python 在自动化运维中的关键组成部分，涵盖从系统监控、日志分析到数据处理和报告生成的各个环节。通过合理利用这些模块，系统管理员可以显著提升系统管理的效率，实现高效、稳定的自动化运维流程。

任务 3.1　自动化数据库备份

【任务描述】

在本任务中，读者将学习如何安装和配置 MariaDB 数据库，并通过 Python 脚本实现数据库的自动化备份与管理。在具体操作中，读者首先会学习在 Linux 环境中安装 MariaDB 并进行基础配置的方法，确保数据库可以正常运行以便后续的脚本测试。读者将深入学习如何编写 Python 脚本进行数据库备份，包括通过命令行工具 mysqldump 和使用 PyMySql 库直接操作数据库，生成包含表结构和数据的备份文件。读者还将学习如何在脚本中实现时间戳以管理备份文件、自动删除过期备份文件以及压缩备份文件以节省存储空间，从而实现全面的数据库备份自动化管理。

微课

任务 3.1 实操演示

通过对本任务的学习，读者不仅能掌握在实际工作环境中进行数据库备份和管理的技能，还能加深对 Python 脚本编写和自动化管理的理解。本任务中的综合性操作将帮助读者了解从数据库配置到备份管理的一整套流程知识，增强读者在 Linux 环境下运维数据库的能力。这种实战经验将显著提升读者在数据库管理方面的技术水平，使读者能够更加自信地应对实际工作中的数据库备份与恢复问题，同时为读者未来完成更复杂的数据库管理任务打下坚实的基础。

【任务分析】

（1）规划节点

使用银河麒麟高级服务器操作系统规划节点，如表 3-2 所示。

表 3-2　规划节点

IP 地址	主机名	节点
192.168.200.10	localhost	银河麒麟高级服务器操作系统控制节点

（2）基础准备

在进行 VMware Workstation Pro 软件的实操练习时，首先启动软件并选择"创建新的虚拟机"选项，打开安装向导，在安装向导中选择使用典型配置，设置虚拟机参数，包括分配 4 个虚拟 CPU、4GB 内存和 40GB 磁盘空间，并选择 NAT 模式作为网络设置，同时分配静态 IP 地址 192.168.200.10。指定加载 Kylin-Server-10-SP2-Release-Build09-20210524-x86_64.iso 镜像文件作为启动介质，完成虚拟机的各项配置后启动虚拟机，按照引导完成系统安装。为了确保安全性，建议设置主机密码为 Kylin2024。按照这些步骤，读者可以顺利完成单节点的安装。

【任务实施】

（1）安装数据库

在正式编写脚本以前，需要安装一个数据库以方便测试脚本，具体命令如下。

```
[root@localhost ~]# yum install -y mariadb-server
上次元数据过期检查：0:04:06 前，执行于 2024 年 08 月 17 日 星期六 16 时 14 分 45 秒。
依赖关系解决。
=======================================================================================
 Package                 Architecture Version                      Repository    Size
=======================================================================================
安装:
 mariadb-server          x86_64       3:10.3.9-9.p02.ky10          local         18 M
安装依赖关系:
 mariadb                 x86_64       3:10.3.9-9.p02.ky10          local         6.1 M

事务概要
=======================================================================================
安装  2 软件包

总计：24 M
安装大小：129 M
下载软件包:
运行事务检查
事务检查成功。
运行事务测试
事务测试成功。
运行事务
  准备中  :                                                                   1/1
  运行脚本: mariadb-server-3:10.3.9-9.p02.ky10.x86_64                           1/2
  安装    : mariadb-server-3:10.3.9-9.p02.ky10.x86_64                           1/2
  运行脚本: mariadb-server-3:10.3.9-9.p02.ky10.x86_64                           1/2
  安装    : mariadb-3:10.3.9-9.p02.ky10.x86_64                                  2/2
  运行脚本: mariadb-3:10.3.9-9.p02.ky10.x86_64                                  2/2
  验证    : mariadb-3:10.3.9-9.p02.ky10.x86_64                                  1/2
  验证    : mariadb-server-3:10.3.9-9.p02.ky10.x86_64                           2/2

已安装:
  mariadb-3:10.3.9-9.p02.ky10.x86_64   mariadb-server-3:10.3.9-9.p02.ky10.x86_64

完毕!
```

安装完成后，需要启动数据库及初始化 root 密码，并测试数据库是否正常，具体命令如下。

```
[root@localhost ~]# systemctl enable --now mariadb
Created symlink /etc/systemd/system/mysql.service → /usr/lib/systemd/system/mariadb.
service.
    Created symlink /etc/systemd/system/mysqld.service → /usr/lib/systemd/system/mariadb.
service.
    Created symlink /etc/systemd/system/multi-user.target.wants/mariadb.service → /usr/lib/
systemd/system/mariadb.service.
    [root@localhost ~]# mysqladmin -u root password root
    [root@localhost ~]# mysql -uroot -proot
```

```
Welcome to the MariaDB monitor.    Commands end with ; or \g.
Your MariaDB connection id is 9
Server version: 10.3.9-MariaDB MariaDB Server

Copyright (c) 2000, 2018, Oracle, MariaDB Corporation Ab and others.

Type 'help;' or '\h' for help. Type '\c' to clear the current input statement.

MariaDB [(none)]>
```

（2）编写数据库脚本（基于命令）

① 定义数据库连接信息以及生成备份文件名。

定义数据库连接信息，如主机地址、用户名、密码和数据库名称，具体命令如下。这些信息将在脚本中用于连接数据库并执行备份操作。

```python
import os
import time
import subprocess

# 定义数据库连接信息
DB_HOST = 'localhost'
DB_USER = 'root'
DB_PASSWORD = 'root'
DB_NAME = 'mysql'
```

为了确保备份文件的唯一性并方便后续管理，通常会在备份文件名中加入时间戳。时间戳通常采用年-月-日-小时-分钟-秒的格式，保证每次生成的备份文件名都是唯一的，具体命令如下。

```python
# 生成备份文件名，包含时间戳
BACKUP_DIR = '/mariadb_backup/'
TIMESTAMP = time.strftime('%Y%m%d%H%M%S')
BACKUP_FILE = os.path.join(BACKUP_DIR, f"{DB_NAME}_backup_{TIMESTAMP}.sql")
```

注意：

• 备份路径/mariadb_backup/应提前创建，并确保脚本有写入权限。

• 在生产环境中，建议通过配置文件或环境变量来管理敏感信息，如数据库密码。

② 编写备份命令。

在生成了备份文件名之后，可以使用 mysqldump 命令来执行数据库备份操作。这里使用os.system 或 subprocess 模块来执行该命令。执行完备份操作后，会输出相应的提示信息。如果出现错误，则捕获异常并进行处理。具体命令如下。

```python
try:
    # 使用 shell=True，并将完整的命令作为字符串传递给 shell
    command = f"mysqldump -h {DB_HOST} -u {DB_USER} --password={DB_PASSWORD} {DB_NAME} > {BACKUP_FILE}"
    subprocess.run(command, check=True, shell=True)
    print(f"备份成功：{BACKUP_FILE}")
except Exception as e:
    print(f"备份失败：{e}")
```

说明：

• mysqldump 是 MySQL 数据库的备份工具，其他数据库如 PostgreSQL 可以使用pg_dump 进行备份。

- subprocess.run()用于执行系统命令，其中，check=True 表示如果命令执行失败，则将抛出异常。
- shell=True 表示允许在 Shell 中执行命令，这在使用重定向符号（如>）时是必要的。
- except Exception as e 是为了确保脚本的可靠性而添加的错误处理机制。在备份过程中，如果发生错误，则脚本将捕获异常并输出错误信息。

上述所有代码都可写入一个文件内，此处将文件命名为"backup_mariadb_command.py"，具体命令如下。

```
[root@localhost ~]# vim backup_mariadb_command.py
import os
import time
import subprocess

# 定义数据库连接信息
DB_HOST = 'localhost'
DB_USER = 'root'
DB_PASSWORD = 'root'
DB_NAME = 'mysql'

# 生成备份文件名，包含时间戳
BACKUP_DIR = '/mariadb_backup/'
TIMESTAMP = time.strftime('%Y%m%d%H%M%S')
BACKUP_FILE = os.path.join(BACKUP_DIR, f"{DB_NAME}_backup_{TIMESTAMP}.sql")

# 确保备份目录存在
os.makedirs(BACKUP_DIR, exist_ok=True)

try:
    # 使用 shell=True，并将完整的命令作为字符串传递给 shell
    command = f"mysqldump -h {DB_HOST} -u {DB_USER} --password={DB_PASSWORD} {DB_NAME} > {BACKUP_FILE}"
    subprocess.run(command, check=True, shell=True)
    print(f"备份成功：{BACKUP_FILE}")
except subprocess.CalledProcessError as e:
    print(f"备份失败：{e}")
```

脚本创建后，需要创建文件夹，以确保数据库备份命令能正确执行并将备份结果导出到此文件夹，具体命令如下。

```
[root@localhost ~]# mkdir /mariadb_backup/
```

③ 运行测试脚本。

运行脚本，具体命令如下。

```
[root@localhost ~]# python3 backup_mariadb_command.py
备份成功：/mariadb_backup/mysql_backup_20240817225124.sql
```

可以看到，脚本返回了备份成功的信息，通过在对应的目录检查数据库文件是否正常来判断脚本是否运行正确，具体命令如下。

```
[root@localhost ~]# head -n 10 /mariadb_backup/mysql_backup_20240817225124.sql
-- MySQL dump 10.16  Distrib 10.3.9-MariaDB, for Linux (x86_64)
--
```

```
-- Host: localhost        Database: mysql
-- -------------------------------------------------------------
-- Server version           10.3.9-MariaDB

/*!40101 SET @OLD_CHARACTER_SET_CLIENT=@@CHARACTER_SET_CLIENT */;
/*!40101 SET @OLD_CHARACTER_SET_RESULTS=@@CHARACTER_SET_RESULTS */;
/*!40101 SET @OLD_COLLATION_CONNECTION=@@COLLATION_CONNECTION */;
/*!40101 SET NAMES utf8 */;
```

通过 head 命令查看该脚本的头部，也可以看到数据库的相关信息，如数据库的版本号。至此，通过 Python 执行命令的方式来备份数据库就完成了。

（3）编写数据库脚本（基于数据库依赖）

在数据库自动化备份中，除了通过执行命令的方式，还可以直接使用 Python 的 PyMySql 库进行备份操作。这种方式可以更灵活地控制备份过程，并且在 Python 脚本中实现更多定制化的功能。

① 安装数据库的模块。

安装 Python 的数据库的模块，可以方便开发者更加灵活地控制数据库，这里需要先上传离线软件包 Python-Package.tar.gz 来安装这些模块，具体命令如下。

```
[root@localhost ~]# tar zxf Python-Package.tar.gz
[root@localhost ~]# ll
总用量 44144
-rw-------   1 root root      2514   8月    8 20:24 anaconda-ks.cfg
-rw-r--r--   1 root root      2788   8月    8 20:39 initial-setup-ks.cfg
drwxr-xr-x 17 root root      4096   8月    9 11:31 Python-3.11.9
-rw-r--r--   1 root root 26521757   8月    8 15:06 Python-3.11.9.tgz
drwxr-xr-x  2 root root        80   8月   17 21:08 python-packages
-rw-r--r--   1 root root 18663091   8月   17 23:05 Python-Package.tar.gz
[root@localhost ~]# cd python-packages/
[root@localhost python-packages]# pip3.11 install PyMySQL-1.1.1-py3-none-any.whl
Processing ./PyMySQL-1.1.1-py3-none-any.whl
PyMySQL is already installed with the same version as the provided wheel. Use
--force-reinstall to force an installation of the wheel.
WARNING: Running pip as the 'root' user can result in broken permissions and conflicting
behaviour with the system package manager. It is recommended to use a virtual environment

[notice] A new release of pip is available: 24.0 -> 24.2
[notice] To update, run: pip3.11 install --upgrade pip
```

② 编写备份数据库代码。

下面将使用 Python 结合 PyMySql 库来实现 MySQL 数据库的备份操作。

a. 连接到数据库。

使用 pymysql.connect() 方法连接到 MySQL 数据库，并创建一个游标 cursor，具体命令如下。

```
connection = pymysql.connect(host=DB_HOST, user=DB_USER, password=DB_PASSWORD,
database=DB_NAME)
cursor = connection.cursor()
```

b. 打开备份文件。

以写入模式打开一个文件 BACKUP_FILE，具体命令如下。该文件将用来保存数据库的备份内容。

```
with open(BACKUP_FILE, 'w', encoding='utf-8') as f:
```

c. 获取所有表名。

使用 SHOW TABLES 命令获取数据库中所有表的名称，并将其保存在 tables 变量中，具体命令如下。

```
cursor.execute("SHOW TABLES")
tables = cursor.fetchall()
```

d. 导出表结构。

对于每一个表，使用 SHOW CREATE TABLE {table_name}命令获取该表的创建命令（即表结构），并将其写入备份文件中，具体命令如下。这一步用于确保备份文件中包含所有表的结构定义。

```
for table in tables:
    table_name = table[0]
    cursor.execute(f"SHOW CREATE TABLE {table_name}")
    create_table_stmt = cursor.fetchone()[1]
    f.write(f"{create_table_stmt};\n\n")
```

e. 导出表数据。

使用 SELECT * FROM {table_name}命令获取每个表中的所有数据，并生成 INSERT INTO 命令将其写入备份文件，具体命令如下。如果表中有数据，则每一行数据都会被格式化为标准的 SQL 命令，便于将来恢复数据库时直接执行。

```
cursor.execute(f"SELECT * FROM {table_name}")
rows = cursor.fetchall()

if rows:
    column_names = [desc[0] for desc in cursor.description]
    for row in rows:
        values = ', '.join(f"'{str(value)}'" if value is not None else 'NULL' for value in row)
        f.write(f"INSERT INTO `{table_name}` ({', '.join(column_names)}) VALUES ({values});\n")
    f.write("\n")
```

f. 错误处理和资源释放。

在代码的最后部分捕获及处理可能出现的错误，并确保无论是否成功执行，都要关闭数据库连接，释放资源，具体命令如下。

```
except Exception as e:
    print(f"备份失败：{e}")
finally:
    cursor.close()
    connection.close()
```

g. 总结。

综合上述内容，具体命令如下。

```
try:
    # 连接到数据库
    connection = pymysql.connect(host=DB_HOST, user=DB_USER, password=DB_PASSWORD, database=DB_NAME)
    cursor = connection.cursor()

    with open(BACKUP_FILE, 'w', encoding='utf-8') as f:
        # 获取所有表名
```

```
        cursor.execute("SHOW TABLES")
        tables = cursor.fetchall()

            # 导出表结构
        for table in tables:
            table_name = table[0]

            cursor.execute(f"SHOW CREATE TABLE {table_name}")
            create_table_stmt = cursor.fetchone()[1]
            f.write(f"{create_table_stmt};\n\n")

            # 导出表数据
            cursor.execute(f"SELECT * FROM {table_name}")
            rows = cursor.fetchall()

            if rows:
                column_names = [desc[0] for desc in cursor.description]
                for row in rows:
                    values = ', '.join(f"'{str(value)}'" if value is not None else 'NULL' for
value in row)
                    f.write(f"INSERT INTO `{table_name}` ({', '.join(column_names)})
VALUES ({values});\n")
                f.write("\n")

    print(f"备份成功：{BACKUP_FILE}")
except Exception as e:
    print(f"备份失败：{e}")
finally:
    # 关闭数据库连接
    cursor.close()
    connection.close()
```

这段代码的核心功能是备份 MySQL 数据库中的所有表结构和数据，并将其保存为一个 SQL 文件。下面对这段代码进行整体描述。

首先，代码通过 pymysql.connect()方法连接到 MySQL 数据库，并创建一个游标 cursor，用于后续的 SQL 查询操作。随后，代码以写入模式打开了一个文件 BACKUP_FILE，这个文件将用来保存数据库的备份内容。

其次，代码使用 SHOW TABLES 命令查询数据库中的所有表名，并通过 cursor.fetchall() 获取这些表名。对于每一个表，代码首先通过 SHOW CREATE TABLE {table_name}命令获取表的创建命令，并将其写入备份文件中。这一步确保了备份文件中包含所有表的结构定义。

再次，在导出表结构之后，代码继续执行 SELECT * FROM {table_name}命令获取表中的所有数据。如果表中有数据，那么代码会生成相应的 INSERT INTO 命令，将数据插入备份文件中。每条数据都被格式化为标准的 SQL 命令，这样在将来恢复数据库时可以直接执行这些命令来还原数据。

最后，当所有表的结构和数据都被导出并保存到文件中后，代码输出一条备份成功的信息，指示备份操作已完成并显示备份文件的路径。如果在执行过程中出现任何异常，则代码会捕获异常并输出错误信息。无论备份操作成功与否，代码都会在最后关闭数据库连接，确保资源被正确释放。

③ 编写、运行和测试脚本。

上述所有代码都可写入一个文件内，此处将文件命名为"backup_mariadb_package.py"，具体命令如下。

```
[root@localhost ~]# vim backup_mariadb_package.py
import os
import time
import pymysql

# 定义数据库连接信息
DB_HOST = 'localhost'
DB_USER = 'root'
DB_PASSWORD = 'root'
DB_NAME = 'mysql'

# 生成备份文件名，包含时间戳
BACKUP_DIR = '/mariadb_backup/'
TIMESTAMP = time.strftime('%Y%m%d%H%M%S')
BACKUP_FILE = os.path.join(BACKUP_DIR, f"{DB_NAME}_backup_{TIMESTAMP}.sql")
# 确保备份目录存在
os.makedirs(BACKUP_DIR, exist_ok=True)
try:
    # 连接到数据库
    connection = pymysql.connect(host=DB_HOST, user=DB_USER, password=DB_
PASSWORD, database=DB_NAME)
    cursor = connection.cursor()

# 省略代码，具体请查阅前文讲解的代码

    # 关闭数据库连接
    cursor.close()
    connection.close()
[root@localhost ~]# python3.11 backup_mariadb_package.py
备份成功：/mariadb_backup/mysql_backup_20240818000830.sql
```

查看该脚本所导出的数据库文件，具体命令如下。

```
[root@localhost ~]# head -n 10 /mariadb_backup/mysql_backup_20240818000830.sql
CREATE TABLE 'column_stats' (
  'db_name' varchar(64) COLLATE utf8_bin NOT NULL,
  'table_name' varchar(64) COLLATE utf8_bin NOT NULL,
  'column_name' varchar(64) COLLATE utf8_bin NOT NULL,
  'min_value' varbinary(255) DEFAULT NULL,
  'max_value' varbinary(255) DEFAULT NULL,
  'nulls_ratio' decimal(12,4) DEFAULT NULL,
  'avg_length' decimal(12,4) DEFAULT NULL,
  'avg_frequency' decimal(12,4) DEFAULT NULL,
  'hist_size' tinyint(3) unsigned DEFAULT NULL,
```

可以看到，使用 PyMySql 库进行数据库备份时，导出的数据库文件中并不会包含数据库的元信息（如数据库的创建命令或设置），因为 PyMySql 仅导出表结构和数据，而不包含这些额外的元信息。因此在使用 PyMySql 库进行备份时，备份文件缺少了与数据库相关的上下文信息。

如果需要生成包含完整数据库元信息的备份文件，则建议使用 mysqldump，因为它能够自动处理这些信息，生成更加完整的备份文件。这些信息在数据库的恢复过程中非常有用，尤其是当需要重建数据库时，它们可以确保恢复的环境与备份时的一致。

在完成基础的数据库备份功能后，可以进一步增强脚本的功能，以实现自动化管理。下面将介绍如何实现定时删除过期备份文件，以及如何在备份完成后压缩备份文件以节省存储空间。

（4）定时删除过期备份文件

为了避免备份文件占用过多的存储空间，可以设定一个文件保留期限，定期删除超过保留期限的备份文件。

① 通过定义 RETENTION_DAYS 来设定文件的保留期限。在这个例子中，将保留最近 7 天的备份文件，超过 7 天的备份文件将被视为过期备份文件。

② 使用 now = time.time()获取当前的时间戳，并使用 glob.glob()查找所有匹配特定模式的备份文件。glob.glob()会返回一个文件列表，这些文件的名称格式与生成的备份文件名称格式相匹配。

③ 通过 os.stat(filename).st_mtime 获取每个文件的最后修改时间，并将其与当前时间进行比较。如果文件的最后修改时间早于当前时间减去保留期限（即超过了设定的保留期限），则使用 os.remove(filename)将该文件删除，具体命令如下。

```
# 定义备份文件保留期限
RETENTION_DAYS = 7

# 删除过期备份文件
now = time.time()
for filename in glob.glob(os.path.join(BACKUP_DIR, f"{DB_NAME}_backup_*.sql.gz")):
    if os.stat(filename).st_mtime < now - RETENTION_DAYS * 86400:
        os.remove(filename)
        print(f"已删除过期备份文件：{filename}")
```

通过这段代码，备份脚本能够自动删除过期的备份文件，保证存储空间的合理使用。

（5）压缩备份文件

为了节省存储空间，备份完成后可以对生成的备份文件进行压缩处理。

① 使用 gzip 模块打开一个新的.gz 文件，该文件将用来保存压缩后的备份内容。通过 shutil.copyfileobj()方法，将原始的未压缩备份文件内容复制到.gz 文件中，从而实现压缩。

② 完成压缩操作后，已经不再需要原始的未压缩备份文件，可以通过 os.remove(BACKUP_FILE)将其删除，只保留压缩后的.gz 文件，具体命令如下。

```
# 压缩备份文件
with open(BACKUP_FILE, 'rb') as f_in:
    with gzip.open(f"{BACKUP_FILE}.gz", 'wb') as f_out:
        shutil.copyfileobj(f_in, f_out)

# 删除原始的未压缩备份文件
os.remove(BACKUP_FILE)

print(f"备份文件已压缩：{BACKUP_FILE}.gz")
```

代码解析如下。

① gzip.open：以写入二进制模式打开一个新的.gz 文件，用于保存压缩后的内容。

② shutil.copyfileobj：将原始的未压缩备份文件的内容从 f_in 复制到 f_out，即从未压缩文件

复制到压缩文件。

③ os.remove：删除原始的未压缩备份文件，确保只保留压缩后的文件，节省存储空间。

通过这段代码，备份文件将自动被压缩为.gz 格式，大大减少了存储空间的占用，同时保持备份文件的完整性和可恢复性。

（6）整合脚本

整合脚本结合了执行命令的备份方式（使用 mysqldump）以及自动删除过期备份文件和压缩备份文件的功能。这种方法适用于需要通过执行命令备份并同时进行文件管理的场景，具体命令如下。

```python
import os
import time
import subprocess
import glob
import gzip
import shutil


# 省略定义数据库连接信息


# 生成备份文件名，包含时间戳
BACKUP_DIR = '/mariadb_backup/'
TIMESTAMP = time.strftime('%Y%m%d%H%M%S')
BACKUP_FILE = os.path.join(BACKUP_DIR, f"{DB_NAME}_backup_{TIMESTAMP}.sql")


# 定义备份文件保留期限
RETENTION_DAYS = 7


# 删除过期备份文件
now = time.time()
for filename in glob.glob(os.path.join(BACKUP_DIR, f"{DB_NAME}_backup_*.sql.gz")):
    if os.stat(filename).st_mtime < now - RETENTION_DAYS * 86400:
        os.remove(filename)
        print(f"已删除过期备份文件：{filename}")


try:
    # 使用 mysqldump 命令进行备份
    command = f"mysqldump -h {DB_HOST} -u {DB_USER} --password={DB_PASSWORD} {DB_NAME} > {BACKUP_FILE}"
    subprocess.run(command, check=True, shell=True)
    print(f"备份成功：{BACKUP_FILE}")

    # 压缩备份文件
    with open(BACKUP_FILE, 'rb') as f_in:
        with gzip.open(f"{BACKUP_FILE}.gz", 'wb') as f_out:
            shutil.copyfileobj(f_in, f_out)

    # 删除原始的未压缩备份文件
    os.remove(BACKUP_FILE)
```

```
        print(f"备份文件已压缩：{BACKUP_FILE}.gz")

    except subprocess.CalledProcessError as e:
        print(f"备份失败：{e}")
```

这个整合脚本首先定义了数据库连接信息和备份文件名，然后通过 mysqldump 命令进行数据库备份，将生成的 SQL 文件保存到指定目录。脚本在备份之前会检查并删除超过设定保留期限（如7 天）的过期备份文件。备份成功后，脚本会使用 gzip 将 SQL 文件压缩为.gz 文件，并删除原始的 SQL 文件，以节省存储空间。整个流程确保了数据库的定期备份、存储空间的合理使用和备份文件的自动管理。

执行脚本，具体命令如下。

```
[root@localhost ~]# python3.11 auto_backup_mariadb.py
备份成功：/mariadb_backup/mysql_backup_20240819003418.sql
备份文件已压缩：/mariadb_backup/mysql_backup_20240819003418.sql.gz
```

任务 3.2 服务器资源监控

【任务描述】

在本任务中，读者将通过实践深入学习如何使用 Python 脚本监控服务器资源，包括 CPU 使用率、内存使用情况、磁盘使用情况及磁盘 I/O 活动等。首先，读者将使用 psutil 库获取各项资源的实时使用数据，并设置相应的警告阈值，以便在资源使用超过预设范围时触发警告。其次，通过编写脚本并结合压力测试工具，读者可以在实际场景中验证监控脚本的有效性。

微课

任务 3.2 实操演示

通过本任务的学习，读者不仅能够掌握如何获取和分析服务器资源的使用情况，还能学习如何实时监控服务器资源以及通过压力测试模拟高负载场景，并通过 Python 脚本实现高效的系统资源管理和调试任务的自动化。这将显著提升读者在服务器运维和性能优化方面的技能水平，使读者能够更加有效地管理系统资源，确保系统在高负载情况下仍能稳定运行。同时，读者将理解如何在实际环境中应用所学知识，编写能够应对实际需求的监控脚本，最终提升代码的性能、可靠性及可维护性。这不仅有助于读者应对日常系统管理任务，还为读者深入理解和应用 Python 编程技术打下了坚实的基础，进一步提升了读者解决复杂技术问题的能力。

【任务分析】

（1）规划节点

使用银河麒麟高级服务器操作系统规划节点，如表 3-3 所示。

表 3-3　规划节点

IP 地址	主机名	节点
192.168.200.10	localhost	银河麒麟高级服务器操作系统控制节点

（2）基础准备

在进行 VMware Workstation Pro 软件的实操练习时，首先启动软件并选择"创建新的虚拟机"选项，打开安装向导，在安装向导中选择使用典型配置，设置虚拟机参数，包括分配 4 个虚拟 CPU、4GB 内存和 40GB 磁盘空间，并选择 NAT 模式作为网络设置，同时分配静态 IP 地址192.168.200.10。指定加载 Kylin-Server-10-SP2-Release-Build09-20210524-x86_64.iso镜像文件作为启动介质，完成虚拟机的各项配置后启动虚拟机，按照引导完成系统安装。为了确保

83

安全性，建议设置主机密码为 Kylin2024。按照这些步骤，读者可以顺利完成单节点的安装。

【任务实施】

（1）获取 CPU 使用率

安装 Python 的数据库的模块，具体命令如下。

```
[root@localhost ~]# pip3.11 install python-packages/psutil-6.0.0-cp36-abi3-manylinux_2_12_x86_64.manylinux2010_x86_64.manylinux_2_17_x86_64.manylinux2014_x86_64.whl
Processing ./python-packages/psutil-6.0.0-cp36-abi3-manylinux_2_12_x86_64.manylinux2010_x86_64.manylinux_2_17_x86_64.manylinux2014_x86_64.whl
psutil is already installed with the same version as the provided wheel. Use --force-reinstall to force an installation of the wheel.
```

使用 Python 的 psutil 库，可以轻松获取服务器的 CPU 使用率，具体命令如下。这是监控服务器负载的关键步骤之一。

```
[root@localhost ~]# vim get_osinfo.py
import psutil

# 获取 CPU 使用率
cpu_usage = psutil.cpu_percent(interval=1)
print(f"当前 CPU 使用率: {cpu_usage}%")
```

psutil.cpu_percent(interval=1) 会获取 CPU 在 1s 内的使用率，并将其输出。此信息可以帮助运维人员了解当前服务器的处理器负载情况。

① 设置 CPU 使用率警告阈值。

为了确保服务器的稳定运行，通常需要为 CPU 使用率设置一个警告阈值，具体命令如下。当 CPU 使用率超过设置的阈值时，系统会发出警告。

```
# 设置 CPU 使用率警告阈值
CPU_THRESHOLD = 85

# 检查 CPU 使用率
if cpu_usage > CPU_THRESHOLD:
print(f"警告: CPU 使用率过高! 当前使用率: {cpu_usage}%")
```

在这段代码中，设置了一个 CPU 使用率的警告阈值（85%）。如果实际 CPU 使用率超过该阈值，那么系统将输出一条警告信息，提醒系统管理员注意可能存在的高负载问题。

② 使用压力测试模拟高负载场景。

为了测试脚本的监控和警告功能，可以使用一个简单的 Shell 命令在服务器上人为地模拟高负载场景。这个测试有助于验证监控脚本在实际高负载场景下的表现。

可以通过以下命令在 Linux 服务器上模拟高负载场景。

```
while :; do :; done &
```

这个命令会在后台运行一个无限循环，持续占用 CPU 资源，从而模拟高负载场景。

注意：

• while :; do :; done &: 这是一个空循环。其中，: 是一个空命令，占用 CPU 资源但不执行实际操作；&表示在后台运行此循环。

• 为了实现更高的负载，可以在同一台服务器上同时运行多个这样的循环。

运行压力测试，模拟高负载场景，具体命令如下。

```
[root@localhost ~]# while :; do :; done &
[1] 5831
```

```
[root@localhost ~]# while :; do :; done &
[2] 5832
[root@localhost ~]# while :; do :; done &
[3] 5833
[root@localhost ~]# while :; do :; done &
[4] 5834
```

这将运行 4 个无限循环，占用大量 CPU 资源。

修改监控脚本，具体命令如下。

```python
import psutil
import time


# 设置 CPU 使用率警告阈值
CPU_THRESHOLD = 85

while True:
    # 获取 CPU 使用率
    cpu_usage = psutil.cpu_percent(interval=1)
    print(f"当前 CPU 使用率: {cpu_usage}%")

    # 检查 CPU 使用率是否超过阈值
    if cpu_usage > CPU_THRESHOLD:
        print(f"警告: CPU 使用率过高！当前使用率: {cpu_usage}%")

    # 等待一段时间后再次监控
time.sleep(5)
```

这个监控脚本会持续监控 CPU 使用率，并每隔 5s 检查一次 CPU 使用率是否超过设置的警告阈值。如果发现 CPU 使用率超过警告阈值，则系统会发出警告。

启动监控脚本，具体命令如下。

```
[root@localhost ~]# python3.11 get_osinfo.py
当前 CPU 使用率: 100.0%
警告: CPU 使用率过高！当前使用率: 100.0%
当前 CPU 使用率: 100.0%
警告: CPU 使用率过高！当前使用率: 100.0%
```

这时可以新建一个终端终止两个无限循环，具体命令如下。

```
[root@localhost ~]# kill -9 583{1..2}
```

再次返回运行监控脚本的终端，可以看到警告消失了，具体命令如下。

```
[root@localhost ~]# python3.11 get_osinfo.py
当前 CPU 使用率: 100.0%
警告: CPU 使用率过高！当前使用率: 100.0%
当前 CPU 使用率: 100.0%
警告: CPU 使用率过高！当前使用率: 100.0%
当前 CPU 使用率: 50.0%
当前 CPU 使用率: 50.1%
当前 CPU 使用率: 50.4%
```

验证了监控脚本的效果后，需要停止压力测试。可以通过以下命令终止所有的用于模拟高负载场景的循环。

```
[root@localhost ~]# killall bash
```

killall bash 会终止所有运行中的 bash 进程，这些进程包括之前创建的空循环，从而解除 CPU 的高负载状态。

通过编写 Python 脚本来监控服务器的 CPU 使用率，并结合压力测试，可以有效地验证监控系统的准确性和可靠性。设置合理的 CPU 使用率警告阈值，并在超过阈值时发出警告，可以帮助系统管理员及时发现和处理潜在的高负载问题，从而保障服务器的稳定运行。

在之前的部分，已经编写了监控服务器 CPU 使用率的脚本，并结合压力测试验证了监控效果。接下来将继续编写监控服务器内存和磁盘使用情况的脚本，以实现对服务器资源的全面监控。

（2）获取内存使用情况

内存是服务器资源中的关键部分，内存使用率的异常通常意味着应用程序或操作系统可能存在问题。通过监控内存使用情况，系统管理员可以及时发现内存不足或内存泄漏等问题。

使用 Python 的 psutil 库，可以轻松获取服务器的内存使用情况，包括总内存、已使用内存和内存使用率，具体命令如下。

```python
import psutil

# 获取内存使用情况
memory_info = psutil.virtual_memory()
memory_total = memory_info.total / (1024 ** 3)        # 总内存，单位为 GB
memory_used = memory_info.used / (1024 ** 3)          # 已使用内存，单位为 GB
memory_percent = memory_info.percent                  # 内存使用率

print(f"总内存: {memory_total:.2f} GB")
print(f"已使用内存: {memory_used:.2f} GB")
print(f"内存使用率: {memory_percent}%")
```

在这段代码中，psutil.virtual_memory()返回一个包含详细内存使用信息的对象。将总内存和已使用内存的值的单位转换为 GB，并输出内存使用率。这些信息有助于运维人员了解服务器内存的使用情况。

（3）获取磁盘使用情况

磁盘是服务器资源中的另一个关键部分。磁盘空间不足可能导致系统无法正常运行，甚至可能引发数据丢失。因此，监控磁盘使用情况是至关重要的。

① 查看磁盘使用情况。

可以使用 Python 的 psutil 库查看磁盘使用情况，包括总空间、已使用空间和磁盘使用率，具体命令如下。

```python
# 查看磁盘使用情况
disk_info = psutil.disk_usage('/')
disk_total = disk_info.total / (1024 ** 3)        # 总空间，单位为 GB
disk_used = disk_info.used / (1024 ** 3)          # 已使用空间，单位为 GB
disk_percent = disk_info.percent                  # 磁盘使用率

print(f"总空间: {disk_total:.2f} GB")
print(f"已使用空间: {disk_used:.2f} GB")
print(f"磁盘使用率: {disk_percent}%")
```

在这段代码中，psutil.disk_usage('/') 用于获取根目录（/）的磁盘使用情况。磁盘的总空间、已使用空间和磁盘使用率都可以通过控制台输出，以便进行监控。

② 查看磁盘 I/O 统计信息。

具体命令如下。

```
import psutil

# 查看磁盘 I/O 统计信息
disk_io = psutil.disk_io_counters()

read_bytes = disk_io.read_bytes / (1024 ** 2)   # 读取的字节数，转换单位为 MB
write_bytes = disk_io.write_bytes / (1024 ** 2)   # 写入的字节数，转换单位为 MB
read_count = disk_io.read_count   # 读取的次数
write_count = disk_io.write_count   # 写入的次数

print(f"磁盘读取字节数: {read_bytes:.2f} MB")
print(f"磁盘写入字节数: {write_bytes:.2f} MB")
print(f"磁盘读取次数: {read_count}")
print(f"磁盘写入次数: {write_count}")
```

在上述代码中，主要包含以下几个函数和方法。

• psutil.disk_io_counters()：返回一个对象，包含磁盘 I/O 的所有统计信息。

• read_bytes()和 write_bytes()：分别表示磁盘读取和写入的字节数，将其单位转换为 MB 更容易理解。

• read_count()和 write_count()：分别表示磁盘读取和写入的次数。

（4）综合监控脚本

① 安装 tabulate 模块。

安装一个模块用于制表，具体命令如下。

```
[root@localhost ~]# pip3.11 install ./python-packages/tabulate-0.9.0-py3-none-any.whl
Looking in indexes: https://pypi.tuna.tsinghua.edu.cn/simple
Processing ./python-packages/tabulate-0.9.0-py3-none-any.whl
tabulate is already installed with the same version as the provided wheel. Use
--force-reinstall to force an installation of the wheel.
WARNING: Running pip as the 'root' user can result in broken permissions and conflicting
behaviour with the system package manager. It is recommended to use a virtual environment
instead: https://pip.pypa.io/warnings/venv

[notice] A new release of pip is available: 24.0 -> 24.2
[notice] To update, run: pip3.11 install --upgrade pip
```

使用 Python 的 psutil 库来获取服务器各项资源的使用情况，包括 CPU 使用率、内存使用率、磁盘使用率，以及磁盘 I/O 的实时统计信息。为了让监控结果更加直观，监控数据将以表格形式输出，并且系统将在相关资源超过预设的警告阈值时发出警报。

在编写脚本前，需要设置以下几个警告阈值。

• CPU 使用率警告阈值：超过此值时，系统可能面临过高的计算负载。

• 内存使用率警告阈值：超过此值时，系统可能面临内存不足的风险。

• 磁盘使用率警告阈值：超过此值时，磁盘空间可能不足，影响系统正常运行。

• 磁盘写入字节数警告阈值：如果短时间内写入的数据量过大，则可能意味着磁盘正在处理高负载的写入操作。

• 磁盘写入次数警告阈值：如果短时间内写入的操作次数过多，则可能意味着系统存在大量

I/O 操作，可能导致性能下降。

　　将这些监控指标集成到一个 Python 脚本中，该脚本将每 5s 进行一次监控，并输出结果，具体命令如下。

```
import psutil
import time
from tabulate import tabulate
from datetime import datetime

# 设置警告阈值
CPU_THRESHOLD = 85
MEMORY_THRESHOLD = 80
DISK_THRESHOLD = 90
WRITE_BYTES_THRESHOLD = 1024    # 1024 MB
WRITE_COUNT_THRESHOLD = 500

# 初始化之前的 I/O 计数
previous_io = psutil.disk_io_counters()

while True:
    # 获取当前时间
    current_time = datetime.now().strftime("%Y-%m-%d %H:%M:%S")

    # 获取 CPU 使用率
    cpu_usage = psutil.cpu_percent(interval=1)

    # 获取内存使用率
    memory_info = psutil.virtual_memory()
    memory_percent = memory_info.percent

    # 获取磁盘使用率
    disk_info = psutil.disk_usage('/')
    disk_percent = disk_info.percent

    # 获取当前的磁盘 I/O 统计信息
    current_io = psutil.disk_io_counters()

    # 计算当前监控周期内的磁盘 I/O 数据
read_bytes = (current_io.read_bytes - previous_io.read_bytes) / (1024 ** 2)
# 读取的字节数，转换单位为 MB
write_bytes = (current_io.write_bytes - previous_io.write_bytes) / (1024 ** 2)
# 写入的字节数，转换单位为 MB
    read_count = current_io.read_count - previous_io.read_count    # 读取的次数
    write_count = current_io.write_count - previous_io.write_count    # 写入的次数

    # 更新 previous_io 为当前的磁盘 I/O 统计信息
    previous_io = current_io

    # 将监控数据组织成表格形式
```

```
        table_data = [
            ["资源", "数据", "警告阈值", "状态"],
            ["CPU 使用率", f"{cpu_usage}%", f"{CPU_THRESHOLD}%", "正常" if cpu_usage <=
CPU_THRESHOLD else "警告"],
            ["内存使用率", f"{memory_percent}%", f"{MEMORY_THRESHOLD}%",
             "正常" if memory_percent <= MEMORY_THRESHOLD else "警告"],
            ["磁盘使用率", f"{disk_percent}%", f"{DISK_THRESHOLD}%", "正常" if disk_percent
<= DISK_THRESHOLD else "警告"],
            ["磁盘读取字节数 (MB/s)", f"{read_bytes:.2f} MB", "-", "-"],
            ["磁盘写入字节数 (MB/s)", f"{write_bytes:.2f} MB", f"{WRITE_BYTES_THRESHOLD}
MB",
             "正常" if write_bytes <= WRITE_BYTES_THRESHOLD else "警告"],
            ["磁盘读取次数", f"{read_count}", "-", "-"],
            ["磁盘写入次数", f"{write_count}", f"{WRITE_COUNT_THRESHOLD}",
             "正常" if write_count <= WRITE_COUNT_THRESHOLD else "警告"]
        ]

        # 生成表格
        table = tabulate(table_data, headers="firstrow", tablefmt="grid")

        # 计算表格宽度
        table_width = len(table.splitlines()[0])

        # 居中显示当前时间
        centered_time = current_time.center(table_width)

        # 输出当前时间和表格
        print(f"\n{centered_time}")
        print(table)

        # 等待 5s 后再次监控
        time.sleep(5)
```

这个综合监控脚本通过 psutil 库实时获取服务器的资源使用情况。其先设置了各项资源的警告阈值：CPU 使用率警告阈值为 85%，内存使用率警告阈值为 80%，磁盘使用率警告阈值为 90%，磁盘写入字节数警告阈值为 1024MB，磁盘写入次数警告阈值为 500 次。此脚本启动后，会每 5s 采集一次服务器的资源使用数据，并将这些数据以表格形式输出到控制台。

在每个监控周期内，此脚本会对比当前周期与上一个周期的磁盘 I/O 活动，计算出读取和写入的字节数及次数。如果任何资源的使用率或磁盘 I/O 活动的字节数和次数超过设置的阈值，那么此脚本将输出警告信息。执行脚本，具体命令如下。

```
[root@localhost ~]# python3.11 get_osinfo.py

            2024-08-18 01:32:33
+---------------+----------+----------+------+
| 资源          | 数据     | 警告阈值  | 状态 |
+===============+==========+==========+======+
| CPU 使用率    | 0.0%     | 85%      | 正常 |
+---------------+----------+----------+------+
```

内存使用率	19.8%	80%	正常
磁盘使用率	7.3%	90%	正常
磁盘读取字节数 (MB/s)	0.00 MB	-	-
磁盘写入字节数 (MB/s)	0.00 MB	1024 MB	正常
磁盘读取次数	0	-	-
磁盘写入次数	0	500	正常

2024-08-18 01:32:39

资源	数据	警告阈值	状态
===	===	===	===
CPU 使用率	0.2%	85%	正常
内存使用率	19.8%	80%	正常
磁盘使用率	7.3%	90%	正常
磁盘读取字节数 (MB/s)	0.00 MB	-	-
磁盘写入字节数 (MB/s)	0.02 MB	1024 MB	正常
磁盘读取次数	0	-	-
磁盘写入次数	5	500	正常

② 使用 dd 命令测试磁盘。

dd 命令是 Linux 操作系统中常用的工具，可以用于读取和写入数据。dd 命令可以创建包含大量数据的文件，从而占用磁盘空间，模拟磁盘高使用率的场景。

在原有的终端中将监控脚本运行起来，以便实时监控服务器的各项资源使用情况，具体命令如下。

```
[root@localhost ~]# python3.11 get_osinfo.py
```

打开一个新的终端，在其中使用 dd 命令创建一个大小为 1GB 的大文件。这将触发大量的磁盘写入操作，模拟磁盘高使用率的场景，命令如下。

```
[root@localhost ~]# dd if=/dev/zero of=test bs=1M count=1024 oflag=direct
记录了 1024+0 的读入
记录了 1024+0 的写出
1073741824 字节（1.1 GB，1.0 GiB）已复制，0.753681 s，1.4 GB/s
```

执行 dd 命令后，返回运行监控脚本的终端，查看监控结果。此时，将捕捉到磁盘的高写入活动，并更新监控结果，命令如下。

```
[root@localhost ~]# python3.11 get_osinfo.py
                2024-08-18 01:37:20
```

资源	数据	警告阈值	状态
===	===	===	===
CPU 使用率	0.0%	85%	正常
内存使用率	19.8%	80%	正常
磁盘使用率	8.8%	90%	正常
磁盘读取字节数 (MB/s)	0.00 MB	-	-
磁盘写入字节数 (MB/s)	2048.00 MB	1024 MB	警告
磁盘读取次数	0	-	-
磁盘写入次数	4096	500	警告

从监控结果中可以看到，磁盘写入字节数达到了 2048.00MB，写入次数高达 4096 次，均超过了设定的警告阈值（1024MB 和 500 次）。因此，监控脚本使系统正确地显示了"警告"状态。这表明系统正在经历大量的磁盘写入操作，可能会影响性能，提示系统管理员需要进一步检查和处理。

任务 3.3 自动化日志分析

【任务描述】

在本任务中，读者将全面学习如何使用 Python 进行日志文件的读取、过滤、存储和分析等。首先，本任务从读取日志文件开始，通过使用 open()函数和 with 命令，确保文件能够被安全读取并自动关闭，避免资源泄露。其次，读者将学习如何通过循环语句和条件命令过滤出日志文件中包含关键字的信息，并将这些重要的日志条目保存到新的文件中，便于后续的分析。再次，本任务将介绍如何使用正则表达式对日志文件进行模式匹配。最后，读者将学习使用 pandas 库将日志数据转换为结构化的表格数据，并将其保存为 CSV 文件，以便进一步分析和生成报告。

微课

任务 3.3 实操演示

通过对本任务的学习，读者不仅能够掌握日志文件的基础处理和分析技能，还能深入理解正则表达式在日志解析中的强大功能，学习通过 pandas 库进行数据的结构化处理和分类。这些技能和功能在云计算自动化运维中尤为重要，能够帮助读者快速发现系统中的异常情况，并采取相应的措施。通过实际操作，读者将提升对日志数据的敏感度和分析能力，增强处理和管理大规模日志数据的信心并掌握相关技巧。此外，本任务中涉及的 Python 高级功能，如正则表达式、数据框等，将进一步丰富读者的编程知识，提升读者解决实际问题的能力。这不仅加强了读者在 Python 编程中的实际操作能力，还为读者在更复杂的项目中应用这些功能打下了坚实的基础。

【任务分析】

（1）规划节点

使用银河麒麟高级服务器操作系统规划节点，如表 3-4 所示。

表 3-4　规划节点

IP 地址	主机名	节点
192.168.200.10	localhost	银河麒麟高级服务器操作系统控制节点

（2）基础准备

在进行 VMware Workstation Pro 软件的实操练习时，首先启动软件并选择"创建新的虚拟机"选项，打开安装向导，在安装向导中选择使用典型配置，设置虚拟机参数，包括分配 4 个虚拟 CPU、4GB 内存和 40GB 磁盘空间，并选择 NAT 模式作为网络设置，同时分配静态 IP 地址 192.168.200.10。指定加载 Kylin-Server-10-SP2-Release-Build09-20210524-x86_64.iso 镜像文件作为启动介质，完成虚拟机的各项配置后启动虚拟机，按照引导完成系统安装。为了确保安全性，建议设置主机密码为 Kylin2024。按照这些步骤，读者可以顺利完成单节点的安装。

【任务实施】

（1）日志文件的读取

需要先读取日志文件。日志文件通常以文本文件的形式存在，里面记录了系统的运行情况、错误信息等内容。在 Python 中，可以使用内置的 open()函数来打开并读取日志文件的内容，具体命令如下。

```
with open('system.log', 'r') as log_file:
    log_data = log_file.readlines()
```

这里使用了 Python 中的 with 命令，它能够确保文件在使用完毕后自动关闭，从而避免资源泄露。log_file.readlines()则会将文件中的每一行都读取到一个列表中，方便后续的分析。

（2）过滤关键日志信息

日志文件往往包含大量信息，但用户通常只关注其中的一部分，如错误信息或特定的关键字。为了获取用户关注的信息，可以使用 Python 的 for 循环和条件命令来过滤出关键日志信息，具体命令如下。

```
error_logs = []
for line in log_data:
    if "ERROR" in line:
        error_logs.append(line)
```

在这段代码中，使用 for 循环遍历了 log_data 列表中的每一行，并检查其中是否包含"ERROR"关键字。如果某行日志包含该关键字，则将其添加到 error_logs 列表中。

（3）日志信息的存储

经过过滤后，通常需要对这些关键日志信息进行存储，以便后续的分析或生成报告。可以使用 open()函数以写入模式打开一个新的文件，然后将过滤后的日志信息写入其中，具体命令如下。

```
with open('error_logs.txt', 'w') as error_file:
    for error in error_logs:
        error_file.write(error)
```

这段代码打开了一个名为 error_logs.txt 的新文件，并将之前过滤出的错误日志逐行写入文件中。这种方式可以将重要的日志信息单独存储起来，便于进一步处理。

（4）自动化日志分析报告生成

在日志分析的最后一步，需要生成一份日志分析报告。该报告中通常包括不同类型日志的统计数据，以帮助用户更好地了解系统的运行状况。接下来展示如何使用 Python 生成一份简单的日志分析报告，具体命令如下。

```
import re

# 读取日志文件
with open('system.log', 'r') as log_file:
```

```
        log_data = log_file.readlines()        # 将日志文件的每一行读取到一个列表中

    # 定义要匹配的日志模式
    error_patterns = {
        'critical_error': r'CRITICAL',        # 匹配包含 "CRITICAL" 的日志行
        'warning': r'WARNING',                # 匹配包含 "WARNING" 的日志行
        'info': r'INFO'                       # 匹配包含 "INFO" 的日志行
    }

    # 初始化每种日志类型的计数
    error_counts = {
        'critical_error': 0,        # 初始化严重错误计数为 0
        'warning': 0,               # 初始化警告计数为 0
        'info': 0                   # 初始化信息计数为 0
    }

    # 遍历日志数据，统计不同类型日志的出现次数
    for line in log_data:
        for error_type, pattern in error_patterns.items():
            if re.search(pattern, line):    # 使用正则表达式匹配日志行
                error_counts[error_type] += 1    # 匹配成功，计数加 1

    # 生成日志分析报告
    with open('log_analysis_report.txt', 'w') as report_file:
        report_file.write("日志分析报告\n")    # 写入报告标题
        report_file.write("====================\n\n")    # 分隔线
        for error_type, count in error_counts.items():
            # 写入每种日志类型的统计结果
            report_file.write(f"{error_type.replace('_', ' ').title()}: {count}\n")

    print("日志分析报告生成成功。")
```

在这段代码中，re 模块用于处理正则表达式匹配。正则表达式是一种强大的工具，能够用于模式匹配、查找和替换字符串中的特定内容。在本示例中，re.search()函数用于在日志行中查找是否存在特定的模式。

① re.search(pattern, line)：用于在字符串 line 中查找符合 pattern 的子字符串。如果找到，则返回一个匹配对象，否则返回 None。在这里，使用它来检测日志行中是否包含 "CRITICAL" "WARNING" "INFO"。

② error_patterns：定义了 3 种模式，每种模式都是一个简单的字符串（如 r'CRITICAL'），它会匹配日志行中包含该字符串的部分。例如，r'CRITICAL'会匹配任何包含 "CRITICAL" 的行。

正则表达式的优势在于它的高灵活性和强大的功能，它的功能不仅限于简单的关键字匹配，还可以使用更复杂的模式来匹配特定格式的日志行，如带有日期或特定错误代码的日志行。读者可以根据实际需求调整正则表达式的内容，以适应不同的日志格式。

运行测试脚本前，复制日志文件到当前目录，具体命令如下。

```
[root@localhost ~]# python3.11 check_logs.py
日志分析报告生成成功。
[root@localhost ~]# cat log_analysis_report.txt
```

```
日志分析报告
=====================

CRITICAL: 2
Warning: 14
Info: 81
```

（5）日志解析与分类

在云计算自动化运维中，日志解析是非常重要的一个环节。通过对系统日志的解析与分类，可以快速发现系统中的异常情况，并采取相应的措施。接下来将编写一个 Python 脚本，用于自动化地解析与分类日志文件。

安装 Python 的标准库 re 和数据处理库 pandas，具体命令如下。re 库（re 库是标准库，这里不用安装）用于处理正则表达式，而 pandas 库用于将解析后的日志数据结构化，并进行后续的处理和分析。

```
[root@localhost ~]# pip3.11 install --no-index --find-links=python-packages/ pandas
Looking in links: python-packages/
Processing ./python-packages/pandas-2.2.2-cp311-cp311-manylinux_2_17_x86_64.manylinux2014_x86_64.whl
Processing ./python-packages/numpy-2.0.1-cp311-cp311-manylinux_2_17_x86_64.manylinux2014_x86_64.whl (from pandas)
Processing ./python-packages/python_dateutil-2.9.0.post0-py2.py3-none-any.whl (from pandas)
Processing ./python-packages/pytz-2024.1-py2.py3-none-any.whl (from pandas)
Processing ./python-packages/tzdata-2024.1-py2.py3-none-any.whl (from pandas)
Requirement already satisfied: six>=1.5 in /usr/local/lib/python3.11/site-packages (from python-dateutil>=2.8.2->pandas) (1.16.0)
Installing collected packages: pytz, tzdata, python-dateutil, numpy, pandas
Successfully installed numpy-2.0.1 pandas-2.2.2 python-dateutil-2.9.0.post0 pytz-2024.1 tzdata-2024.1
```

在日志解析过程中，需要先定义日志的结构，并通过正则表达式从日志文件中提取关键信息。这个过程可将非结构化的日志数据转换为结构化的表格数据，便于后续的处理。

解析日志文件并提取其中的关键信息，具体命令如下。

```
def parse_logs(log_file):
    log_pattern = r'^(?P<date>[A-Za-z]{3}\s+\d+\s+\d+:\d+:\d+)\s+(?P<host>\S+)\s+(?P<process>\S+):\s+(?P<message>.*)$'
    parsed_logs = []
    with open(log_file, 'r', encoding="utf-8") as file:
        for line in file:
            match = re.match(log_pattern, line)
            if match:
                parsed_logs.append(match.groupdict())
    log_df = pd.DataFrame(parsed_logs)

    # 提取高级模式
    log_df['ip_address'] = log_df['message'].apply(lambda x: re.findall(r'\b(?:[0-9]{1,3}\.){3}[0-9]{1,3}\b', x))
    log_df['error_code'] = log_df['message'].apply(
```

```
        lambda x: re.search(r'error code: (\d+)', x).group(1) if re.search(r'error code: (\d+)',
x) else None)

    return log_df
```

这段代码定义了一个 parse_logs() 函数，负责解析日志文件。通过正则表达式匹配每一行的日志，将提取出的信息（如日期、主机名、进程名和消息内容）保存为一个字典列表，最后转换为 pandas 的 DataFrame 对象。

① log_pattern 定义了日志的结构，包括日期、主机名、进程名和消息内容。

② re.match() 函数用于匹配每一行日志，符合模式的行将被解析并提取信息。

③ 提取出的信息存储在 parsed_logs 列表中，最后转换为 DataFrame 对象。

此外，进一步提取了日志信息中的 IP 地址和错误代码。这是通过使用正则表达式匹配特定模式来实现的。apply() 函数用于遍历日志信息，并在每条信息中搜索 IP 地址和错误代码。

在解析日志并提取了关键信息之后，需要对日志进行分类。分类的目的是对不同类型的日志信息进行区分，如正常日志、错误日志、内核日志等。这样可以更容易地识别出系统中的异常情况。

编写对日志进行分类的函数，具体命令如下。

```
def classify_logs(log_df):
    # 根据不同条件分类日志
    log_df['category'] = 'Normal'

    # 错误代码分类
    log_df.loc[log_df['error_code'].notnull(), 'category'] = 'Error'

    # 特定进程分类（例如，将所有 kernel 进程的日志标记为 "Kernel"）
    log_df.loc[log_df['process'].str.contains('kernel'), 'category'] = 'Kernel'

    # 将 IP 地址频繁出现的日志标记为 "Suspicious"
    log_df.loc[log_df['ip_address'].apply(lambda x: len(x) > 5), 'category'] = 'Suspicious'

    return log_df
```

这段代码定义了一个 classify_logs() 函数，负责根据不同的条件对日志进行分类。

① 默认情况下，所有日志都被标记为 "Normal"。

② 如果日志中包含错误代码，则该日志被标记为 "Error"。

③ 如果日志的进程名包含 "kernel"，则该日志被标记为 "Kernel"。

④ 如果日志中包含多个 IP 地址，则该日志被标记为 "Suspicious"。

这样的分类有助于开发者快速识别不同类型的日志，尤其是那些可能代表系统异常或受到潜在威胁的日志。

在解析和分类功能实现之后，需要编写主函数来调用这些功能，并将结果保存到文件中，以便后续分析或生成报告时使用。

实现主逻辑并保存结果，具体命令如下。

```
def main():
    log_file = '/var/log/messages'
    log_df = parse_logs(log_file)
    log_df = classify_logs(log_df)
```

```
    # 保存分类结果到 CSV 文件中
    log_df.to_csv('classified_logs.csv', index=False, encoding='utf-8')
    print("分类结果已保存到 classified_logs.csv")
```

在这个 main()函数中，依次调用了 parse_logs()和 classify_logs()函数来完成日志解析和分
类工作，最终结果被保存在一个名为 classified_logs.csv 的 CSV 文件中。

① log_file 是日志文件的路径，需要替换为实际文件路径。

② parse_logs(log_file)函数用于解析日志文件并提取关键信息。

③ classify_logs(log_df)函数用于根据解析结果对日志进行分类。

④ log_df.to_csv()函数用于将分类结果保存到一个 CSV 文件中，方便后续查看和分析。

将前面介绍的各代码部分整合在一起，编写一个完整的 Python 脚本。这个脚本将首先解析日
志文件，然后根据提取出的信息对日志进行分类，最后将分类结果保存到一个 CSV 文件中，具体
命令如下。

```
import re
import pandas as pd

# 1. 日志解析与信息提取
def parse_logs(log_file):
    log_pattern = r'^(?P<date>[A-Za-z]{3}\s+\d+\s+\d+:\d+:\d+)\s+(?P<host>\S+)\s+
(?P<process>\S+):\s+(?P<message>.*)$'
    parsed_logs = []
    with open(log_file, 'r', encoding="utf-8") as file:
        for line in file:
            match = re.match(log_pattern, line)
            if match:
                parsed_logs.append(match.groupdict())
    log_df = pd.DataFrame(parsed_logs)

    log_df['ip_address'] = log_df['message'].apply(lambda x: re.findall(r'\b(?:[0-9]{1,3}\.){3}
[0-9]{1,3}\b', x))
    log_df['error_code'] = log_df['message'].apply(
        lambda x: re.search(r'error code: (\d+)', x).group(1) if re.search(r'error code: (\d+)',
x) else None)

    return log_df


# 2. 日志分类
def classify_logs(log_df):
    log_df['category'] = 'Normal'
    log_df.loc[log_df['error_code'].notnull(), 'category'] = 'Error'
    log_df.loc[log_df['process'].str.contains('kernel'), 'category'] = 'Kernel'
    log_df.loc[log_df['ip_address'].apply(lambda x: len(x) > 5), 'category'] = 'Suspicious'

    return log_df
```

```
    # 主执行逻辑
    def main():
        log_file = '/var/log/messages'
        log_df = parse_logs(log_file)
        log_df = classify_logs(log_df)

        log_df.to_csv('classified_logs.csv', index=False, encoding='utf-8')
        print("分类结果已保存到 classified_logs.csv")


    if __name__ == "__main__":
        main()
```

执行上面的脚本，具体命令如下。

```
[root@localhost ~]# python3.11 log_parser_and_classifier.py
分类结果已保存到 classified_logs.csv
```

此时，脚本已经成功地将解析和分类的结果保存到了 classified_logs.csv 文件中。可以通过远程软件下载此文件，并通过 Windows 操作系统计算机中的 Excel 软件查看该文件，如图 3-2 所示。

	A	B	C	D	E	F	G
1927	2024/8/8 20:24	localhost	audit	NETFILTER_CFG table=raw family=10 entries=12	▯		Normal
1928	2024/8/8 20:24	localhost	audit[1139]	SYSCALL arch=c000003e syscall=54 success=yes exit=0 a0=4 a1=29 a2=40 a3=562ac41c4b70 items=0 ppid=9	▯		Normal
1929	2024/8/8 20:24	localhost	audit	PROCTITLE proctitle=2F7573722F7362696E2F6970367461626C65732D726573746F7265002D77002D6E	▯		Normal
1930	2024/8/8 20:24	localhost	audit	NETFILTER_CFG table=raw family=2 entries=12	▯		Normal
1931	2024/8/8 20:24	localhost	auditd[850]	find kylin-root	▯		Normal
1932	2024/8/8 20:24	localhost	audit[1148]	SYSCALL arch=c000003e syscall=54 success=yes exit=0 a0=4 a1=0 a2=40 a3=563741d32fb0 items=0 ppid=99	▯		Normal
1933	2024/8/8 20:24	localhost	audit	PROCTITLE proctitle=2F7573722F7362696E2F69707461626C65732D726573746F7265002D77002D6E	▯		Normal
1934	2024/8/8 20:24	localhost	auditd[850]	AUDIT:bfree=62497,threshold_size=75,fs_space_warning=0	▯		Normal
1935	2024/8/8 20:24	localhost	auditd[850]	find kylin-root	▯		Normal
1936	2024/8/8 20:24	localhost	auditd[850]	AUDIT:bfree=62497,threshold_size=75,fs_space_warning=0	▯		Normal
1937	2024/8/8 20:24	localhost	auditd[850]	find kylin-root	▯		Normal
1938	2024/8/8 20:24	localhost	auditd[850]	AUDIT:bfree=62497,threshold_size=75,fs_space_warning=0	▯		Normal
1939	2024/8/8 20:24	localhost	audit	NETFILTER_CFG table=filter family=2 entries=31	▯		Normal
1940	2024/8/8 20:24	localhost	audit[1148]	SYSCALL arch=c000003e syscall=54 success=yes exit=0 a0=4 a1=0 a2=40 a3=563741d392d0 items=0 ppid=99	▯		Normal
1941	2024/8/8 20:24	localhost	audit	PROCTITLE proctitle=2F7573722F7362696E2F69707461626C65732D726573746F7265002D77002D6E	▯		Normal
1942	2024/8/8 20:24	localhost	auditd[850]	find kylin-root	▯		Normal
1943	2024/8/8 20:24	localhost	auditd[850]	AUDIT:bfree=62497,threshold_size=75,fs_space_warning=0	▯		Normal
1944	2024/8/8 20:24	localhost	auditd[850]	find kylin-root	▯		Normal
1945	2024/8/8 20:24	localhost	auditd[850]	AUDIT:bfree=62497,threshold_size=75,fs_space_warning=0	▯		Normal
1946	2024/8/8 20:24	localhost	audit	NETFILTER_CFG table=raw family=10 entries=15	▯		Normal
1947	2024/8/8 20:24	localhost	audit[1155]	SYSCALL arch=c000003e syscall=54 success=yes exit=0 a0=4 a1=29 a2=40 a3=556eae733ac0 items=0 ppid=9	▯		Normal
1948	2024/8/8 20:24	localhost	audit	PROCTITLE proctitle=2F7573722F7362696E2F6970367461626C65732D726573746F7265002D77002D6E	▯		Normal
1949	2024/8/8 20:24	localhost	audit	NETFILTER_CFG table=filter family=10 entries=31	▯		Normal
1950	2024/8/8 20:24	localhost	audit[1155]	SYSCALL arch=c000003e syscall=54 success=yes exit=0 a0=4 a1=29 a2=40 a3=556eae73a7b0 items=0 ppid=9	▯		Normal
1951	2024/8/8 20:24	localhost	audit	PROCTITLE proctitle=2F7573722F7362696E2F6970367461626C65732D726573746F7265002D77002D6E	▯		Normal

图 3-2 查看文件

项目小结

在完成本项目的学习后，读者应系统掌握了通过Python脚本实现自动化数据库备份、服务器资源监控和自动化日志分析等关键任务的方法。在自动化数据库备份的任务中，读者学习了如何使用Python脚本并结合命令行工具mysqldump和PyMySql库来实现数据库的备份管理。通过对数据库备份脚本的编写和测试，读者不仅掌握了如何生成包含表结构和数据的备份文件，还学会了如何在脚本中自动化管理备份文件，包括删除过期备份文件以及压缩备份文件以节省存储空间。通过对这一部分内容的学习，读者提升了在实际工作环境中进行数据库管理的能力，为日后完成更复杂的数据库运维任务奠定了坚实的基础。

在服务器资源监控的任务中，读者通过编写Python脚本掌握了如何实时监控服务器的CPU使用率、内存使用率、磁盘使用率及磁盘I/O活动。通过设置警告阈值并结合压力测试工具，读者验证了监控脚本在高负载场景下的有效性。

在自动化日志分析的任务中，读者深入学习了如何使用Python处理和分析日志文件，包括读取日志、过滤并存储关键日志信息、生成日志分析报告等。读者掌握了正则表达式在日志解析中的应用，并学习了如何使用pandas库将日志数据结构化，从而更好地进行数据分析。

学习整个项目后，不仅增强了读者的自动化运维能力，也为其未来解决更多实际工作中的复杂问题打下了牢固的基础。

课后练习

1.【单选题】在 Linux 操作系统中，使用 Python 脚本实现数据库备份时，通常使用哪个工具来导出数据库内容？（　　）

A. pg_dump　　　　B. mysqldump　　　　C. sqlcmd　　　　D. sqlite3

2.【单选题】使用 Python 进行服务器资源监控时，psutil 库主要用于哪种操作？（　　）

A. 压缩备份文件　　　　　　　　B. 监控系统资源使用情况

C. 管理数据库连接　　　　　　　D. 解析日志文件

3.【多选题】在编写 Python 脚本进行数据库备份时，下列哪些操作是需要完成的？（　　）

A. 定义数据库连接信息　　　　　B. 生成备份文件名

C. 自动删除过期备份文件　　　　D. 修改数据库表结构

4.【多选题】Python 脚本在日志分析中可以实现哪些功能？（　　）

A. 读取并解析日志文件　　　　　B. 过滤日志中的关键字

C. 自动修复日志中的错误　　　　D. 将分析结果保存到 CSV 文件中

5.【判断题】使用 Python 脚本进行数据库备份时，通常需要手动管理备份文件的存储与删除。（　　）

实训练习

1. 编写一个Python脚本，实现对服务器资源（CPU、内存、磁盘）使用率的实时监控。脚本应设置警告阈值，当资源使用率超过设定阈值时，输出警告信息。要求脚本能够自动定时监控并生成日志记录，供后续分析使用。

2. 开发一个自动化日志分析工具，使用Python读取服务器日志文件，并通过正则表达式提取特定的关键信息（如IP地址、错误代码等）。要求工具能够将分析结果分类并保存为CSV文件，同时支持对日志中的特定模式进行过滤与统计，以便后续生成分析报告。

项目 **4**

Ansible基础与部署

🔍 项目描述

    Ansible在自动化运维领域的广泛应用，使得掌握其环境搭建、Inventory文件编写以及Playbooks（剧本）编写等核心技术成为一项必备技能。基于这一需求，本项目围绕Ansible的基础配置与操作展开，着重帮助读者理解并掌握相关关键步骤与方法。通过系统化的学习与实践，读者将对Ansible在多主机管理和自动化运维中的应用有清晰的认识，并能为后续的实际工作打下坚实的运维基础。项目内容被划分为多个阶段性任务，以循序渐进的方式逐步深入，从环境搭建到Inventory文件配置，再到Playbooks的基本编写与执行，最终帮助读者形成对Ansible核心技能的整体把握。

学习目标

知识目标

- 理解 Ansible 的核心概念与其在自动化运维中的作用。
- 了解 Ansible 环境搭建与配置的基本流程及其关键点。
- 掌握 Inventory 文件的结构及其在多主机管理中的应用。

能力目标

- 能够熟练搭建和配置 Ansible 环境，完成基础的系统设置。
- 能够独立编写和配置 Ansible 的 Inventory 文件，管理多主机连接。
- 能够在实际工作中编写和执行 Playbooks，完成自动化任务。

素养目标

- 运用系统化思维分析和解决运维中的自动化问题。
- 提高在自动化运维中的实际操作能力，通过实践增强团队合作意识并掌握沟通技巧。

任务分解

本项目的目标是让读者掌握Ansible的环境搭建、配置以及基本操作技能。为了帮助读者系统地学习和掌握这些内容，本项目划分为3个具体任务。

首先，读者将学习如何在服务器上搭建并配置Ansible环境，主要包括挂载银河麒麟高级服务器操作系统的ISO镜像、配置本地YUM仓库以及安装Ansible。其次，读者将深入学习如何配置主机，包括修改主机名、配置Hosts文件，以及实现免密登录的配置。通过这些内容，读者将为后续的Ansible操作打下坚实的基础。最后，读者将学习如何编写与使用Inventory文件和简单的Playbooks，以实现对多台主机的管理和操作。内容涉及创建主机组、编写Inventory文件，以及使用Ansible命令测试连接和执行任务。

通过依次完成这3个任务，读者将逐步掌握Ansible的环境搭建、配置和基本操作技能，为在实际工作中应用Ansible进行自动化运维打下坚实的基础。项目4任务分解如表4-1所示。

表 4-1　项目 4 任务分解

任务	任务目标	安排课时
任务 4.1　Ansible 环境搭建与配置	掌握 Ansible 的安装与基本环境配置	2
任务 4.2　基本 Inventory 文件的编写	学习 Inventory 文件的编写方法	3
任务 4.3　简单 Playbooks 的编写与执行	掌握 Playbooks 的编写与执行方法	3
总计		8

100

知识准备

4.1 Ansible 的基本概念

Ansible 是一个开源的自动化工具，广泛应用于配置管理、应用部署和任务自动化。它的设计理念是简单、易用且无代理（Agentless），能够通过安全外壳（Secure Shell，SSH）或 Windows 远程管理（Windows Remote Management，WinRM）直接连接和管理主机。在使用 Ansible 时，掌握相关的理论知识是至关重要的，这有助于读者理解其工作原理和应用场景。

1. 无代理架构

Ansible 的一个显著特点是无代理架构（Agentless Architecture），这意味着无须在被管理的节点上安装任何特定的软件代理。相反，Ansible 通过标准的 SSH 或 WinRM 协议与目标主机通信，并在主机上临时创建任务脚本。这种设计的优点是减少了系统管理的复杂性，简化了维护操作，并降低了安全风险。

2. 配置管理

配置管理（Configuration Management）是 Ansible 的核心功能之一。它允许系统管理员定义和维护系统的配置状态，确保多个系统的一致性。Ansible 使用声明式的语言（YAML）编写 Playbooks，描述目标系统的期望状态，而不必明确指明执行步骤。Ansible 会自动判断目标系统的当前状态，并执行必要的操作使其达到期望状态。

这种声明式的方法比命令式（Imperative）的方法更具优势，因为它专注于结果而非执行过程，从而减少了管理任务的复杂性。

3. 幂等性

幂等性（Idempotence）是 Ansible 的基本概念，指的是无论操作执行多少次，结果都是一样的。Ansible 检查目标系统的当前状态，在需要时执行更改，而不是每次都重新应用配置。幂等性确保了系统的一致性和可重复性，并降低了在多次运行过程中引入错误的风险。

4. Inventory

Inventory 是 Ansible 中用于定义和管理目标主机信息的文件或脚本，也是 Ansible 自动化的基础，因为它决定了需要被管理的基础设施。Inventory 分为静态和动态两种形式：静态 Inventory 文件通常以 INI 或 YAML 格式编写，需要手动维护；而动态 Inventory 则通过脚本或插件生成，能够与云服务提供商、虚拟化平台或配置管理数据库（Configuration Management Database，CMDB）系统集成，实现对主机信息的实时获取。

Inventory 的基本单位是主机和主机组（Groups）。通过将主机划分为不同的组，系统管理员可以针对不同的环境或应用程序执行特定的任务。

5. 模块

模块（Module）是 Ansible 用于执行特定任务的核心组件。每个模块都是独立的项目，用于执行一项特定的任务，如安装软件包、管理服务或处理文件。Ansible 包含数百个内置模块，涵盖广泛的系统管理任务。同时，Ansible 还允许用户编写自定义模块，以满足特定需求。

模块的一个重要特性是它们的幂等性，这意味着模块在多次执行时只会在需要时更改系统状态。

6. Playbooks

Playbooks 是 Ansible 的配置文件，用于定义一系列任务和操作。Playbooks 使用 YAML 编写，结构化且易读。Playbooks 通常由一个或多个 Play 组成，每个 Play 都定义了要在哪些主机上执行哪些任务。

Playbooks 的编写支持模块化和可重用性，使用变量、条件和循环来提高灵活性。Playbooks

是 Ansible 自动化的核心工具，能够描述从简单的单任务操作到复杂的多步骤流程。

7. 角色

角色（Role）是 Playbooks 的高级抽象，旨在简化和组织复杂的任务。通过将相关的任务、变量、文件和模板封装在角色中，系统管理员可以轻松地重用和分享配置管理逻辑。角色通常包括变量定义、任务定义、Handlers、模板等。

Ansible Galaxy 是一个社区驱动的平台，提供了大量现成的角色，供用户下载和使用。通过使用角色，用户可以避免重复劳动，提高配置管理的效率。

8. 模板

模板（Template）是 Ansible 中用于动态生成文件的工具，通常使用 Jinja2 模板引擎。通过模板，用户可以根据变量或条件生成配置文件或其他文本文件。模板的灵活性使得 Ansible 能够适应不同的环境需求，生成定制化的配置。

模板在 Playbooks 中广泛使用，特别是在配置管理和应用部署场景中，用于确保不同系统的配置一致性。

9. 变量

变量（Variable）是 Ansible 中用于增强 Playbooks 灵活性的机制。它允许用户在 Playbooks 中动态设置值，以适应不同的环境或条件。变量可以在多个层次上定义，如在 Inventory 文件中、Playbooks 中，或者在角色中。Ansible 还支持通过命令行传递变量。

通过使用变量，Playbooks 可以在不同的环境中运行而无须修改配置文件，提高了配置管理的效率和一致性。

10. 条件和循环

条件和循环（Conditional and Loop）是 Playbooks 编写中的高级功能，用于控制任务的执行逻辑。条件允许在特定情况下执行任务，而循环则用于重复执行任务，如在多个文件或主机上执行相同的任务。通过结合使用条件和循环，系统管理员可以编写更灵活和智能的 Playbooks，满足复杂的自动化需求。

11. Handlers

Handlers（处理程序）是 Ansible 中用于在特定条件下触发操作的特殊任务。通常情况下，Handlers 会在某个任务的状态发生变化时触发操作，如在文件修改后重启服务。Handlers 提供了一种高效的方式来响应任务状态的变化，而不是在每次运行时都触发操作。

12. Ansible Tower 和 Ansible AWX

Ansible Tower 是 Ansible 的企业级版本，提供了图形化界面、应用程序接口（Application Programming Interface，API）和集成工具，帮助开发者实现团队协作、调度和监控 Ansible 自动化任务。Ansible AWX 是 Ansible Tower 的开源社区版本，其与 Ansible Tower 功能相似但适用于小型团队。它们都提供了更强的控制和可视化管理能力，特别适用于大规模自动化任务和企业级部署。

13. 安全性

在自动化和配置管理中，安全性（Security）是一个关键特性。Ansible 通过 SSH 和加密的 Vault 文件提供安全通信及存储机制。Vault 文件用于加密敏感数据，如密码和密钥，确保这些数据在 Playbooks 中的传输和存储安全。

此外，Ansible 支持基于角色的访问控制（Role-Based Access Control，RBAC）和细粒度的权限管理，特别是在使用 Ansible Tower 时，其能够满足企业的安全合规要求。

14．扩展性与集成

Ansible 具有很强的扩展性（Extensibility），支持自定义模块、插件（Plugins）、动态 Inventory 文件等。用户可以根据特定需求扩展 Ansible 的功能。此外，Ansible 还可以与持续集成/持续部署（Continuous Integration/Continuous Deployment，CI/CD）工具（如 Jenkins、GitLab CI）集成，用于自动化测试和部署流程。

通过与其他工具和平台的集成，Ansible 能够更好地融入 DevOps 流程，提升自动化水平和效率。

4.2　Ansible 的核心概念与应用

在了解了 Ansible 的基本概念后，有必要进一步探讨其核心概念和更深层次的技术原理。这些理论知识不仅对读者日常使用 Ansible 有帮助，也有助于读者理解其在更复杂环境中的应用和集成。

1．Ansible 的架构设计

Ansible 的架构设计遵循简洁和模块化的原则，旨在简化自动化任务。Ansible 的核心架构由以下几个关键组件组成。

（1）控制节点（Control Node）：运行 Ansible 的主机，用于发送命令和任务到目标节点。

（2）管理节点（Managed Node）：也称为被管理主机，是 Ansible 任务的执行目标。控制节点通过 SSH（或 WinRM）与目标节点通信。

（3）模块：Ansible 执行任务的核心，控制节点会向管理节点发送 Python 脚本来改变或收集其状态。

（4）插件：扩展了 Ansible 的功能，如连接管理、日志记录、通知、缓存等。

（5）Inventory 文件：存储被管理的主机的信息。

（6）Playbooks：定义在目标节点上执行的自动化任务序列。

这种架构设计的优点是灵活性和可扩展性强，适用于从小型开发环境到大规模企业部署的各类场景。

2．任务与并发执行

Ansible 支持对任务的并发执行，这意味着可以同时在多台目标主机上执行相同的任务。这种并发执行由 forks 参数控制，默认情况下，Ansible 会在 5 台目标主机上同时执行任务。通过调整 forks 参数，系统管理员可以优化任务的执行速度，尤其是在大规模部署中。

较强的并发执行的能力对提高部署效率非常关键，但需要注意的是，过高的并发数可能会导致控制节点的资源消耗增加，因此在设置并发数时需要根据实际的硬件配置和网络环境进行权衡。

3．事实收集

在执行 Playbooks 之前，Ansible 会自动收集每个目标节点的事实（Facts），这些事实是关于主机的系统信息，如操作系统类型、网络接口、IP 地址、内存大小等。事实收集的结果存储在一个特殊的变量中，可以在 Playbooks 中访问和使用该变量。

事实收集的作用主要包括以下几个方面。

（1）条件判断：可以根据主机的具体情况有选择地执行任务。例如，只在某些操作系统上执行特定任务。

（2）动态配置：根据实际环境动态调整配置，如分配不同的内存或 CPU 资源。

（3）报告与审计：收集并报告系统状态，用于系统审计和合规性检查。

4．Vault——敏感数据管理

在自动化任务中，如何管理敏感数据（如密码、API 密钥、证书）是一个关键问题。Ansible 提供了 Vault 功能，用于加密这些敏感数据。Vault 允许用户创建加密文件，这些文件可以安全地存储在版本控制系统中，并在运行时解密。

Vault 的典型应用场景如下。

（1）保护 Playbooks 中的密码或密钥：如数据库密码、API 密钥等。

（2）保护敏感配置文件：如安全套接字层（Secure Socket Layer，SSL）证书和私钥。

（3）安全审计与合规性：确保敏感信息不会在明文状态下泄露。

通过使用 Vault，Ansible 提供了一种安全的方式来管理敏感数据，特别适用于对安全性要求较高的生产环境。

5. 跨平台支持

Ansible 是一个跨平台的工具，支持在不同操作系统上执行任务，包括各类 Linux 发行版、Windows 和 UNIX 操作系统。Ansible 的模块设计为跨平台使用进行了优化，这意味着在大多数情况下，相同的 Playbooks 可以在不同的操作系统上运行，而无须修改。

然而，在编写 Playbooks 时需要考虑到操作系统之间的差异，如包管理器的不同、文件路径的不同、服务管理方式的不同等。因此，Ansible 提供了操作系统特定的模块和条件逻辑来处理这些差异。

6. Ansible 和 DevOps 实践的集成

Ansible 在 DevOps 流程中扮演着重要角色，特别是在 CI/CD 中的自动化任务执行方面。通过与 Jenkins、GitLab CI、Travis CI 等 CI 工具的集成，Ansible 可以自动执行从代码提交到生产部署的整个过程。

在一个典型的 DevOps 流程中，Ansible 可能涉及以下环节。

（1）CI：自动化测试环境的配置与管理。

（2）CD：自动将代码部署到不同的环境（如开发环境、测试环境、生产环境）。

（3）IaC：通过 Playbooks 定义和管理基础设施配置，确保环境的一致性和可重复性。

（4）环境调试与故障排除：通过 Playbooks 自动化的日志收集和系统状态检查，快速定位问题。

Ansible 和 DevOps 实践的集成不仅提高了工作效率，还减少了人为错误的可能性，增强了整个开发和运维流程的可靠性。

7. Ansible Galaxy 与社区贡献

Ansible Galaxy 是一个在线的角色库，允许用户分享和下载预先定义的角色。它是 Ansible 社区的核心资源之一，涵盖各类常见任务的角色，如数据库安装、Web 服务器配置、安全加固等。

通过 Ansible Galaxy，用户可以进行如下操作。

（1）下载并使用现有角色：快速集成到自己的项目中，节省时间和精力。

（2）分享自己的角色：贡献给社区，以帮助其他用户。

（3）发现新角色：学习他人的最佳实践，改进自己的 Playbooks。

Ansible Galaxy 的存在大大降低了新用户的学习成本，同时提高了社区的活跃度，推动了知识的传播。

8. 处理复杂的依赖关系与顺序

在复杂的基础设施中，某些任务必须以特定的顺序执行，或者执行存在前置条件。这些依赖关系与顺序需要在 Playbooks 中明确表示，否则可能导致任务失败或系统不一致。

Ansible 提供了以下几种机制来管理这些复杂性。

（1）依赖性管理：通过角色的依赖性定义，确保任务按顺序执行。

（2）任务执行顺序：在 Playbooks 中按顺序定义任务，确保其按预期顺序执行。

（3）条件任务：基于条件逻辑，只有在满足特定条件时才执行某些任务。

通过这些机制，Ansible 能够有效地实现复杂系统的配置管理，确保任务的正确性和系统的稳定性。

9. 异常处理与故障恢复

在自动化过程中，异常情况和失败是不可避免的。Ansible 提供了一些功能来处理这些问题，以便在任务失败时系统能够自动恢复或采取补救措施。

（1）失败处理（Failed When）：允许用户定义任务失败的条件，提供细粒度的控制。

（2）重试机制（Retries）：对于某些可能偶发失败的任务，可以设置重试次数。

（3）异常处理（Error Handling）：使用 rescue 和 always 命令，在任务失败时执行特定的恢复操作。

（4）故障回滚（Rollback）：当任务失败时，通过执行一系列补救任务来恢复系统到稳定状态。

这些功能确保了即使在自动化过程中出现问题，系统也能够通过预定义的策略有效应对，降低问题对系统的影响。

10. Ansible 与云平台的集成

随着云计算的普及，Ansible 也在其生态系统中集成了大量的云平台，如 AWS、Azure 等。通过专门的模块，Ansible 可以自动化地管理云资源，如创建虚拟机、配置网络、部署应用等。

以下是 Ansible 在云计算领域的几大主要应用领域。

（1）云资源管理：使用 Ansible 模块管理云平台上的资源，包括实例、存储、负载均衡等。

（2）基础设施自动化：与 Terraform 等工具集成，通过 Playbooks 定义和部署基础设施。

（3）混合云和多云环境支持：在混合云和多云环境中，使用统一的 Playbooks 进行跨平台管理，确保一致性。

Ansible 与云平台的集成使其成为一个强大的工具，能够在动态和弹性的云环境中自动化管理任务，适应快速变化的业务需求。

任务 4.1 Ansible 环境搭建与配置

【任务描述】

在本任务中，读者将学习如何在 Ansible 主机上完成一系列操作，以配置和管理服务器。首先，读者将学习如何挂载银河麒麟高级服务器操作系统的 ISO 镜像到指定目录，使系统能够读取镜像中的内容，并配置本地 YUM 仓库，以便从本地 YUM 仓库安装必要的软件包，如 tar 解压缩工具。其次，读者将学习如何解压缩 Ansible 的本地 YUM 仓库压缩包，并创建 Ansible 的源文件以对 Ansible 进行安装。在完成这些操作后，读者将修改 Ansible 主机和客户端节点的主机名，并配置 Hosts 文件以便于通信。

微课

任务 4.1 实操演示

通过对本任务的学习，读者将掌握 Ansible 环境下的基础配置和管理技能，尤其是在多主机环境中如何高效地进行管理和操作。读者将深入理解 Ansible 的主机清单文件配置和免密登录的重要性，这将为后续的自动化任务奠定坚实的基础。本任务涉及的知识不仅将提高读者的运维效率，还将增强读者对系统管理工具的掌控能力，为读者未来进行更复杂的自动化运维实践打下坚实基础。

【任务分析】

（1）规划节点

使用银河麒麟高级服务器操作系统规划节点，如表 4-2 所示。

表 4-2　规划节点

IP 地址	主机名	节点
192.168.200.10	ansible	银河麒麟高级服务器操作系统控制节点
192.168.200.11	client1	银河麒麟高级服务器操作系统控制节点
192.168.200.12	client2	银河麒麟高级服务器操作系统控制节点

（2）基础准备

在进行 VMware Workstation Pro 软件的实操练习时，首先启动软件并选择"创建新的虚拟机"选项，打开安装向导，在安装向导中选择使用典型配置，设置虚拟机参数，包括分配 4 个虚拟 CPU、4GB 内存和 40GB 磁盘空间，并选择 NAT 模式作为网络设置，同时分配静态 IP 地址 192.168.200.10。指定加载 Kylin-Server-10-SP2-Release-Build09-20210524-x86_64.iso 镜像文件作为启动介质，完成虚拟机的各项配置后启动虚拟机，按照引导完成系统安装。设置主机名为 ansible，建议设置主机密码为 Kylin2024。按照相同的配置步骤新建另外两台虚拟机，将静态 IP 地址分别配置为 192.168.200.11 和 192.168.200.12，主机名分别设置为 client1 和 client2，主机密码同样设置为 Kylin2024。请务必记得关闭防火墙及 SELinux，具体命令如下。

```
[root@client1 ~]# systemctl stop firewalld
[root@client1 ~]# setenforce 0
```

按照这些步骤，读者可以顺利完成单节点的安装。

【任务实施】

这些步骤只需要在 Ansible 主机上操作。

（1）挂载镜像

需要确保虚拟机挂载了银河麒麟高级服务器操作系统的 ISO 镜像，用来安装对应的一些软件包，挂载镜像如图 4-1 所示。

图 4-1　挂载镜像

确保镜像挂载后，需要使用命令将镜像挂载到指定目录下，以让系统读取到镜像中的内容，具体命令如下。

```
[root@localhost ~]# mount /dev/sr0 /mnt/
mount: /mnt: WARNING: source write-protected, mounted read-only.
[root@localhost ~]# ls /mnt/
EFI  images  isolinux  LICENSE  manual  Packages  repodata  TRANS.TBL
```

（2）配置本地 YUM 仓库

配置本地的 YUM 文件以实现安装软件时使用本地 YUM 仓库，具体命令如下。

```
[root@localhost ~]# vim /etc/yum.repos.d/kylin_x86_64.repo
```

删除文件中的所有内容，然后新增以下内容。

```
[local]
name=local
gpgcheck=0
baseurl=file:///mnt
```

安装 tar 解压缩工具，用于解压缩 Ansible 的本地源压缩包，具体命令如下。

```
[root@localhost ~]# yum install -y tar
上次元数据过期检查：0:00:18 前，执行于 2024 年 08 月 19 日 星期一 10 时 26 分 37 秒。
依赖关系解决。
===================================================================
安装:
 tar                          x86_64                          2:1.32-1.ky10
local                        773 k


# 省略安装输出


总计：773 k
安装大小：3.2 M


# 省略安装输出


1/1
已安装:
  tar-2:1.32-1.ky10.x86_64


完毕!
```

将 Ansible 的本地源压缩包 Kylin-Ansiblerepo.tar.gz 上传至服务器，使用 tar 解压缩工具进行解压缩，具体命令如下。

```
[root@localhost ~]# tar zxf Kylin-Ansiblerepo.tar.gz
[root@localhost ~]# ls
anaconda-ks.cfg   initial-setup-ks.cfg   Kylin-Ansiblerepo   Kylin-Ansiblerepo.tar.gz
```

编写 Ansible 的源文件以安装 Ansible，具体命令如下。

```
[root@localhost ~]# vim /etc/yum.repos.d/ansible.repo
[ansible]
name=ansible
gpgcheck=0
baseurl=file:///root/Kylin-Ansiblerepo
[root@localhost ~]# yum repolist
Repository ansible is listed more than once in the configuration
仓库标识                                                        仓库名称
```

ansible	ansible
local	local

（3）安装 Ansible

使用步骤（2）中的本地 YUM 仓库安装 Ansible，具体命令如下。

```
[root@localhost ~]# yum install -y ansible
Repository ansible is listed more than once in the configuration
ansible
2.9 MB/s | 3.0 kB        00:00
依赖关系解决。
# 省略安装输出
已安装:
  ansible-2.8.8-1.p01.ky10.noarch              libsodium-1.0.16-7.ky10.x86_64
python3-asn1crypto-1.4.0-1.ky10.noarch
  python3-babel-2.8.0-3.ky10.noarch            python3-bcrypt-3.1.4-8.ky10.x86_64
python3-cffi-1.14.1-1.ky10.x86_64
  python3-cryptography-3.3.1-5.ky10.x86_64     python3-jinja2-2.11.2-2.p01.ky10.noarch
  python3-markupsafe-1.1.1-1.ky10.x86_64
  python3-paramiko-2.4.3-1.ky10.ky10.noarch    python3-ply-3.11-1.ky10.noarch
python3-pyasn1-0.3.7-8.ky10.noarch
  python3-pycparser-2.20-2.ky10.noarch         python3-pynacl-1.2.1-5.ky10.x86_64
python3-pyyaml-5.3.1-4.ky10.x86_64
  sshpass-1.06-8.ky10.x86_64


完毕!
```

安装完成后，查看 Ansible 的版本号，具体命令如下。

```
[root@localhost ~]# ansible --version
ansible 2.8.8
  config file = /etc/ansible/ansible.cfg
  configured module search path = ['/root/.ansible/plugins/modules', '/usr/share/ansible/plugins/modules']
  ansible python module location = /usr/lib/python3.7/site-packages/ansible
  executable location = /usr/bin/ansible
  python version = 3.7.9 (default, Mar   2 2021, 02:43:11) [GCC 7.3.0]
```

（4）修改主机名

将 Ansible 主机的主机名修改为 ansible，将客户端节点的主机名修改为 client1，具体命令如下。

```
# Ansible 主机
[root@localhost ~]# hostnamectl set-hostname ansible
[root@localhost ~]# exit
注销
Authorized users only. All activities may be monitored and reported.

Authorized users only. All activities may be monitored and reported.
Last login: Mon Aug 19 10:16:51 2024 from 192.168.200.1

[root@ansible ~]#
# 客户端节点
[root@localhost ~]# hostnamectl set-hostname client1
```

```
[root@localhost ~]# exit
[root@ client1 ~]#
```

（5）配置 Hosts 文件

配置 Hosts 文件，以方便后续的通信，具体命令如下。

```
[root@ansible ~]# vim /etc/hosts
192.168.200.10 ansible
192.168.200.11 client1


[root@client1 ~]# vim /etc/hosts
192.168.200.10 ansible
192.168.200.11 client1
```

（6）配置免密登录

因为 Ansible 的执行需要通过 SSH 登录，所以这里先配置免密登录以让 Ansible 可以正常执行脚本，具体命令如下。

```
[root@ansible ~]# ssh-keygen
Generating public/private rsa key pair.
Enter file in which to save the key (/root/.ssh/id_rsa):
Created directory '/root/.ssh'.
Enter passphrase (empty for no passphrase):
Enter same passphrase again:
Your identification has been saved in /root/.ssh/id_rsa
Your public key has been saved in /root/.ssh/id_rsa.pub
The key fingerprint is:
SHA256:pgBrMfEc+33gPNOL3GZIytXSj512h6BUszhRSANHuj8 root@ansible
The key's randomart image is:
+---[RSA 3072]----+
|  ..   .+=..     |
|  + o   o.o      |
|  + +   o..o     |
|  = . + * + o    |
|  o . . S O o    |
|.   o B @ B o .| 
|     + + E = o .| 
|        o o . .| 
|               | 
+----[SHA256]-----+
[root@ansible ~]# ssh-copy-id ansible
/usr/bin/ssh-copy-id: INFO: Source of key(s) to be installed: "/root/.ssh/id_rsa.pub"
The authenticity of host 'ansible (fe80::69f2:864f:22c1:22fb%ens33)' can't be established.
ECDSA key fingerprint is
SHA256:eWpuIMNR2SNxQaEHR0HqkwhzMQVTJ745FNW0TiVcuuE.
Are you sure you want to continue connecting (yes/no/[fingerprint])? yes
/usr/bin/ssh-copy-id: INFO: attempting to log in with the new key(s), to filter out any that
are already installed
/usr/bin/ssh-copy-id: INFO: 1 key(s) remain to be installed -- if you are prompted now it is
to install the new keys

Authorized users only. All activities may be monitored and reported.
```

```
    root@ansible's password:

    Number of key(s) added: 1

    Now try logging into the machine, with:    "ssh 'ansible'"
    and check to make sure that only the key(s) you wanted were added.

    [root@ansible ~]# ssh-copy-id client1
    /usr/bin/ssh-copy-id: INFO: Source of key(s) to be installed: "/root/.ssh/id_rsa.pub"
    /usr/bin/ssh-copy-id: INFO: attempting to log in with the new key(s), to filter out any that
are already installed
    /usr/bin/ssh-copy-id: INFO: 1 key(s) remain to be installed -- if you are prompted now it is
to install the new keys

    Authorized users only. All activities may be monitored and reported.
    root@client1's password:

    Number of key(s) added: 1

    Now try logging into the machine, with:    "ssh 'client1'"
    and check to make sure that only the key(s) you wanted were added.
```

（7）关闭防火墙及 SELinux

为了保证后续通信不受影响，这里将关闭防火墙及 SELinux，具体命令如下。

```
[root@ansible ~]# systemctl stop firewalld
[root@ansible ~]# setenforce 0
[root@client1 ~]# systemctl stop firewalld
[root@client1 ~]# setenforce 0
```

（8）SSH 登录测试

配置完免密登录后，使用 ssh 命令进行登录，测试能否登录成功，具体命令如下。

```
[root@ansible ~]# ssh client1

Authorized users only. All activities may be monitored and reported.

Authorized users only. All activities may be monitored and reported.
Last login: Mon Aug 19 11:33:14 2024 from 192.168.200.10
[root@client1 ~]#
```

（9）配置 Ansible 的主机清单文件

在完成了 Ansible 主机和客户端节点的主机名修改及免密登录配置后，需要配置 Ansible 的主机清单文件（/etc/ansible/hosts），以便 Ansible 能够识别并管理这些主机。主机清单文件可以按组来组织主机，以方便后续执行任务。具体的配置步骤如下。

打开主机清单文件并进行编辑，具体命令如下。

```
[root@ansible ~]# vim /etc/ansible/hosts
```

在文件中添加如下内容，定义一个名为 webservers 的主机组，并将 client1 主机添加到该组中。

```
[webservers]
client1
```

配置完成后保存文件并退出编辑器。这个配置告诉 Ansible，client1 属于 webservers 组。将来，如果需要对 webservers 组中的所有主机执行操作，则在 Ansible 的任务中指定组名即可。

（10）测试 Ansible 连接

配置完主机清单文件后，可以通过 Ansible 的 ping 模块测试 Ansible 与 client1 之间的连接，确保配置正确，具体命令如下。

```
[root@ansible ~]# ansible -m ping all
```

执行此命令后，如果配置正确，那么将会看到类似如下的输出。

```
client1 | SUCCESS => {
    "ansible_facts": {
        "discovered_interpreter_python": "/usr/bin/python"
    },
    "changed": false,
    "ping": "pong"
}
```

这个输出表示 Ansible 成功连接到 client1 且通信正常。

注意：

① 如果连接失败，则需要检查主机文件的配置是否正确，主机名和 IP 地址是否匹配，以及免密登录是否配置成功。

② ping 模块只用于进行简单的连接测试，实际应用中可以使用其他 Ansible 模块来执行更复杂的操作。

通过以上步骤，Ansible 环境搭建与配置已经完成，读者可以使用 Ansible 来自动化管理和运维系统了。

任务 4.2 基本 Inventory 文件的编写

【任务描述】

在本任务中，读者将学习如何通过 Ansible 进行用户管理、安全配置及多主机组管理等操作。首先，本任务将引导读者创建一个新用户 ansible_test，并通过设置密码使其能够登录系统。这一过程将展示如何在生产环境中使用独立用户代替 root 用户，从而提升系统的安全性，并为后续的操作审计奠定基础。其次，读者将通过修改 SSH 服务的默认端口来进一步提升系统的安全性，并学习如何重启 SSH 服务以使配置更改生效。在此基础上，本任务将指导读者更新 Inventory 文件，以确保 Ansible 能够使用新用户及端口成功连接到目标主机。为了简化操作，本任务还包括如何为新用户配置免密登录，以及使用 Ansible 的 ping 模块测试连接是否成功的步骤。

微课

任务 4.2 实操演示

通过对本任务的学习，读者将深入了解 Ansible 在实际运维中的应用，尤其是如何通过 Ansible 命令管理多组服务器和为主机配置别名以简化操作。本任务还涉及使用 Ansible 查看系统信息、管理自定义变量的内容，旨在帮助读者理解如何在复杂环境中灵活应用变量管理，以实现更精确的自动化运维。这些知识将显著提升读者在日常运维中的效率，使读者能够自信地应对不同类型的服务器管理任务，增强对 Ansible 工具的掌控能力，为未来的高级自动化运维实践打下坚实的基础。

【任务分析】

（1）规划节点

使用银河麒麟高级服务器操作系统规划节点，如表 4-3 所示。

表 4-3　规划节点

IP 地址	主机名	节点
192.168.200.10	ansible	银河麒麟高级服务器操作系统控制节点
192.168.200.11	client1	银河麒麟高级服务器操作系统控制节点
192.168.200.12	client2	银河麒麟高级服务器操作系统控制节点

（2）基础准备

在进行 VMware Workstation Pro 软件的实操练习时，首先启动软件并选择"创建新的虚拟机"选项，打开安装向导，在安装向导中选择使用典型配置，设置虚拟机参数，包括分配 4 个虚拟 CPU、4GB 内存和 40GB 磁盘空间，并选择 NAT 模式作为网络设置，同时分配静态 IP 地址 192.168.200.10。指定加载 Kylin-Server-10-SP2-Release-Build09-20210524-x86_64.iso 镜像文件作为启动介质，完成虚拟机的各项配置后启动虚拟机，按照引导完成系统安装。设置主机名为 ansible，建议设置主机密码为 Kylin2024。按照相同的配置步骤新建另外两台虚拟机，静态 IP 地址分别配置为 192.168.200.11 和 192.168.200.12，主机名分别设置为 client1 和 client2，主机密码同样设置为 Kylin2024。请务必记得关闭防火墙及 SELinux，具体命令如下。

```
[root@client1 ~]# systemctl stop firewalld
[root@client1 ~]# setenforce 0
```

按照这些步骤，读者可以顺利完成单节点的安装。

【任务实施】

（1）创建新用户 ansible_test

为了提高服务器的安全性和可管理性，创建一个名为 ansible_test 的新用户，具体命令如下。

```
[root@client1 ~]# useradd ansible_test
```

使用这个新用户代替 root 用户进行日常操作，可以有效降低误操作的风险，并便于对用户操作进行审计。

该命令在系统中创建了一个名为 ansible_test 的用户，但此时该用户还无法登录系统。为了使 ansible_test 用户能够通过 SSH 登录 client1 节点，需要为其设置一个密码，具体命令如下。

```
[root@client1 ~]# passwd ansible_test
更改用户 ansible_test 的密码。
新的 密码：
重新输入新的 密码：
passwd：所有的身份验证令牌已经成功更新。
```

此时，ansible_test 用户已经成功创建，并且可以使用设置的密码通过 SSH 登录 client1 节点。

（2）修改 SSH 服务的默认端口

为了增强服务器的安全性，可以将 SSH 服务的默认端口从 22 修改为其他端口，这样可以有效减少暴力破解攻击成功的可能性。这里将 SSH 服务的默认端口修改为 2222。先使用 Vim 编辑器打开 SSH 配置文件/etc/ssh/sshd_config，具体命令如下。

```
[root@client1 ~]# vim /etc/ssh/sshd_config
```

在打开的文件中，找到如下配置行。

```
#Port 22
```

这一行通常是被注释的。为了修改 SSH 服务的默认端口，将其取消注释并修改，结果如下。

```
Port 2222
```

修改完成后，保存文件并退出编辑器。修改配置文件后，SSH 服务并不会自动应用这些更改，而是需要手动重启 SSH 服务以使新的配置生效。

（3）重启 SSH 服务

为了使 SSH 服务使用新端口 2222，需要重启 SSH 服务，具体命令如下。

```
[root@client1 ~]# systemctl restart sshd
```

执行该命令后，SSH 服务将重启，并开始监听 2222 端口。此时，使用 SSH 连接 client1 时需要指定新的端口，否则将无法连接。

（4）更新 Inventory 文件

完成 client1 节点的用户创建和 SSH 服务的默认端口修改后，需要更新 Inventory 文件。此文件用于定义目标主机的连接信息，如 IP 地址、用户名和 SSH 端口。通过更新此文件，Ansible 可以使用新创建的 ansible_test 用户和修改后的端口 2222 进行连接。更新后的 Inventory 文件内容如下。

```
[root@ansible ~]# vim /etc/ansible/hosts
[webservers]
client1 ansible_host=192.168.200.11 ansible_user=ansible_test ansible_port=2222
```

可以看到，client1 主机的连接信息已更新为使用 ansible_test 用户，并通过 2222 端口进行 SSH 连接。

此文件保存后，Ansible 将根据新的配置尝试连接 client1 节点。

（5）配置免密登录

新用户并没有配置免密登录，这里单独给 ansible_test 用户传递一次公钥，具体命令如下。

```
[root@ansible ~]# ssh-copy-id ansible_test@192.168.200.11
/usr/bin/ssh-copy-id: INFO: Source of key(s) to be installed: "/root/.ssh/id_rsa.pub"
/usr/bin/ssh-copy-id: INFO: attempting to log in with the new key(s), to filter out any that
are already installed
/usr/bin/ssh-copy-id: INFO: 1 key(s) remain to be installed -- if you are prompted now it is
to install the new keys

Authorized users only. All activities may be monitored and reported.
ansible_test@192.168.200.11's password:

Number of key(s) added: 1

Now try logging into the machine, with:    "ssh 'ansible_test@192.168.200.11'"
and check to make sure that only the key(s) you wanted were added..
```

（6）测试连接

配置完成后，需要测试 Ansible 是否能够通过 ansible_test 用户和新端口 2222 成功连接到 client1 节点。为了测试连接是否成功，可以使用 Ansible 的 ping 模块，该模块用于测试从控制节点到目标节点的连接，具体命令如下。

```
[root@ansible ~]# ansible client1 -m ping
```

执行该命令后，Ansible 将尝试通过主机清单文件中指定的用户和端口连接到 client1 节点。如果配置正确，那么将会看到如下输出。

```
client1 | SUCCESS => {
    "ansible_facts": {
        "discovered_interpreter_python": "/usr/bin/python"
    },
    "changed": false,
```

```
            "ping": "pong"
        }
```

该输出表明 Ansible 成功连接到了 client1 节点，并验证了新用户 ansible_test 和端口 2222 的配置是有效的。

通过以上步骤，完成了在 client1 节点上创建新用户、修改 SSH 服务的默认端口以及测试连接的全过程。上文这种方法不仅提升了服务器的安全性，还为后续的自动化运维操作奠定了基础。在实际运维中，建议读者始终使用独立用户代替 root 用户进行操作，同时定期检查和更新 SSH 配置，以应对潜在的安全威胁。

（7）Ansible 命令的使用

可以使用 ansible-inventory 命令查看 webservers 组内的主机信息，具体命令如下。

```
[root@ansible ~]# ansible-inventory --list -y
all:
  children:
    ungrouped: {}
    webservers:
      hosts:
        client1:
          ansible_host: 192.168.200.11
          ansible_port: 2222
          ansible_user: ansible_test
```

此时将显示各个组及其下的主机配置，需要确认配置是否正确。

使用 ansible 命令在 webservers 组内的所有主机上执行简单命令。例如，查看各主机的当前系统时间，具体命令如下。

```
[root@ansible ~]# ansible webservers -a "date"
[WARNING]: Platform linux on host client1 is using the discovered Python interpreter at
/usr/bin/python, but future installation of another
Python interpreter could change this. See
```

返回结果如下。

```
client1 | CHANGED | rc=0 >>
2024 年 08 月 27 日 星期二 21:40:38 CST
```

此时将显示各主机的当前系统时间。

（8）配置多个主机组

在 Ansible 中配置多个主机组，可以更灵活地管理和操作不同类型的服务器。假设现在有两个主机组：webservers 组和 dbservers 组。webservers 组可用于存放应用服务器，而 dbservers 组则包含数据库服务器。

在配置以前，需要确保 client2 节点完成本任务中步骤（2）、步骤（3）的操作，以确保其配置和 client1 节点中的配置相同。

编辑/etc/ansible/hosts 文件，在文件中定义这两个组的主机信息，具体命令如下。

```
[root@ansible ~]# vim /etc/ansible/hosts
[webservers]
client1 ansible_host=192.168.200.11 ansible_user=ansible_test ansible_port=2222
[dbservers]
client2 ansible_host=192.168.200.12 ansible_user=ansible_test ansible_port=2222
```

配置完成后，可以在同一个命令中同时操作这两个组。例如，如果需要查看这两个组中所有主机的磁盘使用情况，则可以使用以下命令。

```
[root@ansible ~]# ansible webservers:dbservers -a "df -h"
client1 | CHANGED | rc=0 >>
文件系统              容量      已用     可用      已用%    挂载点
devtmpfs             1.4G       0      1.4G      0%     /dev
tmpfs                1.5G       0      1.5G      0%     /dev/shm
tmpfs                1.5G      9.2M    1.5G      1%     /run
tmpfs                1.5G       0      1.5G      0%     /sys/fs/cgroup
/dev/mapper/klas-root 64G      2.9G    61G       5%     /
tmpfs                1.5G      100K    1.5G      1%     /tmp
/dev/sda1            1014M     206M    809M      21%    /boot
tmpfs                289M       0      289M      0%     /run/user/0
tmpfs                289M       0      289M      0%     /run/user/1000

client2 | CHANGED | rc=0 >>
文件系统              容量      已用     可用      已用%    挂载点
devtmpfs             1.4G       0      1.4G      0%     /dev
tmpfs                1.5G       0      1.5G      0%     /dev/shm
tmpfs                1.5G      9.2M    1.5G      1%     /run
tmpfs                1.5G       0      1.5G      0%     /sys/fs/cgroup
/dev/mapper/klas-root 64G      2.9G    61G       5%     /
tmpfs                1.5G      100K    1.5G      1%     /tmp
/dev/sda1            1014M     206M    809M      21%    /boot
tmpfs                289M       0      289M      0%     /run/user/0
tmpfs                289M       0      289M      0%     /run/user/1000
```

通过这个命令，Ansible 会同时在 webservers 和 dbservers 组的所有主机上执行 df -h 命令，并返回每台主机的磁盘使用情况。这种方式极大地简化了同时管理多组服务器的操作，特别适用于需要批量管理不同类型服务器的场景。

（9）使用别名管理主机

为了便于管理和记忆，Ansible 允许在/etc/ansible/hosts 文件中为每台主机配置别名。别名可以使得管理变得更加直观和简单。例如，可以为 client1 配置别名 app1，而为 client2 配置别名 app2，具体命令如下。配置完成后，日常操作中就可以直接使用这些别名，而不必记住每台主机的 IP 地址。

```
[webservers]
app1 ansible_host=192.168.200.11 ansible_user=ansible_test ansible_port=2222
[dbservers]
app2 ansible_host=192.168.200.12 ansible_user=ansible_test ansible_port=2222
```

假设需要查看 app1（即 client1）主机的内存使用情况，只需执行以下命令。

```
[root@ansible ~]# ansible app1 -a "free -m"

app1 | CHANGED | rc=0 >>
              total     used      free     shared    buff/cache    available
Mem:          2888      199       2451     9         237           2439
Swap:         4043      0         4043
```

使用别名不仅简化了操作，还使得命令的可读性大大增强。在多个主机组的场景中，结合别名和主机组的管理方式，可以更高效地进行批量运维操作。

也可以使用正则表达式来匹配多台主机，具体命令如下。但需要注意，正则表达式需要与主机别名完全匹配。

```
[root@ansible ~]# ansible app[1..2] -a "uptime"
app2 | CHANGED | rc=0 >>
 12:19:30 up 33 min,  2 users,  load average: 0.03, 0.02, 0.00

app1 | CHANGED | rc=0 >>
 12:19:30 up 33 min,  3 users,  load average: 0.08, 0.02, 0.01
```

（10）变量管理

在 Ansible 中，可以使用 Inventory 文件自定义变量，以便在管理不同主机组时提供灵活的配置。虽然 Ansible 提供了许多模块用于查看系统信息和变量，但不同模块的作用有所不同。接下来将介绍如何正确查看 Inventory 文件中的自定义变量，并解释为什么有时可能无法通过特定模块获取这些变量。

修改 Inventory 文件，在文件中定义以下变量。

```
[webservers]
app1 ansible_host=192.168.200.11 ansible_user=ansible_test ansible_port=2222
[webservers:vars]
env=production

[dbservers]
app2 ansible_host=192.168.200.12 ansible_user=ansible_test ansible_port=2222
[dbservers:vars]
env=Test
```

在上面的配置中，env=production 变量适用于 webservers 组中的所有主机。可以测试该变量，具体命令如下。

```
[root@ansible ~]# ansible webservers -m debug -a "var=env"
app1 | SUCCESS => {
    "env": "production"
}
```

类似地，可以测试 dbservers 组中主机的 env 变量，具体命令如下。

```
[root@ansible ~]# ansible dbservers -m debug -a "var=env"
app2 | SUCCESS => {
    "env": "Test"
}
```

通过此命令，Ansible 将会在目标主机上输出 env 变量的值。该结果表明，定义在 Inventory 文件中的 env 变量已成功应用到 app1 主机上。

另一种测试全局变量的方法是直接在远程主机上执行命令，通过 command 或 shell 模块显示变量的值。虽然 Ansible 的变量通常不会自动导出为环境变量，但可以通过执行命令的方式进行测试，具体命令如下。

```
[root@ansible ~]# ansible webservers -m shell -a 'echo "The environment is $env"'
```

说明：

① -m shell 表示使用 Ansible 的 shell 模块。

② -a 'echo "The environment is $env"'表示在远程主机上执行 Shell 命令，尝试输出 env 变量的值。

需要注意的是，此方法依赖于远程主机的 Shell 环境。如果 Shell 未正确导出变量，则可能不会显示出预期的变量值。在实际操作中，Ansible 变量通常不是 Shell 环境变量，因此可以使用类似的命令来确认变量或其他配置是否生效。

任务 4.3　简单 Playbooks 的编写与执行

【任务描述】

在本任务中，读者将学习如何使用 Ansible 编写与执行 Playbooks 来实现自动化配置管理。这包括在多台主机上进行基础任务的执行，如创建本地 YUM 仓库配置文件、删除系统默认的 YUM 仓库配置文件、挂载光盘，以及使用本地 YUM 仓库安装软件包。首先，读者将通过实践操作，了解如何使用 file 模块删除文件、使用 copy 模块复制文件、使用 mount 模块挂载设备，以及使用 yum 模块安装软件包。随后，读者将学习在 Ansible 中使用变量和模板生成动态内容的技巧，并通过编写 Playbooks 及利用 Jinja2 模板引擎在多台主机上生成定制化的文件。此外，本任务还涉及如何使用条件判断和循环控制任务的执行，以及在任务失败时忽略错误继续执行。最后，读者将学习如何使用处理程序在特定任务完成后自动执行额外操作，如重启服务，以确保配置更改后的服务能够重新加载。

微课

任务 4.3 实操演示

通过对本任务的学习，读者不仅能够熟练掌握 Playbooks 的基础功能，还能深入了解角色的使用及其在复杂配置管理中的作用。角色的引入使得任务的组织和代码的重用变得更加系统化及高效，适用于大型项目的多主机环境。读者将在本任务中体验到如何通过角色将任务、变量、模板等内容集中管理，以便在多个 Playbooks 中对其进行调用。学习和应用这些技术将使读者更为自信地应对实际生产环境中的自动化运维任务，提升读者的编排能力和解决问题的能力。这不仅将提高读者的技术水平，还将加深读者对自动化运维实践的理解，为读者进一步深入探索 Ansible 和其他自动化工具打下坚实的基础。

【任务分析】

（1）规划节点

使用银河麒麟高级服务器操作系统规划节点，如表 4-4 所示。

表 4-4　规划节点

IP 地址	主机名	节点
192.168.200.10	ansible	银河麒麟高级服务器操作系统控制节点
192.168.200.11	client1	银河麒麟高级服务器操作系统控制节点
192.168.200.12	client2	银河麒麟高级服务器操作系统控制节点

（2）基础准备

在进行 VMware Workstation Pro 软件的实操练习时，首先启动软件并选择"创建新的虚拟机"选项，打开安装向导，在安装向导中选择使用典型配置，设置虚拟机参数，包括分配 4 个虚拟 CPU、4GB 内存和 40GB 磁盘空间，并选择 NAT 模式作为网络设置，同时分配静态 IP 地址 192.168.200.10。指定加载 Kylin-Server-10-SP2-Release-Build09-20210524-x86_64.iso 镜像文件作为启动介质，完成虚拟机的各项配置后启动虚拟机，按照引导完成系统安装。设置主机名为 ansible，建议设置主机密码为 Kylin2024。按照相同的配置步骤新建另外两台虚拟机，静态 IP 地址分别配置为 192.168.200.11 和 192.168.200.12，主机名分别设置为 client1 和 client2，主机密码同样设置为 Kylin2024。请务必记得关闭防火墙及 SELinux，具体命令如下。

```
[root@client1 ~]# systemctl stop firewalld
[root@client1 ~]# setenforce 0
```

按照这些步骤，读者可以顺利完成单节点的安装。

【任务实施】

（1）基础任务执行

Ansible 主机需要完成免密登录，具体命令如下。

```
[root@ansible ~]# ssh-copy-id -p 2222 root@192.168.200.12
```

配置 Ansible 的执行需要通过 Python3 环境运行，具体命令如下。

```
[root@ansible ~]# vim /etc/ansible/ansible.cfg
[defaults]
interpreter_python = /usr/bin/python3
```

将配置的 Inventory 文件内容修改成使用 root 用户登录，具体命令如下。

```
[root@ansible ~]# vim /etc/ansible/hosts
[webservers]
app1 ansible_host=192.168.200.11 ansible_user=root ansible_port=2222
[webservers:vars]
env=production

[dbservers]
app2 ansible_host=192.168.200.12 ansible_user=root ansible_port=2222
[dbservers:vars]
env=Test
```

接下来通过完整的 Playbooks 来执行几个基础任务。这些任务将包括创建本地 YUM 仓库配置文件、删除系统默认的 YUM 仓库配置文件、挂载光盘，以及使用本地 YUM 仓库安装软件包。

编辑 Playbooks 文件之前需要创建一个本地 YUM 仓库配置文件，并删除系统默认的 YUM 仓库配置文件。

创建一个新的 local.repo 文件，这个文件将指向挂载光盘的路径，作为本地 YUM 仓库，具体命令如下。

```
[root@ansible ~]# vim /root/local.repo
```

在编辑器中输入以下内容。

```
[local]
name=Local Repository
baseurl=file:///mnt
enabled=1
gpgcheck=0
```

说明:

① baseurl 指定了仓库的路径为本地的 /mnt 目录，这个目录稍后将用于挂载光盘。

② enabled=1 表示启用此仓库，gpgcheck=0 表示关闭 GPG（GNU Privacy Guard）签名检查（如果光盘中没有提供签名）。

开始编写 Playbooks，它首先删除系统中的所有 YUM 仓库配置文件，然后将 local.repo 文件复制到 YUM 仓库目录中，最后挂载光盘，并最终使用本地 YUM 仓库安装 Git。

```
[root@ansible ~]# vim basic_tasks.yml
```

在编辑器中输入以下内容。

```
---
- hosts: all
  become: yes
  tasks:
```

```
    - name: 删除所有现有的 YUM 仓库文件
      file:
    path: "{{item}}"
    state: absent
with_fileglob:
  - "/etc/yum.repos.d/*.repo"

    - name: 复制 local.repo 文件到 YUM 仓库目录
      copy:
        src: /etc/yum.repos.d/local.repo
        dest: /etc/yum.repos.d/local.repo

    - name: 挂载光盘到/mnt目录
      mount:
        path: /mnt
        src: /dev/sr0
        fstype: iso9660
        state: mounted

    - name: 安装 net-tools
      yum:
        name: net-tools
        state: present
```

说明：

① file 模块用于删除/etc/yum.repos.d/目录中的所有文件，确保只有用户创建的本地 YUM 仓库配置文件存在。

② copy 模块将用户刚刚创建的 local.repo 文件复制到目标目录，使其成为唯一的 YUM 仓库配置文件。

③ mount 模块用于挂载设备（这里挂载的是光盘设备/dev/sr0）到指定目录（/mnt），使设备内容可供系统访问。

④ yum 模块用于使用本地 YUM 仓库安装 net-tools。

保存文件并退出编辑器后，Playbooks 的执行命令及结果如下。

```
[root@ansible ~]# ansible-playbook basic_tasks.yml

PLAY [all] ******************************************************

TASK [Gathering Facts] ********************************************
ok: [app1]
ok: [app2]

TASK [删除所有现有的 YUM 仓库配置文件] ********************************
ok: [app2] => (item=/etc/yum.repos.d/kylin_x86_64.repo)
ok: [app1] => (item=/etc/yum.repos.d/kylin_x86_64.repo)
ok: [app2] => (item=/etc/yum.repos.d/ansible.repo)
ok: [app1] => (item=/etc/yum.repos.d/ansible.repo)

TASK [复制 local.repo 文件到 YUM 仓库目录] ****************************
```

```
ok: [app2]
ok: [app1]

TASK [挂载光盘到/mnt 目录] *******************************************
ok: [app2]
ok: [app1]

TASK [安装 net-tools] **********************************************
changed: [app1]
changed: [app2]

PLAY RECAP ******************************************************
app1                        : ok=5    changed=1    unreachable=0    failed=0
skipped=0    rescued=0    ignored=0
app2                        : ok=5    changed=1    unreachable=0    failed=0
skipped=0    rescued=0    ignored=0
```

执行该 Playbooks 后，结果将显示现有 YUM 仓库配置文件已成功删除，local.repo 文件已复制，光盘已成功挂载，net-tools 软件包已从本地 YUM 仓库安装完成。可以通过执行查看端口的命令来检测 net-tools 是否安装成功，具体命令如下。

```
[root@client1 ~]# netstat -antp
Active Internet connections (servers and established)
Proto Recv-Q Send-Q Local Address                Foreign Address              State
PID/Program name
tcp        0      0 0.0.0.0:2222                  0.0.0.0:*                    LISTEN
935/sshd: /usr/sbin
tcp        0    336 192.168.200.11:2222          192.168.111.6:1632           ESTABLISHED
1230/sshd: root [pr
tcp6       0      0 :::2222                       :::*                         LISTEN
935/sshd: /usr/sbin
```

（2）使用变量与模板

接下来将学习如何使用变量与模板在多台主机上生成动态内容。这种方法可以显著提高 Playbooks 的灵活性和可重用性。

创建一个新的 Playbooks 文件，具体命令如下。

```
[root@ansible ~]# vim variable_template.yml
```

在编辑器中输入以下内容。

```
---
- hosts: all
  vars:
    my_message: "欢迎使用 Ansible"
  tasks:
    - name: 使用模板生成文件
      template:
        src: templates/message.j2
        dest: /tmp/message.txt
```

新建模板文件，具体命令如下。

```
[root@ansible ~]# mkdir -p templates
[root@ansible ~]# vim templates/message.j2
```

在 message.j2 文件中输入以下内容。

```
{{my_message}}
```

说明：

① 全局变量定义。vars 部分定义了全局变量，如 my_message。这个变量在模板中引用以生成动态内容。

② 使用模板生成文件。template 模块利用 Jinja2 模板引擎生成了一个包含变量值的文件。模板文件 message.j2 中包含变量占位符{{ my_message }}，其在生成文件时会被动态替换为定义的变量值。

保存文件并退出编辑器后，Playbooks 的执行命令及结果如下。

```
[root@ansible ~]# ansible-playbook variable_template.yml

PLAY [all] **********************************************************************

TASK [Gathering Facts] *********************************************************
ok: [app1]
ok: [app2]

TASK [使用模板生成文件]
********************************************************************
changed: [app2]
changed: [app1]

PLAY RECAP
********************************************************************
app1                          : ok=2    changed=1    unreachable=0    failed=0
skipped=0    rescued=0    ignored=0
app2                          : ok=2    changed=1    unreachable=0    failed=0
skipped=0    rescued=0    ignored=0
```

命令执行后，结果应显示文件已成功生成，并且生成的/tmp/message.txt 文件中包含定义的变量值，可以通过以下命令进行检查。

```
[root@client1 ~]# cat /tmp/message.txt
欢迎使用 Ansible
```

（3）使用条件判断与循环控制任务执行

在这个步骤中，将展示如何使用条件判断与循环来控制任务的执行。这是应对复杂任务场景的重要工具。

创建一个新的 Playbooks 文件，具体命令如下。

```
[root@ansible ~]# vim control_flow.yml
```

在编辑器中输入以下内容。

```
---
- hosts: all
  tasks:
    - name: 输出操作系统分发信息
      debug:
        msg: "当前操作系统分发信息为：{{ansible_facts['distribution']}}"

    - name: 仅在文件不存在时创建文件
```

```
    file:
      path: /tmp/conditional_file.txt
      state: touch
    when: ansible_facts['distribution'] != 'Kylin'

  - name: 为多个用户创建家目录
    file:
      path: "/home/{{item}}"
      state: directory
    loop:
      - user1
      - user2
      - user3

  - name: 忽略错误继续执行
    command: /bin/false
    ignore_errors: yes
```

说明：

① 输出操作系统分发信息：debug 模块用于输出当前主机的操作系统分发信息，这样可以清楚地看到 ansible_facts['distribution']的值。

② 条件判断：when 命令用于条件判断，只有当条件满足时，任务才会执行。在这里，只有主机的操作系统不是银河麒麟高级服务器操作系统时，任务才会创建文件/tmp/conditional_file.txt。

③ 循环操作：loop 命令用于循环操作，允许同一任务对多个对象执行。在此例中，通过循环操作为 user1、user2、user3 创建家目录。

④ 失败忽略：ignore_errors 用于在任务失败时继续执行后续任务，避免整个 Playbooks 执行中断。在此例中，即使/bin/false 命令失败，Playbooks 也会继续执行后续任务。

保存文件并退出编辑器后，Playbooks 的执行命令及结果如下。

```
[root@ansible ~]# ansible-playbook control_flow.yml

PLAY [all]
****************************************************************************

TASK [Gathering Facts]
***********************************************************************
ok: [app2]
ok: [app1]

TASK [输出操作系统分发信息]
***********************************************************************
ok: [app1] => {
    "msg": "当前操作系统分发信息为：Kylin Linux Advanced Server"
}
ok: [app2] => {
    "msg": "当前操作系统分发信息为：Kylin Linux Advanced Server"
}

TASK [仅在文件不存在时创建文件]
```

```
*******************************************************************
changed: [app1]
changed: [app2]

TASK [为多个用户创建家目录]
*******************************************************************
changed: [app1] => (item=user1)
changed: [app2] => (item=user1)
changed: [app1] => (item=user2)
changed: [app2] => (item=user2)
changed: [app1] => (item=user3)
changed: [app2] => (item=user3)

TASK [忽略错误继续执行]
*******************************************************************
fatal: [app2]: FAILED! => {"changed": true, "cmd": ["/bin/false"], "delta": "0:00:00.057877",
"end": "2024-09-02 16:22:44.280209", "msg": "non-zero return code", "rc": 1, "start":
"2024-09-02 16:22:44.222332", "stderr": "", "stderr_lines": [], "stdout": "", "stdout_lines": []}
...ignoring
fatal: [app1]: FAILED! => {"changed": true, "cmd": ["/bin/false"], "delta": "0:00:00.065288",
"end": "2024-09-02 16:22:44.286419", "msg": "non-zero return code", "rc": 1, "start":
"2024-09-02 16:22:44.221131", "stderr": "", "stderr_lines": [], "stdout": "", "stdout_lines": []}
...ignoring

PLAY RECAP
*******************************************************************
app1                        : ok=5    changed=3    unreachable=0    failed=0
skipped=0    rescued=0    ignored=1
app2                        : ok=5    changed=3    unreachable=0    failed=0
skipped=0    rescued=0    ignored=1
```

命令执行后，首先显示操作系统分发信息的输出，然后显示条件判断任务是否执行，循环操作任务是否成功，以及错误任务被忽略的情况。

（4）使用处理程序

处理程序用于在某些任务完成后自动执行额外操作，如重启服务。接下来将展示如何使用处理程序来管理配置文件的更改。

创建新的 Playbooks 文件，具体命令如下。

```
[root@ansible ~]# vim handlers_playbook.yml
```

在编辑器中输入以下内容。

```
---
- hosts: all
  tasks:
    - name: 安装 httpd
      yum:
        name: httpd
        state: present

    - name: 修改 httpd 配置文件
```

```
        lineinfile:
          path: /etc/httpd/conf/httpd.conf
          regexp: '^#ServerName'
          line: 'ServerName localhost'
        notify:
          - 重启 httpd

    handlers:
      - name: 重启 httpd
        service:
          name: httpd
          state: restarted
```

说明：

① 安装 httpd：yum 模块用于确保 httpd 服务已安装。如果 httpd 尚未安装，则此任务将自动安装。

② 修改 httpd 服务配置文件：lineinfile 模块用于在/etc/httpd/conf/httpd.conf 文件中插入或修改特定的配置项。这里的例子是设置 ServerName 为 localhost，并触发重启 httpd 服务处理程序。

③ 处理程序的定义：handlers 部分定义了处理程序的具体操作。处理程序只有在被通知时才会执行，以确保配置更改后的服务能够重新加载。

保存文件并退出编辑器后，Playbooks 的执行命令及结果如下。

```
[root@ansible ~]# ansible-playbook handlers_playbook.yml

PLAY [all] ******************************************************************

TASK [Gathering Facts] *****************************************************
ok: [app1]
ok: [app2]

TASK [安装 httpd] **********************************************************
changed: [app1]
changed: [app2]

TASK [修改 httpd 欢迎页面] ************************************************
changed: [app2]
changed: [app1]

RUNNING HANDLER [重启 httpd] *********************************************
changed: [app2]
changed: [app1]

PLAY RECAP ***************************************************************
app1                       : ok=4    changed=3    unreachable=0    failed=0
skipped=0    rescued=0    ignored=0
app2                       : ok=4    changed=3    unreachable=0    failed=0
skipped=0    rescued=0    ignored=0
```

命令执行后，结果显示 httpd 服务已安装，并且配置文件中的 ServerName 参数已成功更新，同时触发了 httpd 服务的重启，可以通过命令查看 httpd 是否安装成功，具体命令如下。

```
[root@client1 ~]# curl 127.0.0.1|head -n 10
  % Total    % Received % Xferd  Average Speed   Time    Time     Time  Current
                                 Dload  Upload   Total   Spent    Left  Speed
     0     0    0     0    0     0      0      0 --:--:-- --:--:-- --:--:-- -100   3983  100
3983    0    0  3889k      0 --:--:-- --:--:-- --:--:-- 3889k
<!DOCTYPE html PUBLIC "-//W3C//DTD XHTML 1.1//EN"

        <head>
                <title>Test Page for the Apache HTTP Server on Kylin Linux Advanced
Server</title>
```

（5）组织任务与角色

当 Playbooks 的任务复杂性增加时，可以使用角色来组织和重用代码。

创建一个新的 Playbooks 文件，具体命令如下。

```
[root@ansible ~]# vim roles_playbook.yml
```

在编辑器中输入以下内容。

```
---
- hosts: all
  roles:
    - common
    - webserver
```

创建 common 和 webserver 这两个角色，并定义它们的任务。角色通常存放在 roles/目录下，每个角色都有一个独立的目录结构。

创建 common 角色，具体命令如下。

```
[root@ansible ~]# mkdir -p roles/common/tasks
[root@ansible ~]# vim roles/common/tasks/main.yml
```

在 roles/common/tasks/main.yml 文件中输入以下内容。

```
---
- name: 安装基础软件包
  yum:
    name: "{{item}}"
    state: present
  loop:
    - vim
    - curl
    - git
```

创建 webserver 角色，具体命令如下。

```
[root@ansible ~]# mkdir -p roles/webserver/tasks
[root@ansible ~]# vim roles/webserver/tasks/main.yml
```

在 roles/webserver/tasks/main.yml 文件中输入以下内容。

```
---
- name: 安装 httpd
  yum:
    name: httpd
    state: present

- name: 启动并启用 httpd 服务
  service:
```

```
    name: httpd
    state: started
    enabled: yes
```

说明：

roles 部分用于调用已定义的角色。每个角色都可以包含一组任务，用于执行特定的配置操作。例如，common 角色可包括基础系统设置，而 webserver 角色负责 Web 服务器的配置。

① common 角色。在 common 角色中，定义了一些基础软件包，如 Vim、Curl 和 Git 的安装任务。这些任务适用于所有主机，以确保它们具备基本的开发和管理工具。

② webserver 角色。在 webserver 角色中，定义了安装和配置 httpd 的任务，包括安装 httpd、启动 httpd 并设置为开机自动启用。

保存文件并退出编辑器后，Playbooks 的执行命令及结果如下。

```
[root@ansible ~]# ansible-playbook roles_playbook.yml
PLAY [all] ********************************************************************

TASK [Gathering Facts] *******************************************************
ok: [app2]
ok: [app1]

TASK [common：安装基础软件包] *****************
changed: [app2] => (item=vim)
changed: [app1] => (item=vim)
ok: [app2] => (item=curl)
ok: [app1] => (item=curl)
changed: [app2] => (item=git)
changed: [app1] => (item=git)

TASK [webserver：安装 httpd] **************************
ok: [app2]
ok: [app1]

TASK [webserver：启动并启用 httpd 服务] **************************
changed: [app2]
changed: [app1]

PLAY RECAP *****************************
app1                          : ok=4    changed=2    unreachable=0    failed=0
skipped=0    rescued=0    ignored=0
app2                          : ok=4    changed=2    unreachable=0    failed=0
skipped=0    rescued=0    ignored=0
```

命令执行后，可以看到各个角色中的任务被顺序执行，并且所有配置已成功应用。

🔍 项目小结

通过对本项目的学习，读者应全面掌握Ansible环境的搭建与配置，以及基本Inventory文件的编写、简单Playbooks的编写与执行。在环境搭建与配置部分，读者学习了如何挂载银河麒麟高级服务器操作系统的ISO镜像、配置本地YUM仓库，并成功安装了Ansible所需的软件包。同时，读者还学习了修改主机名、配置Hosts文件，并熟练配置免密登录，从而确保Ansible能够顺利管理多台主机。这些操作为后续的自动化运维工作奠定了坚实的基础。

在简单Inventory文件的编写、简单Playbooks的编写与执行部分，读者学习了如何定义主机组，并成功编写了基本的Inventory文件。此外，读者还通过实际操作理解了Ansible命令的使用方法，并能够在多台主机上高效执行自动化任务。

通过对本项目的学习，读者应具备利用Ansible实现系统自动化管理的能力，能够在实际工作中编写结构清晰、易于维护的Playbooks，提升整体运维效率。

127

课后练习

1.【单选题】Inventory 文件的主要作用是什么？（　　）

　A. 安装软件包　　　　　　　　　B. 定义目标主机及其配置信息

　C. 执行系统备份　　　　　　　　D. 配置网络参数

2.【单选题】Playbooks 的作用是什么？（　　）

　A. 管理 Ansible 用户权限　　　　B. 定义和执行自动化任务

　C. 监控系统性能　　　　　　　　D. 配置虚拟机

3.【多选题】下列哪些操作可以通过 Ansible 实现？（　　）

　A. 修改主机名　　　　　　　　　B. 安装软件包

　C. 创建虚拟机快照　　　　　　　D. 执行远程命令

4.【多选题】在 Ansible 中定义主机组的目的是什么？（　　）

　A. 对主机进行分组管理　　　　　B. 为每个主机组设置不同的配置

　C. 自动备份所有主机的数据　　　D. 批量执行任务

5.【判断题】Ansible 需要在所有目标主机上安装代理程序才能执行任务。（　　）

实训练习

1. 使用VMware Workstation Pro软件创建一台虚拟机来作为Ansible主机，自行配置节点的规格，并安装银河麒麟高级服务器操作系统作为实操环境，完成Ansible环境的搭建与配置。

2. 使用搭建与配置好的Ansible环境，完成基本Inventory文件的编写，并通过Ansible命令测试Ansible节点与目标主机的连接。

项目 5

Ansible自动化脚本设计

🔍 项目描述

　　随着云计算自动化运维技术的广泛应用，Ansible已成为系统管理和运维领域的重要工具。本项目将帮助读者全面掌握Ansible的核心功能，通过学习用户管理、文件操作、命令执行、模板配置和服务控制等模块的理论，构建自动化运维的系统化知识体系。通过本项目的学习，读者能够灵活运用Ansible高效处理复杂的运维任务，提升系统管理的效率和精准性。

　　读者将从Ansible的用户管理和文件操作入手，学习如何通过用户模块完成用户创建、权限分配和组管理等操作，并掌握file模块文件和目录操作的应用。随后，将深入学习命令和shell模块的使用方法，包括远程执行任务、管理进程和运行复杂脚本等操作，理解如何高效管理多台主机。最后，项目将覆盖service模块的实际应用，重点讲解启动、停止、重启服务及动态生成配置文件等技巧，确保系统服务的稳定运行。

学习目标

知识目标

- 理解 Ansible 自动化工具的核心概念及其在系统管理中的运作机制。
- 了解 Ansible 中用户、文件、命令、服务等模块的理论基础。
- 掌握 Ansible 在 IT 行业中的应用重要性及将其运用在复杂运维任务中的技能。

能力目标

- 能够熟练安装和配置 Ansible 环境。
- 能够独立创建和管理 Playbooks。
- 能够熟练使用 Ansible 进行批量操作和配置管理。

素养目标

- 通过批量管理和自动化任务,培养系统化思维,提升解决复杂问题的能力。
- 提高操作系统管理和自动化配置的实际操作能力。

任务分解

本项目的目标是让读者掌握Ansible的基础知识和操作技能。为了帮助读者系统地学习和掌握这些内容,本项目划分为3个具体任务。

首先,读者将学习如何使用Ansible进行用户和文件管理,具体内容包括通过用户模块创建、删除系统用户,以及配置用户组和权限等操作。同时,读者还将学习文件模块的使用方法,掌握创建、修改和删除文件及目录,并设置相应的权限的方法,为系统安全管理打下基础。其次,读者将学习如何在Ansible中使用命令和shell模块执行远程任务,如何在多台远程主机上执行系统命令、查看系统状态信息、管理进程,并通过Shell命令执行更复杂的脚本操作。这部分内容将帮助读者理解如何高效地通过Ansible管理多个系统。最后,读者将深入学习如何使用service模块管理系统服务,确保关键服务的正常运行,包括启动、停止、重启系统服务,以及配置服务自动启动等操作。读者还将学习如何通过Ansible的模块动态生成配置文件,并通过配置文件验证机制确保文件的正确性。

通过依次完成这3个任务,读者将逐步掌握Ansible的核心功能和模块的使用方法,能够独立进行用户管理、文件操作、命令执行和服务控制等运维操作,为将来在实际工作中高效运维和管理多个系统奠定坚实的基础。项目5任务分解如表5-1所示。

表 5-1 项目 5 任务分解

任务	任务目标	安排课时
任务 5.1 Ansible 模块深入应用	掌握 Ansible 模块的应用技巧	2
任务 5.2 Playbooks 的设计与高级特性	学习 Playbooks 的设计与高级特性	3
任务 5.3 Vault 的安全实践	掌握 Vault 的安全加密操作	3
总计		8

知识准备

5.1 模板化配置管理

在自动化运维中，针对不同环境和主机生成定制化的配置文件是常见的需求。Ansible 的 template 模块是专门为满足这个需求而设计的。模板化配置管理允许用户利用 Jinja2 模板引擎，通过模板文件和变量的结合，生成针对不同主机的个性化配置文件。这种方法可以大大简化系统管理，尤其是在管理大量主机时。

1. Jinja2 模板引擎

Jinja2 是一个现代的、设计灵活的模板引擎，广泛应用于 Python 生态系统中，尤其是在 Web 开发和配置管理中。它的主要功能是通过模板文件中的占位符与变量来动态生成文件内容。Ansible 利用 Jinja2 的强大特性实现配置文件的动态生成。

Jinja2 模板的基本语法包括以下几部分。

（1）变量：变量使用{{ }}标识，表示需要动态替换的内容。例如，{{ansible_hostname}} 表示当前主机的主机名，运行时会根据目标主机的实际值进行替换。

（2）编程结构：Jinja2 支持常见的编程结构，如条件判断（如 if 语句）、循环（如 for 循环）等。例如，{% if http_port is defined %}可以根据变量的定义状态生成不同的配置文件片段。

（3）过滤器：过滤器用于格式化和处理变量的输出。例如，{{my_string|upper}}会将 my_string 转换为大写字符。

Jinja2 提供了丰富的模板功能，允许用户通过简单的模板语言生成高度定制化的配置文件。在 Ansible 中，模板通常保存在以.j2 为扩展名的文件中，代表 Jinja2 模板。

2. 动态生成配置文件

Ansible 的 template 模块通过加载 Jinja2 模板，结合变量来生成配置文件。模板文件通常包含可动态替换的变量，这些变量在执行 Playbooks 时会被替换为实际值。template 模块使得系统管理员可以轻松管理不同环境中的不同配置需求。例如，不同的主机可能需要配置不同的端口、主机名或根目录等参数，这些参数都可以通过模板文件动态生成。

模板化配置管理的优势在于以下几点。

（1）避免重复：模板可以复用相同的配置逻辑，减少重复性工作。

（2）灵活性：通过变量和条件命令，模板可以根据不同的主机或环境生成不同的配置，增强了灵活性。

（3）可维护性：模板化配置管理简化了系统配置的维护工作，任何配置变更只需修改模板文件，而无须手动更新每台主机的配置。

3. 配置文件验证机制

在大规模配置管理中，生成的配置文件可能会因为变量或模板中的错误而导致服务无法启动或运行错误。Ansible 的 template 模块提供了配置文件验证机制，通过设置 validate 参数，可以在将配置文件应用到目标主机之前，先对其进行语法检查。此机制尤其适用于如 Nginx、Apache 等服务的配置文件管理。

例如，在生成 Apache 的配置文件时，template 模块可以指定 validate 参数为 httpd -t -f %s，确保生成的文件在应用前通过 Apache 的语法检查。此机制极大地降低了因配置错误导致服务中断的风险。

4. 模板化配置管理的最佳实践

在实际的运维过程中，模板化配置管理需要遵循一定的最佳实践，以确保其高效性和可维护性。

（1）变量命名规范：模板文件中的变量应有一致的命名规范，以避免命名冲突或歧义。例如，可以将变量名与其功能绑定，如 http_port 或 server_name。

（2）模块化设计：将复杂的配置分为多个小的模板文件，通过引入（Include）机制进行整合。这不仅有助于管理复杂的配置，还提高了模板的可重用性。

（3）配置文件备份：在应用新配置文件前，使用 Ansible 的 backup 选项对旧配置文件进行备份，防止配置变更导致的系统故障无法恢复。

5. 实现模板化配置管理的实际场景

模板化配置管理广泛应用于各种运维场景，以下是其常见的应用场景。

（1）Web 服务器配置：在部署多台 Web 服务器时，通常需要为每台 Web 服务器生成不同的配置文件。例如，Apache 或 Nginx 的虚拟主机配置文件可以通过模板动态生成，针对不同主机名、端口和文档根目录的需求进行定制化。

（2）数据库配置：对于数据库集群中每个节点的配置文件，通常需要配置不同的监听端口、数据目录，以及进行不同的日志配置。模板化配置管理可以确保这些配置文件根据每个节点的实际情况进行动态生成，从而保证数据库的正确运行。

（3）系统服务配置：在管理如域名服务（Domain Name Service，DNS）、邮件服务等服务时，不同的服务实例可能有不同的 IP 地址、访问控制列表和服务策略。通过模板文件，系统管理员可以灵活地生成不同环境下的服务配置。

6. 模板的扩展功能

除了基本的变量替换和逻辑控制外，Jinja2 模板还提供了许多扩展功能来提高模板的灵活性。

（1）宏（Macro）：Jinja2 允许定义模板中的宏。宏相当于函数，能够接收参数并返回渲染后的内容。宏可以实现模板逻辑的高度复用。例如，一个宏可以定义一个标准的配置片段，不同的主机通过传入不同参数来生成对应的配置内容。

（2）继承：Jinja2 支持模板继承机制，允许从基础模板扩展出多个子模板，这有助于创建统一的基础模板。在子模板中定义额外的配置项，可以减少重复代码的编写。继承机制特别适用于需要管理多个相似配置的场景，如不同环境下的配置文件。

（3）过滤器扩展：Jinja2 允许用户自定义过滤器，用于处理变量的数据格式。例如，可以编写一个自定义过滤器，将所有传入的字符串格式化为 IP 地址格式。

5.2 Ansible 常见模块

1. user 模块

用户管理是系统运维中的核心任务之一，尤其是在多用户环境下，确保用户权限的安全和合理分配至关重要。Ansible 的 user 模块简化了系统用户和组的创建、删除、修改等操作，使系统管理员能够通过自动化手段批量管理用户和组。

（1）核心功能

① 用户创建与删除：user 模块允许创建和删除用户，即通过 state 选项指定 present（存在）或 absent（不存在）。用户在系统中创建后可以通过 UID（用户 ID）进行标识。

② 密码管理：Ansible 允许系统管理员使用 password 选项来设置用户密码，并通过密码加密算法（如 SHA-512）保证密码的安全存储。密码可以由 password_hash 过滤器进行加密，避免将明文密码存储在 Playbooks 中。

③ 组管理：系统用户可以归属于一个或多个组，这有助于简化权限的管理。通过 groups 选项，用户可以被分配到多个组中，append 选项可以防止覆盖用户已存在的组成员身份。

（2）user 模块的扩展

① 管理家目录：通过 create_home 选项，系统管理员可以在创建用户时自动为其创建家目录，并且可以设置家目录的所有者和权限。

② Shell 指定：user 模块支持通过 shell 参数为用户指定默认 Shell，这在某些特殊的操作系统环境下非常实用。

2. file 模块

file 管理在 Linux 操作系统中至关重要，尤其是在复杂的多用户、多组权限环境下。Ansible 的 file 模块允许对文件和目录进行创建、删除、权限设置等操作，从而帮助系统管理员批量管理系统文件。

（1）核心功能

① 创建与删除文件或目录：通过 path 和 state 选项，file 模块允许创建文件或目录。使用 state: directory 可以确保目录存在，使用 state: absent 则可以删除不再需要的文件或目录。

② 权限管理：文件和目录的权限通过 mode 选项进行设置，支持 Linux 权限模型的八进制表示法，例如，0755 代表所有者有读、写、执行权限，其他用户仅有读和执行权限。

③ 符号链接管理：符号链接是一种指向文件或目录的快捷方式，file 模块支持通过 state: link 创建符号链接，简化文件或目录路径管理。

（2）file 模块的扩展

① 文件或目录所有者和所属组管理：通过 owner 和 group 选项，可以指定文件或目录的所有者和所属组，这在多用户环境下确保了文件或目录的安全。

② 目录权限递归设置：通过 recurse 选项，file 模块可以递归设置目录及其子目录的权限，这在管理复杂的目录结构时非常有用。

3. command 模块

command 模块是 Ansible 中用于在远程主机上执行简单系统命令的工具。与 shell 模块相比，command 模块直接执行命令，不使用 Shell，因此无法处理 Shell 内置的特性（如管道、重定向）。

（1）核心功能

① 执行系统命令：command 模块直接调用操作系统命令。例如，可以使用它获取主机名、检查磁盘使用情况或启动简单服务。

② 命令输出捕获：通过 register 选项，command 模块可以将命令的输出结果保存为变量，并在后续的任务中使用或调试该变量。通过 stdout 和 stderr 属性，command 模块可以分别捕获命令的标准输出和错误输出。

③ 忽略错误：使用 ignore_errors 选项可以忽略命令执行中的错误，继续执行后续任务。这在某些情况下可以防止 Playbooks 的中断。

（2）command 模块的扩展

① 命令运行条件：可以通过 when 条件限制某些命令仅在特定条件下执行，这在运维场景中非常灵活。例如，只有当某个文件存在时才执行特定命令。

② 返回码检查：command 模块会检查命令的返回码（Exit Code），只有当返回码为 0 时，任务才被认为成功执行。若需要实现更复杂的逻辑，则可以结合 retries 和 delay 选项实现任务重试。

4. shell 模块

shell 模块与 command 模块类似，但它提供了更大的灵活性，允许执行需要 Shell 环境的复杂命令，即 Shell 命令。shell 模块可以执行包含管道、重定向、变量等 Shell 特性的命令，并支持脚本执行。

（1）核心功能

① 管道和重定向：与 command 模块不同，shell 模块支持 Shell 的内置操作，例如，使用|（管道）将一个命令的输出传递给另一个命令，或使用>重定向输出到文件。

② 脚本执行：shell 模块可以执行任何合法的 Shell 命令，包括复杂的多行脚本，支持使用 Bash 等 Shell 语言编写自定义脚本，适用于需要复杂操作的场景。此外，它还支持在远程主机上执行脚本，并能够通过 register 捕获脚本的输出，便于进行进一步处理。

（2）shell 模块的扩展

① 环境变量支持：通过 environment 选项，shell 模块可以为 Shell 命令设置特定的环境变量，适用于某些依赖环境变量的脚本或命令执行场景。

② 任务控制：结合 retries 和 delay，shell 模块可以实现任务的自动重试，尤其适用于在不稳定的网络环境下执行任务。

5. service 模块

service 模块用于管理系统中的服务，它允许对服务进行启动、停止、重启等操作。该模块常用于确保服务在系统启动时自动启动，或者在配置文件更改后自动重启。

（1）核心功能

① 服务启动和停止：通过 state 选项，service 模块可以控制服务的运行状态，state: started 表示启动服务，state: stopped 表示停止服务。

② 重启服务：当配置文件发生变更后，服务需要重新加载或重启。service 模块可以通过 state: restarted 来重启服务。

③ 服务状态检查：service 模块能够检查服务是否运行或启用，并根据检查结果决定是否采取操作。这可以避免不必要的重启操作，提高系统的稳定性。

（2）service 模块的扩展

① 启用和禁用服务：通过 enabled 选项，系统管理员可以设置服务在系统启动时自动启用或禁用，确保服务的持久运行。

② 通知机制：service 模块通常与 Notify 和 Handlers 一起使用，以确保在配置变更后，相关服务能够及时重新加载或重启。

6. copy 模块和 template 模块

文件的复制和配置是自动化运维中的重要部分。Ansible 的 copy 模块和 template 模块为系统管理员提供了高效的文件管理工具。

（1）copy 模块

① 复制文件：copy 模块用于将控制节点上的文件（如配置文件、脚本或二进制文件）通过 src 和 dest 选项复制到远程主机的指定位置，适用于静态文件的分发。

② 文件权限管理：在复制文件时，系统管理员可以同时设置文件的权限、所有者和所属组，确保文件在远程主机上的安全性。

（2）template 模块

① 基于 Jinja2 的智能渲染：该模块深度集成 Jinja2 模板引擎，通过变量插值机制实现配置文件的智能适配，特别适用于多节点场景，可根据主机特性（如角色、区域、环境）自动生成差异化配置。

② 逻辑化内容构建：借助 Jinja2 的高级语法特性，支持在模板中实现以下功能。

- 变量映射：通过层级化变量体系注入动态参数。

- 流程控制：采用分支判断（if...else）和迭代循环（for）实现配置逻辑。
- 模块化设计：通过 include 命令实现配置片段复用。

③ 安全部署机制：提供预写入校验功能，可通过 validate 选项指定验证命令（如 nginx -t -c {{生成路径}}），确保语法正确性后才执行实际部署，有效防范配置异常导致的系统故障。

5.3　Vault

Vault 是用于保护敏感数据的一个加密工具。它专为在自动化环境中处理敏感数据（如密码、API 密钥、证书和其他私密数据）而设计。Vault 的主要功能是通过加密技术确保在运维流程中不会泄露这些敏感数据。Vault 的设计初衷是在团队合作和版本控制系统（如 Git）中保持敏感数据的安全性。

1.　加密原理

Vault 的加密采用对称加密方式，具体使用 AES-256 加密算法。高级加密标准（Advanced Encryption Standard，AES）是一种对称加密算法。AES-256 指的是该算法使用长度为 256 位的密钥，它是目前最安全和广泛使用的加密算法之一，被广泛应用于政务、金融等要求高安全性的领域。

对称加密的原理如下：使用相同的密钥对数据进行加密和解密。这种方式的加密速度快且易于实现，但也带来了密钥管理的难题。在 Vault 中，加密和解密都依赖于用户输入的密码，这个密码需要在任务执行时提供给 Vault，以解密敏感数据。

Vault 对文件进行加密的过程大致如下。

（1）用户向 Vault 提供一个密码。

（2）Vault 使用该密码生成一个密钥。

（3）使用 AES-256 算法和生成的密钥，将文件内容加密，并将加密后的数据存储在一个 Vault 文件中。

当需要读取加密数据时，Ansible 会提示用户输入其向 Vault 提供的密码，通过该密码生成解密密钥，从而解密文件内容。

2.　文件级别加密

Vault 的设计允许对完整文件进行加密。这对于存储配置文件、变量文件等非常有用。系统管理员可以在 Playbooks 中引用这些加密文件，确保在执行过程中，Ansible 会自动提示用户输入密码进行解密，而不需要在磁盘上生成明文文件。Vault 使用加密算法将这些文件转换为密文，只有得到正确的密码才能解密。

加密后的文件通常以 $ANSIBLE_VAULT 作为文件的标识符，表明该文件已经被 Vault 加密。加密后的内容无法被读取，除非通过正确的解密过程进行解密。

3.　字符串级别加密

除了文件加密，Vault 还支持对单个字符串进行加密。字符串加密特别适用于仅需对少量敏感数据（如 API 密钥或密码）进行保护的场景。字符串加密的好处是能够在 Playbooks 中直接嵌入加密的字符串，而不会以明文显示。

字符串加密的工作过程如下。

（1）用户指定需要加密的字符串。

（2）Vault 使用用户提供的密码对字符串进行加密。

（3）将加密后的字符串嵌入 Playbooks 中。

（4）在 Playbooks 执行时，Ansible 会自动提示用户输入密码并解密该字符串。

这种方法允许对 Playbooks 中的敏感数据（如用户密码）直接加密，避免了敏感数据在文件中以明文的形式出现，进一步增强了安全性。

4. 多密码机制

Vault 支持多密码机制。多密码机制允许对不同的加密文件或字符串使用不同的密码，这在多环境（如开发环境、测试环境、生产环境）中极为有用。在实际场景中，不同的环境通常会有不同的密码策略或敏感数据。通过 Vault 的多密码机制，系统管理员可以灵活地为不同的加密文件或字符串设置不同的密码。

多密码机制的工作方式如下。

（1）用户为不同的加密文件或字符串设置不同的密码。

（2）使用--vault-id 参数来区分这些不同的密码。

（3）Ansible 在执行时会根据加密文件或字符串对应的 vault-id 提示用户输入正确的密码。

这种机制确保了敏感数据的安全分隔，避免了所有数据使用同一个密码带来的安全风险。

5. Vault 密码管理的安全性

在自动化运维中，如何管理密码是一个核心问题。Vault 提供了以下几种方法来有效管理密码。

（1）手动输入密码：管理密码最直接的方法之一，即每次执行加密或解密操作时手动输入密码。这种方法适用于小规模任务或不频繁的操作，但在批量任务或自动化流水线中显得不够高效。

（2）密码文件：Vault 支持通过密码文件来存储密码。用户可以在运行 Playbooks 时通过指定--vault-password-file 选项，自动读取存储在文件中的密码。这种方法适用于自动化流程中频繁使用密码的场景，如在 CI/CD 流水线中部署多个环境的任务。

保证密码管理安全性的注意事项如下。

（1）密码文件应具备严格的权限控制，避免其他用户访问。通常建议使用 chmod 600 命令来限制文件访问权限。

（2）密码文件不应被提交到版本控制系统中。相反，密码文件应由安全的密码管理系统管理，并在自动化过程中动态生成或获取。

6. 重设加密密码

为了增强数据的长期安全性，Vault 允许对已经加密的文件重新设置加密密码（即重设密钥），这在以下场景中特别有用。

（1）当加密密码被泄露时，可以通过重新加密文件来防止数据泄露。

（2）当团队或项目的安全策略要求定期更换密码时，系统管理员可以使用 rekey 功能快速更改文件加密的密码。

重设加密密码的过程如下。

（1）用户输入当前的加密密码，以验证其修改权限。

（2）系统提示用户输入新的密码。

（3）使用新的密码对文件重新加密。

重设加密密码不会改变文件内容本身，只会更改文件的加密密钥。

7. 验证加密文件

Vault 提供了验证加密文件的功能。通过该功能，系统管理员可以在解密之前验证文件的加密状态，以确保文件的完整性和加密机制的有效性。这在自动化流程中至关重要，因为任何配置错误都可能导致系统崩溃或服务中断。

通过在 Playbooks 中使用加密文件的验证选项，Ansible 可以确保在应用敏感数据之前，所有加密文件的加密状态都是安全且有效的。

8. 敏感数据保护的最佳实践

为了确保敏感数据在整个自动化过程中得到最大程度的保护，建议遵循以下最佳实践。

（1）确保密码复杂性与定期更新：确保 Vault 密码具有足够的复杂性，并根据组织的安全策略定期更新密码。

（2）最小化敏感数据的暴露：在 Playbooks 中尽量避免以明文存储敏感数据。使用 Vault 加密所有密码、密钥和 API 凭证。

（3）安全审计与日志管理：定期审计存储的加密文件和相关的操作日志，确保加密操作不会被绕过，并能够在出现问题时追踪操作历史。

（4）基于角色的访问控制：确保只有授权的用户才能够访问 Vault 密码文件或解密加密数据，结合 Ansible Tower 等工具，增强访问控制的精细化管理。

任务 5.1 Ansible 模块深入应用

【任务描述】

在本任务中，读者将学习如何使用 Ansible 的 user 模块、file 模块、command 模块、shell 模块、service 模块，以及如何通过 copy 模块和 template 模块进行文件管理。通过一系列的 Playbooks 示例，读者将掌握创建和删除系统用户、管理用户属性，以及设置文件和目录权限的基础操作。此外，读者还将学习如何通过 command 模块和 shell 模块执行远程命令、脚本及复杂的 Shell 操作，从而实现对远程主机的有效管理。同时，对 service 模块的使用将帮助读者控制系统服务的状态，如启动、停止和重启 httpd 服务。读者还将通过 copy 模块和 template 模块了解如何在多台主机之间管理及生成配置文件。

微课

任务 5.1 实操演示

通过对本任务的学习，读者不仅能够具备使用 Ansible 自动化管理系统用户、文件和服务的基本技能，还将提升在复杂运维场景中对远程主机的掌控力。本任务介绍的模块化操作使得系统管理更加灵活和高效，降低了手动操作的出错风险，并且通过动态生成配置文件，确保各台主机的配置能够统一且符合预期。读者将通过实际操作巩固对 Ansible 的理解，从而提升对自动化运维相关技能的掌握程度，并为在更复杂的环境中解决问题奠定基础。

【任务分析】

（1）规划节点

使用银河麒麟高级服务器操作系统规划节点，如表 5-2 所示。

表 5-2　规划节点

IP 地址	主机名	节点
192.168.200.10	ansible	银河麒麟高级服务器操作系统控制节点
192.168.200.11	client1	银河麒麟高级服务器操作系统控制节点
192.168.200.12	client2	银河麒麟高级服务器操作系统控制节点

（2）基础准备

在进行 VMware Workstation Pro 软件的实操练习时，首先启动软件并选择"创建新的虚拟机"选项，打开安装向导，在安装向导中选择使用典型配置，设置虚拟机参数，包括分配 4 个虚拟 CPU、4GB 内存和 40GB 磁盘空间，并选择 NAT 模式作为网络设置，同时分配静态 IP 地址 192.168.200.10。指定加载 Kylin-Server-10-SP2-Release-Build09-20210524-x86_64.iso 镜像文件作为启动介质，完成虚拟机的各项配置后启动虚拟机，按照引导完成系统安装。设置主机名为 ansible，建议设置主机密码为 Kylin2024。按照相同的配置步骤新建另外两台虚拟机，静态 IP

地址分别配置为 192.168.200.11 和 192.168.200.12，主机名分别设置为 client1 和 client2，主机密码同样设置为 Kylin2024。接下来请务必记得关闭防火墙及 SELinux，具体命令如下。

```
[root@client1 ~]# systemctl stop firewalld
[root@client1 ~]# setenforce 0
```

【任务实施】

（1）用户创建与删除

user 模块是 Ansible 中用来管理系统用户的重要工具。它不仅可以创建和删除用户，还可以管理用户的详细属性，如组、家目录等。

创建一个新的 Playbooks，具体命令如下。

```
[root@ansible ~]# vim manage_users.yml
```

在编辑器中输入以下内容。

```
---
- name: 用户管理操作
  hosts: all
  become: yes
  tasks:
    - name: 创建用户 'newuser'
      user:
        name: newuser
        state: present
        password: "{{'password123' | password_hash('sha512')}}"
        create_home: yes

    - name: 删除用户 'olduser'
      user:
        name: olduser
        state: absent
```

说明：

① 创建用户。使用 user 模块的 state: present 选项创建用户 newuser。用户的密码通过过滤器 password_hash 进行安全的 SHA-512 加密。

② 删除用户。同样使用 user 模块，但此时通过指定 state: absent 来删除用户 olduser。

保存文件并退出编辑器后，Playbooks 的执行命令及结果如下。

```
[root@ansible ~]# ansible-playbook manage_users.yml

PLAY [用户管理操作] ********************************************************

TASK [Gathering Facts] **************************************************
ok: [app2]
ok: [app1]

TASK [创建用户 'newuser'] *************************************************
changed: [app2]
changed: [app1]

TASK [删除用户 'olduser'] *************************************************
ok: [app1]
```

```
ok: [app2]

PLAY RECAP ***************************************************************
app1                           : ok=3    changed=1    unreachable=0    failed=0
skipped=0    rescued=0    ignored=0
app2                           : ok=3    changed=1    unreachable=0    failed=0
skipped=0    rescued=0    ignored=0
```

命令执行后，结果显示创建用户 newuser 和删除用户 olduser 的操作已成功完成，最后也可以通过执行对应的命令查看创建出来的用户，具体命令如下。

```
[root@client1 ~]# id newuser
用户 id=1001(newuser) 组 id=1001(newuser) 组=1001(newuser)
```

（2）管理用户属性

接下来将学习如何管理用户的更多属性，如组成员、家目录权限等。

创建一个新的 Playbooks，具体命令如下。

```
[root@ansible ~]# vim user_properties.yml
```

在编辑器中输入以下内容。

```
---
- name: 用户属性管理
  hosts: all
  become: yes
  tasks:
    - name: 添加用户 'newuser' 到组 'wheel'
      user:
        name: newuser
        groups: wheel
        append: yes

    - name: 设置 'newuser' 的家目录权限
      file:
        path: /home/newuser
        owner: newuser
        group: newuser
        mode: '0750'
        state: directory
```

说明：

① 组成员管理。使用 groups 和 append 参数将用户 newuser 添加到 wheel 组，而不移除其他已有的组成员资格。

② 家目录权限设置。使用 file 模块设置用户 newuser 的家目录权限，确保目录存在并拥有正确的所有者及权限。

保存文件并退出编辑器后，Playbooks 的执行命令及结果如下。

```
[root@ansible ~]# ansible-playbook user_properties.yml

PLAY [用户属性管理] **********************************

TASK [Gathering Facts] ****************
ok: [app2]
```

```
ok: [app1]

TASK [添加用户 'newuser' 到组 'wheel'] ************
changed: [app1]
changed: [app2]

TASK [设置 'newuser' 的家目录权限] *****************
changed: [app2]
changed: [app1]

PLAY RECAP ******************************
app1                         : ok=3    changed=2    unreachable=0    failed=0
skipped=0    rescued=0    ignored=0
app2                         : ok=3    changed=2    unreachable=0    failed=0
skipped=0    rescued=0    ignored=0
```

命令执行后，结果显示用户 newuser 已成功添加到组 wheel 并设置了家目录权限，可以通过命令测试 Playbooks 执行是否正常，具体命令如下。

```
[root@client1 ~]# id newuser
用户 id=1001(newuser) 组 id=1001(newuser) 组=1001(newuser),10(wheel)
[root@client1 ~]# ll /home/
总用量 0
drwx------ 4 ansible_test ansible_test 90   8 月 19 12:18 ansible_test
drwxr-x--- 2 newuser      newuser      62   9 月  2 17:37 newuser
```

（3）file 模块

接下来将探讨 Ansible 中的 file 模块，这是一个用于管理文件和目录的非常灵活的模块。下面通过一个综合案例来展示如何使用 file 模块来创建和管理文件、目录，以及设置适当的权限。

创建新的 Playbooks，具体命令如下。

```
[root@ansible ~]# vim comprehensive_file_management.yml
```

在编辑器中输入以下内容。

```
---
- name: 综合文件和目录管理
  hosts: all
  become: yes
  vars:
    file_path: /tmp/example_file.txt
    directory_path: /tmp/example_directory
  tasks:
    - name: 创建新目录
      file:
        path: "{{directory_path}}"
        state: directory
        mode: '0755'

    - name: 创建新文件
      file:
        path: "{{file_path}}"
        state: touch
```

```
      owner: root
      group: root
      mode: '0644'

  - name: 修改文件权限
    file:
      path: "{{file_path }}"
      mode: '0666'

  - name: 创建符号链接
    file:
      src: "{{file_path}}"
      dest: "/tmp/symlink_to_example_file"
      state: link

  - name: 将文件复制到新位置
    copy:
      src: "{{file_path}}"
      dest: "{{directory_path}}/copied_file.txt"
      remote_src: yes

  - name: 移动文件到新位置
    command: mv "{{directory_path}}/copied_file.txt"
    "{{directory_path}}/moved_file.txt"

  - name: 删除不再需要的文件
    file:
      path: "{{file_path}}"
      state: absent
```

说明：

① 创建新目录。使用 file 模块创建一个新目录，指定目录权限为 0755。

② 创建新文件。使用 file 模块创建一个新文件，并设置文件所有者、所属组和权限。

③ 修改文件权限。使用 file 模块更新已创建文件的权限，使其可由任何用户读写。

④ 删除不再需要的新文件。使用 file 模块删除已创建的文件，演示如何删除文件。

⑤ 创建符号链接。使用 file 模块为文件创建一个符号链接，演示符号链接管理。

⑥ 复制文件。使用 copy 模块将文件复制到新的目录。

⑦ 移动文件。通过 command 模块执行系统命令，移动文件到新的位置。

保存文件并退出编辑器后，Playbooks 的执行命令及结果如下。

```
[root@ansible ~]# ansible-playbook comprehensive_file_management.yml
# 输出省略
PLAY RECAP
********************************************************************************
********************************
    app1                            : ok=8    changed=5    unreachable=0    failed=0
skipped=0    rescued=0    ignored=0
    app2                            : ok=8    changed=5    unreachable=0    failed=0
skipped=0    rescued=0    ignored=0
```

命令执行后，将完成创建、修改、删除文件和目录，以及文件复制和移动等操作。

（4）command 模块

此模块专门用于在远程主机上执行命令，由于直接调用命令而不通过 Shell，因此它不处理任何 Shell 内置命令或操作，如管道、输入/输出重定向等。这种特性使 command 模块在执行需要精确控制的系统命令时非常高效和安全，尤其适合执行不依赖于 Shell 环境的简单命令。

创建新的 Playbooks，该文件将包含一系列利用 command 模块的任务，具体命令如下。

```
[root@ansible ~]# vim comprehensive_command_usage.yml
```

在编辑器中输入以下内容。

```
---
- name: 综合使用 command 模块
  hosts: app1
  tasks:
    - name: 获取远程主机的名称
      command: hostname
      register: hostname_result
      # 此任务使用 command 模块执行 hostname 命令，用于获取当前远程主机的名称
      # 使用 register 关键字将命令的输出保存到变量 hostname_result 中，以便后续任务使用

    - name: 输出主机名称
      debug:
        msg: "远程主机的名称是：{{hostname_result.stdout}}"
      # 使用 debug 模块输出已注册变量 hostname_result 的 stdout 属性
      # 允许验证前一个任务执行的结果，并在 Playbooks 的输出中直观地显示远程主机的名称

    - name: 查看远程主机的磁盘使用情况
      command: df -h
      register: disk_usage
      # 使用 command 模块执行 df -h 命令，检查远程主机的磁盘使用情况
      # 使用 register 关键字将命令的输出保存到 disk_usage 变量中，此变量可用于后续任务

    - name: 输出磁盘使用情况
      debug:
        msg: "磁盘使用情况：{{disk_usage.stdout}}"
      # 使用 debug 模块输出变量 disk_usage 的 stdout 属性，显示磁盘使用情况的详细信息
      # 这对于监控远程主机的存储空间和确保其充足至关重要
```

保存文件并退出编辑器后，Playbooks 的执行命令及结果如下。

```
[root@ansible ~]# ansible-playbook comprehensive_command_usage.yml

PLAY [综合使用 command 模块]
**********************************************************

TASK [Gathering Facts] ***********************************************************
ok: [app1]

TASK [获取远程主机的名称]
**********************************************************
```

```
changed: [app1]

TASK [输出主机名称]
**********************************************************
ok: [app1] => {
    "msg": "远程主机的名称是：client1"
}

TASK [查看远程主机的磁盘使用情况]
********************************************************
changed: [app1]

TASK [输出磁盘使用情况]
*********************************************************
ok: [app1] => {
    "msg": "磁盘使用情况：文件系统                容量  已用  可用 已用% 挂载点
\ndevtmpfs               1.4G    0  1.4G   0% /dev\ntmpfs                  1.5G    0
1.5G    0% /dev/shm\ntmpfs                 1.5G  18M  1.4G   2% /run\ntmpfs
1.5G    0  1.5G   0% /sys/fs/cgroup\n/dev/mapper/klas-root  64G  3.0G  61G   5%
/\ntmpfs                  1.5G 104K  1.5G   1% /tmp\n/dev/sr0                4.1G
4.1G    0 100% /mnt\n/dev/sda1             1014M 206M  809M  21% /boot\ntmpfs
289M    0  289M   0% /run/user/0"
}


PLAY RECAP
*********************************************************
app1                       : ok=5    changed=2    unreachable=0    failed=0
skipped=0    rescued=0    ignored=0
```

命令执行后，可以看到每个任务都按照定义的顺序执行，先获取主机名称，再输出这个主机名称，最后检查并输出磁盘使用情况。这样的顺序和逻辑确保用户可以有效地监控及管理远程主机的关键参数。

（5）shell 模块

通过 shell 模块，可以执行那些需要 Shell 环境的复杂命令，以实现利用管道过滤输出、运行脚本或管理环境变量等操作。

创建新的 Playbooks，该文件将包含多个使用 shell 模块的任务，具体命令如下。

```
[root@ansible ~]# vim advanced_shell_usage.yml
```

在编辑器中输入以下内容。

```
---
- name: 综合使用 shell 模块
  hosts: app1
  tasks:
    - name: 通过管道过滤进程信息
      shell: ps aux | grep nginx
      register: nginx_process
      # 使用 Shell 命令过滤与 Nginx 相关的进程，并通过管道将 ps aux 的输出传递给 grep 命令
      # 使用 register 关键字将命令的输出保存到 nginx_process 变量中，以便后续使用
```

```
    - name: 输出 Nginx 进程信息
      debug:
        msg: "Nginx 进程信息：{{nginx_process.stdout_lines}}"
      # 使用 debug 模块输出已注册变量 nginx_process 的 stdout_lines 属性

    - name: 创建复杂的 Shell 脚本
      shell: |
        if [ -d "/tmp/testdir" ]; then
          echo "目录已存在"
        else
          mkdir /tmp/testdir
          echo "目录创建成功"
        fi
      register: script_output
      # 此任务创建了一个多行 Shell 脚本，用于检查/tmp/testdir 目录是否存在

    - name: 输出脚本执行结果
      debug:
        msg: "脚本执行结果：{{script_output.stdout}}"
      # 使用 debug 模块输出变量 script_output 的 stdout 属性

    - name: 检查目录是否存在
      shell: test -d /tmp/testdir && echo "目录存在" || echo "目录不存在"
      register: dir_check
      # 使用 test 命令检查/tmp/testdir 目录是否存在，并将输出注册为变量 dir_check

    - name: 输出目录检查结果
      debug:
        msg: "{{dir_check.stdout}}"
      # 使用 debug 模块输出 dir_check 变量的 stdout 属性
```

保存文件并退出编辑器后，Playbooks 的执行命令及结果如下。

```
[root@ansible ~]# ansible-playbook advanced_shell_usage.yml

PLAY [综合使用 shell 模块] ***************************************************

TASK [Gathering Facts] ***************************************************
ok: [app1]

TASK [通过管道过滤进程信息] ***************************************************
changed: [app1]

TASK [输出 Nginx 进程信息] ***************************************************
ok: [app1] => {
    "msg": "Nginx 进程信息：['root        22720  0.0  0.1 213840   3232 pts/1    S+
23:40   0:00 /bin/sh -c ps aux | grep nginx', 'root        22722  0.0  0.0 213152    876 pts/1
S+   23:40   0:00 grep nginx']"
}
```

```
TASK [创建复杂的 Shell 脚本] ************************************************
changed: [app1]

TASK [输出脚本执行结果] ************************************************
ok: [app1] => {
    "msg": "脚本执行结果：目录创建成功"
}

TASK [检查目录是否存在] ************************************************
changed: [app1]

TASK [输出目录检查结果] ************************************************
ok: [app1] => {
    "msg": "目录存在"
}

PLAY RECAP ************************************************
app1                       : ok=7    changed=3    unreachable=0    failed=0
skipped=0    rescued=0    ignored=0
```

命令执行后，可以看到每个任务都按照定义的顺序执行，先过滤并输出 Nginx 进程信息，再创建复杂的 Shell 脚本并输出脚本执行结果，最后进行目录存在性的检查并显示结果。这样的顺序和逻辑确保了用户可以有效地管理远程主机的关键系统参数及文件系统状态，从而提高执行自动化任务的准确性和效率。

（6）copy 模块和 template 模块

创建简单的配置文件，稍后使用 Ansible 的 copy 模块将其复制到所有目标主机。

在控制节点的当前目录下创建 simple.conf 文件，具体命令如下。

```
[root@ansible ~]# vim simple.conf
```

输入以下内容并保存文件。

```
cache_size=256MB
cache_dir=/var/cache
```

创建一个 Jinja2 模板文件，用于生成 Apache 服务器的配置文件，具体命令如下。这个模板将使用 Ansible 变量来动态设置一些配置项。

```
[root@ansible ~]# vim www.conf.j2
```

在编辑器中输入以下内容并保存文件。

```
LoadModule mpm_prefork_module modules/mod_mpm_prefork.so
LoadModule userdir_module modules/mod_userdir.so
LoadModule authz_core_module modules/mod_authz_core.so
LoadModule unixd_module modules/mod_unixd.so
ServerName {{ansible_hostname}}
Listen {{http_port | default(80)}}
DocumentRoot "{{document_root | default('/var/www/html')}}"
<Directory "{{document_root | default('/var/www/html')}}">
    AllowOverride None
    Require all granted
</Directory>
```

创建一个 Playbooks 来自动完成 Apache 配置文件的生成和复制，同时验证生成的配置文件是否正确，具体命令如下。

```
[root@ansible ~]# vim advanced_file_management.yml
```

输入以下 YAML 配置。

```
---
- name: 高级文件和配置管理
  hosts: all
  become: yes
  vars:
    http_port: 8080
    document_root: /var/www/public_html

  tasks:
    - name: 确保配置目录 /etc/myapp 存在
      file:
        path: /etc/myapp
        state: directory
        mode: '0755'
      # 此任务确保每台目标主机都有 /etc/myapp 目录，如果不存在，则创建该目录

    - name: 确保 DocumentRoot 目录存在并具有正确的权限和所有者
      file:
        path: "{{document_root}}"
        state: directory
        owner: apache
        group: apache
        mode: '0755'
      # 此任务确保 DocumentRoot 目录存在并具有正确的权限和所有者，这是 Apache 服务器
能够被访问并用作网站根目录的必要条件

    - name: 复制简单配置文件 simple.conf 到 /etc/myapp 目录下
      copy:
        src: simple.conf
        dest: /etc/myapp/simple.conf
        owner: root
        group: root
        mode: '0644'
        backup: yes
        force: true
      # 此任务将 simple.conf 文件从 Ansible 控制节点复制到所有目标主机的 /etc/myapp 目
录下
      # 如果目标位置已存在该文件，则会先对已存在文件进行备份再进行覆盖

    - name: 使用模板生成 httpd 配置文件并验证
      template:
        src: www.conf.j2
        dest: /etc/httpd/conf.d/www.conf
```

```
        owner: root
        group: root
        mode: '0644'
        # 此任务使用 httpd.conf.j2 模板文件来生成 httpd 配置文件，并将其存储在目标主机的
/etc/httpd/conf.d 目录下
```

执行 Playbooks，具体命令如下，并确认自动化任务按预期运行。

```
[root@ansible ~]# ansible-playbook advanced_file_management.yml
# 输出省略

PLAY RECAP ****************************************
app1                        : ok=5      changed=2      unreachable=0      failed=0
skipped=0    rescued=0    ignored=0
app2                        : ok=5      changed=2      unreachable=0      failed=0
skipped=0    rescued=0    ignored=0
```

在目标主机上检查配置文件是否被替换，具体命令如下。

```
[root@client1 ~]# cat /etc/myapp/simple.conf
cache_size=256MB
cache_dir=/var/cache
[root@client1 ~]# cat /etc/httpd/conf.d/www.conf
ServerName client1
Listen 8080
DocumentRoot "/var/www/public_html"
<Directory "/var/www/public_html">
    AllowOverride None
    Require all granted
</Directory>
```

这样，通过简洁明了的方式完成了对配置文件的创建、复制和动态生成的学习。

（7）service 模板

创建一个 Playbooks，用于控制 httpd 服务的基本运行状态。这包括启动服务，以确保服务在需要时处于运行状态；停止服务，这在维护或升级服务时可能需要；重启服务，通常用于重大的配置更改。

创建 Playbooks 文件，具体命令如下。

```
[root@ansible ~]# vim manage_httpd.yml
---
- name: 简单管理 httpd 服务
  hosts: all
  become: yes

  tasks:
    - name: 启动 httpd 服务
      service:
        name: httpd
        state: started
      # 此任务确保 httpd 服务处于启动状态

    - name: 停止 httpd 服务
```

146

```
      service:
        name: httpd
        state: stopped
      # 此任务停止 httpd 服务，用于维护服务或其他需要停止服务的场景

    - name: 重启 httpd 服务
      service:
        name: httpd
        state: restarted
      # 此任务重启 httpd 服务，通常用于在应用更新后确保所有设置正确加载
```

执行 Playbooks，具体命令如下，并确认自动化任务按预期运行。

```
[root@ansible ~]# ansible-playbook manage_httpd.yml
# 省略输出
PLAY RECAP ****************************
app1                          : ok=4    changed=2    unreachable=0    failed=0
skipped=0    rescued=0    ignored=0
app2                          : ok=4    changed=3    unreachable=0    failed=0
skipped=0    rescued=0    ignored=0
```

通过查看服务的命令检查服务的状态，具体命令如下。

```
[root@client1 ~]# systemctl status httpd
● httpd.service – The Apache HTTP Server
   Loaded:  loaded  (/usr/lib/systemd/system/httpd.service;  disabled;  vendor  preset:
disabled)
   Active: active (running) since Tue 2024-09-03 19:53:59 CST; 1min 28s ago
     Docs: man:httpd.service(8)
 Main PID: 44197 (httpd)
   Status: "Total requests: 0; Idle/Busy workers 100/0;Requests/sec: 0; Bytes served/sec:
0 B/sec"
    Tasks: 213
   Memory: 28.8M
```

任务 5.2　Playbooks 的设计与高级特性

【任务描述】

微课

任务 5.2 实操演示

在本任务中，读者将深入学习 Ansible 中循环、条件判断和异常处理的基本使用与高级特性。在循环方面，通过具体的 Playbooks 示例，读者将学习如何利用 loop 机制实现批量任务的自动化执行，如安装多个软件包，并通过 loop_control 自定义循环日志输出，确保任务执行的可追溯性和可读性。在条件判断方面，读者将学习如何基于变量、Facts 及主机组等来动态控制任务执行，确保执行自动化任务的灵活性和高效性。此外，异常处理部分将帮助读者理解如何在任务失败时处理错误，并通过 block、rescue、always 机制保证 Playbooks 执行的可靠性。

通过对本任务的学习，读者不仅能够掌握 Ansible 的核心功能，还能熟练应用循环、条件判断和异常处理，从而提升自动化任务的可扩展性和可维护性。综合运用这些技术，可以应对复杂的运维场景，在确保系统稳定性的同时减少重复性操作，进一步提升工作效率。此外，读者将深入理解如何通过通知和处理器机制实现自动化服务管理，并学会应对多次重试的复杂任务场景，为未来在

大型自动化项目中应对各种挑战奠定坚实的基础。

【任务分析】

（1）规划节点

使用银河麒麟高级服务器操作系统规划节点，如表 5-3 所示。

表 5-3　规划节点

IP 地址	主机名	节点
192.168.200.10	ansible	银河麒麟高级服务器操作系统控制节点
192.168.200.11	client1	银河麒麟高级服务器操作系统控制节点
192.168.200.12	client2	银河麒麟高级服务器操作系统控制节点

（2）基础准备

在进行 VMware Workstation Pro 软件的实操练习时，首先启动软件并选择"创建新的虚拟机"选项，打开安装向导，在安装向导中选择使用典型配置，设置虚拟机参数，包括分配 4 个虚拟 CPU、4GB 内存和 40GB 磁盘空间，并选择 NAT 模式作为网络设置，同时分配静态 IP 地址 192.168.200.10。指定加载 Kylin-Server-10-SP2-Release-Build09-20210524-x86_64.iso 镜像文件作为启动介质，完成虚拟机的各项配置后启动虚拟机，按照引导完成系统安装。设置主机名为 ansible，建议设置主机密码为 Kylin2024。按照相同的配置步骤新建另外两台虚拟机，静态 IP 地址分别配置为 192.168.200.11 和 192.168.200.12，主机名分别设置为 client1 和 client2，主机密码同样设置为 Kylin2024。接下来请务必记得关闭防火墙及 SELinux，具体命令如下。

```
[root@client1 ~]# systemctl stop firewalld
[root@client1 ~]# setenforce 0
```

【任务实施】

（1）循环

在 Ansible 的 Playbooks 中，循环（使用 loop 关键字定义）是一个非常重要的特性，能够显著提高任务的执行效率和可维护性。特别是在需要安装多个软件包时，循环可以帮助开发者减少代码重复，使 Playbooks 更加简洁和易于管理。

下面来看一个基础的循环例子。假设需要从本地源安装 vim、curl 和 unzip 这 3 个软件包，通常可以通过简单的循环来实现。此时，先创建新的 Playbooks 文件，用于执行软件包安装任务，具体命令如下。

```
[root@ansible ~]# vim install_packages.yml
---
- name: 安装多个软件包
  hosts: all
  become: yes
  tasks:
    - name: 使用循环安装软件包
      yum:
        name: "{{item}}"
        state: installed
      loop:
        - vim
        - curl
        - unzip
```

在这个示例中，定义了一个任务，并在 loop 关键字后接一个列表，其中包含要安装的软件包名称。Ansible 的 yum 模块会自动遍历这个列表，对每个软件包都执行安装任务。这样就避免了为每个软件包单独编写任务带来的麻烦，显著减少了代码的冗余。

完成 Playbooks 的编写后，可以执行该 Playbooks，具体命令如下。Ansible 将自动在目标主机上执行 Playbooks 中定义的操作。

```
[root@ansible ~]# ansible-playbook install_packages.yml
PLAY RECAP ********************************
app1                          : ok=2    changed=0    unreachable=0    failed=0
skipped=0    rescued=0    ignored=0
app2                          : ok=2    changed=0    unreachable=0    failed=0
skipped=0    rescued=0    ignored=0
```

在某些情况下，可能希望对循环的行为进行更精细的控制，如想要在日志中显示更详细的信息，使其更具可读性。Ansible 提供了 loop_control 属性，允许开发者自定义循环的输出信息。下面是一个使用 loop_control 来优化日志输出的例子，具体命令如下。

```
[root@ansible ~]# vim install_packages_with_control.yml
---
- name: 使用 loop_control 优化日志输出
  hosts: all
  become: yes
  tasks:
    - name: 安装软件包
      yum:
        name: "{{item.name}}"
        state: installed
      loop:
        - {name: 'vim', version: 'latest'}
        - {name: 'curl', version: 'latest'}
        - {name: 'unzip', version: 'latest'}
      loop_control:
        label: "{{item.name}} 版本 {{item.version}}"
```

在这个 Playbooks 中，使用 loop_control 来自定义输出信息。通过设置 label 属性，可以在日志中显示更详细的每次循环的信息，包括软件包的名称和版本。这种方式不仅使日志更具可读性，还提高了任务执行的可追溯性，在处理多个项目时显得尤为重要。

执行 Playbooks，具体命令如下。

```
[root@ansible ~]# ansible-playbook install_packages_with_control.yml
# 输出省略

TASK [安装软件包] **********************************************************
ok: [app2] => (item=vim 版本 latest)
ok: [app1] => (item=vim 版本 latest)
ok: [app2] => (item=curl 版本 latest)
ok: [app1] => (item=curl 版本 latest)
ok: [app2] => (item=unzip 版本 latest)
ok: [app1] => (item=unzip 版本 latest)

PLAY RECAP ************************************************************
```

app1		: ok=2	changed=0	unreachable=0	failed=0
skipped=0	rescued=0	ignored=0			
app2		: ok=2	changed=0	unreachable=0	failed=0
skipped=0	rescued=0	ignored=0			

可以看到，输出日志中将显示每个软件包及其版本的信息，从而可以更直观地查看任务的执行情况。

（2）条件判断

条件判断在 Playbooks 中扮演着至关重要的角色，它使得 Playbooks 能够根据实际情况选择性地执行任务，从而提高自动化配置的灵活性和智能化水平。通过条件判断，可以避免不必要的操作，确保 Playbooks 在不同的环境和配置下做出适当的反应。这不仅减少了资源的浪费，也提升了系统的稳定性和可维护性。

① 基于变量的条件判断。

创建新的 Playbooks 文件，用于演示基于变量的条件判断。创建文件并编写内容，具体命令如下。

```
[root@ansible ~]# vim install_httpd_based_on_variable.yml
---
- name: 仅在需要时安装 httpd
  hosts: all
  become: yes
  vars:
    install_httpd: true

  tasks:
    - name: 安装 httpd
      yum:
        name: httpd
        state: present
      when: install_httpd
```

在这个 Playbooks 中，首先定义了一个名为 install_httpd 的变量，该变量被设置为 true；在 tasks 部分中，使用 when 条件来判断是否需要安装 httpd，只有在 install_httpd 变量为 true 时，yum 模块才会执行安装任务。

② 组合条件判断。

下面创建另一个 Playbooks 文件来演示组合条件判断的使用。

创建文件并编写内容，具体命令如下。

```
[root@ansible ~]# vim install_mariadb_with_combined_conditions.yml
---
- name: 仅在操作系统为银河麒麟高级服务器操作系统且内存充足时安装 MariaDB
  hosts: all
  become: yes

  tasks:
    - name: 检查操作系统和可用内存
      shell: |
        echo "{{ansible_distribution}}"
        free -m | awk '/^Mem:/{print $2}'
```

```
        register: system_info
        changed_when: false

      - name: 输出获取到的操作系统和内存大小
        debug:
          msg:
            - "获取到的操作系统: {{system_info.stdout_lines[0]}}"
            - "获取到的内存大小: {{system_info.stdout_lines[1]}} MB"

      - name: 安装 MariaDB
        yum:
          name: mariadb
          state: present
        when:
          - "'Kylin' in system_info.stdout_lines[0]"
          - system_info.stdout_lines[1] | int >= 1024
```

在这个 Playbooks 中，通过一个 Shell 命令获取操作系统类型和可用内存，并将结果注册到变量 system_info 中；使用组合条件判断来确定是否执行 MariaDB 的安装任务。具体来说，只有在操作系统为银河麒麟高级服务器操作系统且系统内存大于或等于 1024MB 时，才会执行安装任务；组合条件判断允许在执行任务前检查多个条件，并且只有在所有条件都满足时才会执行任务。这种方式非常适合在多变量影响决策的场景中使用。

执行这个 Playbooks，具体命令如下。

```
[root@ansible ~]# ansible-playbook install_mariadb_with_combined_conditions.yml
# 输出省略
TASK [输出获取到的操作系统和内存大小] ***********************
ok: [app1] => {
    "msg": [
        "获取到的操作系统: Kylin Linux Advanced Server",
        "获取到的内存大小: 2888 MB"
    ]
}
ok: [app2] => {
    "msg": [
        "获取到的操作系统: Kylin Linux Advanced Server",
        "获取到的内存大小: 2888 MB"
    ]
}
# 输出省略
PLAY RECAP ****************************
app1                          : ok=4    changed=1    unreachable=0    failed=0
skipped=0    rescued=0    ignored=0
app2                          : ok=4    changed=1    unreachable=0    failed=0
skipped=0    rescued=0    ignored=0
```

③ 基于 Facts 的条件判断。

创建一个 Playbooks 文件，用于演示基于 Facts 的条件判断。创建文件并编写内容，具体命令如下。

```
[root@ansible ~]# vim install_based_on_facts.yml
---
- name: 基于系统架构安装软件包
  hosts: all
  become: yes

  tasks:
    - name: 在 x86_64 架构上安装软件包
      yum:
        name: httpd
        state: present
      when: ansible_architecture == "x86_64"
```

在这个 Playbooks 中，利用 Ansible 自动收集的系统信息（即 Facts）来进行条件判断。具体来说，ansible_architecture 是 Ansible 自动获取到的系统架构信息。在这个 Playbooks 中，只在系统架构为 x86_64 时执行软件包的安装任务。

Facts 提供了丰富的系统信息，这些信息可以直接用于条件判断，使得 Playbooks 能够适应不同的系统环境。一些不同场景下的 Facts 及其说明如表 5-4 所示。

表 5-4 一些不同场景下的 Facts 及其说明

Facts	说明
ansible_architecture	主机的系统架构
ansible_distribution	操作系统的名称
ansible_distribution_version	操作系统的版本号
ansible_fqdn	主机的完全限定域名
ansible_hostname	主机名
ansible_ip_addresses	所有网络接口的 IP 地址
ansible_kernel	操作系统的内核版本
ansible_memtotal_mb	总内存（以 MB 为单位）
ansible_os_family	操作系统家族（如 Debian、RedHat 等）
ansible_processor	主机的处理器信息
ansible_processor_cores	每个处理器的核心数
ansible_processor_count	主机上的处理器数量
ansible_python_version	主机上 Python 的版本
ansible_selinux	SELinux 状态（如 Enforcing、Disabled 等）
ansible_system	操作系统类型（如 Linux、Windows 等）
ansible_uptime_seconds	主机的运行时间（以 s 为单位）
ansible_userspace_bits	操作系统的架构位数
ansible_virtualization_type	主机的虚拟化类型（如 KVM、VMware 等）
ansible_virtualization_role	主机的虚拟化角色（如 guest、host 等）

④ 基于主机组的条件判断。

下面将创建一个新的 Playbooks 来演示基于主机组的条件判断。创建文件并编写内容，具体命令如下。

```
[root@ansible ~]# vim output_based_on_group.yml
---
- name: 根据主机组的条件进行判断
  hosts: all
  become: yes

  tasks:
    - name: 在生产环境中输出信息
      debug:
        msg: "这是生产环境的 Web 服务器，正在处理重要任务。"
      when: env == "production"

    - name: 在测试环境中输出信息
      debug:
        msg: "这是测试环境的数据库服务器，用于开发和测试。"
      when: env == "Test"
```

在这个 Playbooks 中，定义了两个任务，分别根据描述主机所属环境的变量 env 来决定输出的内容。

在生产环境中输出信息：使用 debug 模块输出一条消息，只有当 env 变量的值为 production 时才会执行这个任务。在测试环境中输出信息：同样地，使用 debug 模块输出另一条消息，只有当 env 变量的值为 Test 时才会执行这个任务。这种基于主机组的环境变量的条件判断在实际应用中非常有用。例如，在管理多个环境时，可以根据不同的需求来定义各个类型的主机要怎样运行 Playbooks。

这里可以通过命令查看运行结果，具体命令如下。

```
[root@ansible ~]# ansible-playbook output_based_on_group.yml
# 省略输出

TASK [在生产环境中输出信息] ***************************************************
ok: [app1] => {
    "msg": "这是生产环境的 Web 服务器，正在处理重要任务。"
}
skipping: [app2]

TASK [在测试环境中输出信息] ***************************************************
skipping: [app1]
ok: [app2] => {
    "msg": "这是测试环境的数据库服务器，用于开发和测试。"
}
```

⑤ 基于注册变量的条件判断。

创建一个 Playbooks 文件，演示如何基于注册变量进行条件判断。创建文件并编写内容，具体命令如下。

```
[root@ansible ~]# vim check_and_output_if_not_exists.yml
---
- name: 基于任务的输出注册变量执行后续任务
  hosts: all
```

```
      become: yes

      tasks:
        - name: 检查文件是否存在
          stat:
            path: /etc/myconfig.conf
          register: config_file

        - name: 仅在文件不存在时输出信息
          debug:
            msg: "配置文件不存在，请检查配置路径或创建文件。"
          when: not config_file.stat.exists
```

在这个 Playbooks 中，使用 stat 模块检查指定的配置文件/etc/myconfig.conf 是否存在，并将检查结果存储在 config_file 变量中；设置了一个条件判断，如果文件不存在（即 config_file.stat.exists 为 false），则使用 debug 模块输出一条提示信息："配置文件不存在，请检查配置路径或创建文件。"

（3）异常处理

可以通过使用 block、rescue 和 always 模块来处理任务中的异常情况。block 模块中的任务是正常执行的，如果 block 模块中的任何任务失败，则会触发 rescue 模块。无论任务是否失败，always 模块的任务都会执行。

创建新的 Playbooks，演示如何进行异常处理。创建文件并编写内容，具体命令如下。

```
[root@ansible ~]# vim error_handling_example.yml
---
- name: 任务异常处理示例
  hosts: all
  become: yes

  tasks:
    - name: 模拟任务失败
      block:
        - name: 尝试创建目录
          file:
            path: /nonexistent_directory/subdir
            state: directory
          # 这个任务将失败，因为父目录不存在

      rescue:
        - name: 捕获失败并输出信息
          debug:
            msg: "任务失败：父目录不存在，无法创建子目录。"

      always:
        - name: 无论失败与否都执行的任务
          debug:
            msg: "任务已结束，检查是否需要进一步操作。"
```

在这个 Playbooks 中，使用 block 模块定义了一个尝试创建目录的任务，但由于父目录

/nonexistent_directory 不存在，因此任务将失败。失败后，rescue 模块会被触发，输出一条错误信息，指出任务失败的原因，即"父目录不存在，无法创建子目录。"。无论前面的任务是否成功，always 模块的任务都会执行，输出"任务已结束，检查是否需要进一步操作。"，以提醒用户进行后续检查或其他操作。

这个结构化的异常处理机制使得 Playbooks 在遇到错误时能够"优雅地"处理，而不会直接中止执行。它确保了即使在某些任务失败的情况下，Playbooks 仍能继续执行后续任务或提供有用的错误信息，从而提高了自动化操作的可靠性。

（4）Notify 和 Handlers

在 Playbooks 中，Notify 和 Handlers 是一组常用的语法，用于在特定任务发生状态变化时自动触发关联的操作。这通常用于在配置文件修改后自动重启服务，确保配置变更生效。这种机制有助于减少人为干预，确保系统在更新后保持正常运行。

创建新的 Playbooks，用于将内容写入 index.html 并使用 Notify 通知处理器重启 httpd 服务。创建文件并编写内容，具体命令如下。

```
[root@ansible ~]# vim write_and_restart_service.yml
---
- name: 写入 index.html 并重启 httpd
  hosts: all
  become: yes

  tasks:
    - name: 确保目录存在
      file:
        path: /var/www/public_html/
        state: directory

    - name: 写入 index.html 文件
      copy:
        dest: /var/www/public_html/index.html
        content: "Kylin Ansible 2024"
      notify: 重启 httpd
  handlers:
    - name: 重启 httpd
      service:
        name: httpd
        state: restarted
```

在这个 Playbooks 中，首先确保目标目录/var/www/public_html/的存在，然后将指定的内容写入 index.html 文件。以下是对每个部分的解释。

① 确保目录存在：这个任务使用 file 模块来检查并创建/var/www/public_html/目录，以确保目标文件可以被正确写入。

② 写入 index.html 文件：使用 copy 模块将内容"Kylin Ansible 2024"写入/var/www/public_html/index.html 文件中。如果文件内容发生变化（即写入成功且内容不同于之前的内容），那么该任务将触发 Notify，通知处理器执行重启 httpd 的操作。

③ notify 和 handlers。

- notify：重启 httpd，指示 Ansible 在任务成功且状态发生变化时通知名为"重启 httpd"的处理器。

- handlers：处理器定义了一个名为"重启 httpd"的任务，该任务使用 service 模板来重启 httpd 服务。这个任务只会在文件内容发生变化后被执行，确保服务在必要时被重启。

使用 curl 命令检查 Playbooks 是否执行成功，具体命令如下。

```
[root@ansible ~]# curl 192.168.200.11:8080
Kylin Ansible 2024
[root@ansible ~]# curl 192.168.200.12:8080
Kylin Ansible 2024
```

（5）检查

在 Ansible 中，任务重试机制允许自动处理那些可能因临时性问题而失败的任务，避免了 Playbooks 立即停止执行。为了展示这一功能，下面将通过一个脚本模拟任务失败的情况，并编写一个完整的 Playbooks 来处理重试流程，直到任务最终成功。

编写一个测试脚本，该脚本在前几次运行时会模拟失败，随后模拟成功，并在成功后重置重试计数器以便重新开始循环，具体命令如下。

```
[root@ansible ~]# vim test_retry.sh
#!/bin/bash

# 初始化重试计数器
if [ ! -f /tmp/retry_counter ]; then
    echo "0" > /tmp/retry_counter
fi

# 读取当前的重试次数
retry_count=$(cat /tmp/retry_counter)

# 如果重试次数小于 3，则模拟失败
if [ "$retry_count" -lt 3 ]; then
    echo "重试次数: $retry_count，模拟失败"
    retry_count=$((retry_count + 1))
    echo "$retry_count" > /tmp/retry_counter
    exit 1   # 返回非零值，表示失败
else
    echo "重试次数: $retry_count，模拟成功，重置计数器"
    rm -f /tmp/retry_counter   # 成功后删除重试计数器
    exit 0   # 返回零值，表示成功
fi
```

说明：

① 重试计数器。该脚本通过/tmp/retry_counter 文件记录当前的重试次数。如果文件不存在，那么该脚本会创建文件并初始化重试次数为 0。

② 模拟失败和成功。该脚本在重试次数小于 3 时返回失败（exit 1），在大于或等于 3 时返回成功（exit 0），并重置重试计数器。

③ 重置逻辑。成功后，删除/tmp/retry_counter，以便下次执行任务时重新进入失败—重试—成功的循环。

编写 Playbooks 来调用该脚本，并在任务失败时进行重试，具体命令如下。

```
[root@ansible ~]# vim retry_task_with_multiple_attempts.yml
---
- name: 任务多次重试示例
  hosts: all
  become: yes

  tasks:
    - name: 复制本地脚本到/tmp 目录
      copy:
        src: /root/test_retry.sh
        dest: /tmp/test_retry.sh
        mode: '0755'
      # 将脚本从/root 目录复制到/tmp 目录，并设置执行权限

    - name: 执行测试脚本，模拟多次任务重试
      command: /tmp/test_retry.sh
      register: script_result
      retries: 5      # 最多重试 5 次
      delay: 5        # 重试间隔为 5s
      until: script_result.rc == 0
      # 执行脚本，任务会自动重试，直到返回码为 0（表示成功）

    - name: 输出测试脚本结果
      debug:
        var: script_result
      # 输出脚本的执行结果
```

说明：

① 任务重试机制。command 模块执行/tmp/test_retry.sh，这里设置了 retries: 5 和 delay: 5，表示最多重试 5 次，重试间隔为 5s，直到任务成功（rc == 0）。

② 任务状态输出。debug 模块用于输出脚本的执行结果，包括脚本的返回状态和重试过程中的状态变化。

执行 Playbooks 并查看结果，具体命令如下。

```
[root@ansible ~]# ansible-playbook retry_task_with_multiple_attempts.yml
# 输出省略
TASK [执行测试脚本，模拟多次任务重试]
*********************************************************
FAILED - RETRYING: 执行测试脚本，模拟多次任务重试 (5 retries left).
FAILED - RETRYING: 执行测试脚本，模拟多次任务重试 (5 retries left).
FAILED - RETRYING: 执行测试脚本，模拟多次任务重试 (4 retries left).
FAILED - RETRYING: 执行测试脚本，模拟多次任务重试 (4 retries left).
FAILED - RETRYING: 执行测试脚本，模拟多次任务重试 (3 retries left).
FAILED - RETRYING: 执行测试脚本，模拟多次任务重试 (3 retries left).
changed: [app2]
changed: [app1]


TASK [输出测试脚本结果] *********************************************************
```

```
ok: [app1] => {
    "script_result": {
        "attempts": 4,
        "changed": true,
        "cmd": [
            "/tmp/test_retry.sh"
        ],
        "delta": "0:00:00.004780",
        "end": "2024-09-04 18:54:47.468159",
        "failed": false,
        "rc": 0,
        "start": "2024-09-04 18:54:47.463379",
        "stderr": "",
        "stderr_lines": [],
        "stdout": "重试次数: 3，模拟成功，重置计数器",
        "stdout_lines": [
            "重试次数: 3，模拟成功，重置计数器"
        ]
    }
}
# 输出省略
```

可以看到，当运行此 Playbooks 时，脚本将在前 3 次运行中故意失败（返回码为 1），Ansible 会自动重试。到第 4 次运行时，脚本将执行任务成功（返回码为 0），并停止重试。

任务 5.3 Vault 的安全实践

【任务描述】

在本任务中，读者将学习如何在 Ansible 中使用 Vault 工具加密和管理敏感数据。通过实践，读者将掌握加密文件的创建过程，例如，使用 create 命令创建并加密包含敏感数据的文件，同时学习如何在 Playbooks 中使用这些加密文件，以确保敏感数据在自动化任务中的安全。此外，读者还将学习如何编辑、查看、解密和重新加密文件，了解加密字符串和批量加密文件的操作

任务 5.3 实操演示

方法，从而为数据的加密与管理提供灵活的解决方案。通过使用 Ansible 的配置文件简化加密操作，读者可以体验到密码文件和自动加载密码带来的便利，提升自动化运维的效率。

通过对本任务的学习，读者不仅能够掌握 Vault 的基础操作，还将学会如何在实际工作中安全地处理大量敏感数据，并以此提升系统安全性与操作便捷性。随着对 Vault 工具的深入了解，读者将更加熟练地管理多文件加密、批量加/解密操作并实现密码的动态管理。这将极大地提高读者在自动化运维中的数据保护意识和能力，使读者在处理复杂的运维问题时能够更加高效和从容。同时，本任务还将为读者理解 Ansible 高级特性奠定坚实的基础，帮助读者提升在复杂环境下实施数据安全策略的信心和能力。

【任务分析】

（1）规划节点

使用银河麒麟高级服务器操作系统规划节点，如表 5-5 所示。

表 5-5　规划节点

IP 地址	主机名	节点
192.168.200.10	ansible	银河麒麟高级服务器操作系统控制节点
192.168.200.11	client1	银河麒麟高级服务器操作系统控制节点
192.168.200.12	client2	银河麒麟高级服务器操作系统控制节点

（2）基础准备

在进行 VMware Workstation Pro 软件的实操练习时，首先启动软件并选择"创建新的虚拟机"选项，打开安装向导，在安装向导中选择使用典型配置，设置虚拟机参数，包括分配 4 个虚拟 CPU、4GB 内存和 40GB 磁盘空间，并选择 NAT 模式作为网络设置，同时分配静态 IP 地址 192.168.200.10。指定加载 Kylin-Server-10-SP2-Release-Build09-20210524-x86_64.iso 镜像文件作为启动介质，完成虚拟机的各项配置后启动虚拟机，按照引导完成系统安装。设置主机名为 ansible，建议设置主机密码为 Kylin2024。按照相同的配置步骤新建另外两台虚拟机，静态 IP 地址分别配置为 192.168.200.11 和 192.168.200.12，主机名分别设置为 client1 和 client2，主机密码同样设置为 Kylin2024。接下来请务必记得关闭防火墙及 SELinux，具体命令如下。

```
[root@client1 ~]# systemctl stop firewalld
[root@client1 ~]# setenforce 0
```

【任务实施】

（1）基本使用与操作

在 Ansible 中，Vault 是用来加密敏感数据的重要工具。使用它可以安全地保护诸如密码、API 密钥等私密信息，防止它们在 Playbooks 中以明文形式出现。为了展示这一功能，下面将通过一系列操作来创建加密文件，并在 Playbooks 中使用这些加密文件，确保敏感数据不会被泄露。

当需要加密一个文件时，假设该文件名为 secrets.yml。执行以下命令来加密这个文件。

```
[root@ansible ~]# ansible-vault create secrets.yml
```

系统会提示输入密码，这里的密码可以设置为"Kylin2024"（可以自定义），输入完成后会自动打开编辑器，在编辑器中可以填写 API 密钥等敏感数据，具体命令如下。

```
api_key: "Kylin Ansible 2024 Vault Test"
```

保存文件并退出编辑器后，可以查看 secrets.yml 文件，具体命令如下。此时可以看到文件被加密，内容将无法直接读取。

```
[root@ansible ~]# cat secrets.yml
$ANSIBLE_VAULT;1.1;AES256
663963313666326366383638323138636263346632633662393032316136343737643223
63933656
```

编写 Playbooks 文件，使用这个加密文件中的变量，具体命令如下。

```
[root@ansible ~]# vim use_vault.yml
```

在编辑器中输入以下内容。

```
---
- hosts: all
  vars_files:
    - secrets.yml
  tasks:
    - name: 显示 API 密钥
```

```
    debug:
        msg: "API 密钥 是 {{api_key}}"
```

在这个 Playbooks 中，通过 vars_files 来加载加密的 secrets.yml 文件，使用 debug 模块来输出其中的 API 密钥。

保存文件并退出编辑器后，执行以下命令来执行 Playbooks。

```
[root@ansible ~]# ansible-playbook use_vault.yml --ask-vault-pass
```

系统会提示输入加密文件的密码。输入密码后，Playbooks 将会解密 secrets.yml 并输出 API 密钥，命令及执行结果如下。

```
[root@ansible ~]# ansible-playbook use_vault.yml --ask-vault-pass
Vault password:

# 输出省略
TASK [显示 API 密钥] **********************************************************
ok: [app1] => {
    "msg": "API 密钥 是 Kylin Ansible 2024 Vault Test"
}
```

如果需要修改加密文件，则可以使用 edit 命令。接下来修改 secrets.yml 的内容，具体命令如下。

```
[root@ansible ~]# ansible-vault edit secrets.yml
Vault password:
```

输入密码后，编辑器会打开文件，修改完成后文件会自动加密。

```
api_key: "Kylin Ansible 2024 Vault Test 123"
```

已经存在的文件同样可以通过 Vault 进行加密。假设有一个未加密的文件 plain.yml，则可以使用以下命令将其加密。

```
[root@ansible ~]# vim plain.yml
这是准备加密的内容
[root@ansible ~]# ansible-vault encrypt plain.yml
New Vault password:
Confirm New Vault password:
Encryption successful
[root@ansible ~]# cat plain.yml
$ANSIBLE_VAULT;1.1;AES256
36343331313766656666261353861
```

这样，文件内容就会被加密为 Vault 格式。如果需要解密这个文件，则可以使用以下命令。

```
[root@ansible ~]# ansible-vault decrypt plain.yml
Vault password:
Decryption successful
[root@ansible ~]# cat plain.yml
这是准备加密的内容
```

此时，文件将恢复为未加密状态。

（2）查看加密文件的内容

在某些情况下，可能只需要查看加密文件的内容，而不需要对其进行修改。Vault 提供了 view 命令，允许在不解密文件的情况下查看其内容。这个功能非常适合在需要检查加密文件的内容时使用，特别是当只想确认其中的数据是否正确，而不打算修改数据时。具体操作如下。

执行以下命令来查看加密文件的内容。

```
[root@ansible ~]# ansible-vault view secrets.yml
```

当执行这条命令时，系统会要求输入文件的解密密码。正确输入密码后，Vault 会在不解密文件的情况下显示文件的解密内容，但并不会对文件进行任何修改。文件的加密状态保持不变。

```
Vault password:
api_key: "Kylin Ansible 2024 Vault Test 123"注意事项:
```

注意:

① 只读模式。view 命令以只读模式运行，不会对文件进行解密或修改，仅显示解密后的内容。它与 edit 命令不同，edit 命令允许编辑文件内容，保存时文件会重新加密，而 view 命令不会对文件产生任何影响。

② 安全性。由于文件在执行 view 命令时不会被解密或保存到磁盘，因此该命令在读取敏感数据时更安全，避免了文件的非预期修改。查看加密文件后，文件仍然处于加密状态。

（3）修改加密文件的密码

在某些场景下，可能需要修改加密文件的密码。Vault 提供了 rekey 命令来实现这一功能。该命令可以为加密文件更换密码，保证文件在加密状态下的灵活管理。

rekey 命令的操作过程非常简单。为加密文件设置新的密码，具体命令如下。

```
[root@ansible ~]# ansible-vault rekey secrets.yml
```

执行这条命令后，系统会提示输入当前加密文件的密码，用以验证用户的操作权限，输入密码的结果如下。

```
Vault password: ********
```

验证通过后，系统将要求输入新的密码，输入密码的结果如下。

```
New Vault password: ********
Confirm New Vault password: ********
```

完成密码确认后，Vault 会自动为 secrets.yml 文件更换新的加密密码。

（4）单字符串加密

Vault 不仅支持加密整个文件，还支持加密单变量（如单字符串）。这种方式适用于只需要对某些特定的敏感数据进行加密，而不必加密整个 Playbooks 文件的场景。例如，在 Playbooks 中使用密码、API 密钥或其他敏感数据时，可以通过 encrypt_string 命令加密这些数据，然后将加密后的数据直接嵌入 Playbooks 中。

对单字符串进行加密，具体命令如下。

```
[root@ansible ~]# ansible-vault encrypt_string 'Kylin2024' --name 'root_password'
```

在这个命令中，"Kylin2024"是想要加密的字符串，"root_password"是为加密的字符串指定的名称。命令执行后，系统将返回加密后的内容，并且格式如下。

```
New Vault password:
Confirm New Vault password:
root_password: !vault |
          $ANSIBLE_VAULT;1.1;AES256
          303066363566626639646464646
```

将这个加密后的字符串嵌入 Playbooks 中。可以创建一个新的 Playbooks 文件 secure_vars.yml，具体命令如下，并将加密后的字符串直接写入其中。

```
[root@ansible ~]# vim secure_vars.yml
```

在编辑器中输入以下内容。

```
---
- hosts: all
```

```
    vars:
      root_password: !vault |
              $ANSIBLE_VAULT;1.1;AES256
3038316535611386565623037346437393838643934623136396139346266346630303236646
26165
3165663164346234616638326334303164346636336161310a3266633566633166333356466
43533
3037396432663737646636613538373665613631666363656139343831616432656466161613
13837
     3135633061393766330a323139663930363166616262353135363637303436303065303
861653736
        3932

    tasks:
     - name: 显示加密的密码
       debug:
          msg: "加密的密码是 {{ root_password }}"
```

在这个 Playbooks 中，root_password 变量已经被加密。可以使用 debug 模块来输出它的真实值，解密操作会在 Playbooks 执行时自动完成。

执行这个 Playbooks，具体命令如下。

```
[root@ansible ~]# ansible-playbook secure_vars.yml --ask-vault-pass
Vault password:
# 输出省略

TASK [显示加密的密码] *******************************************************
ok: [app1] => {
    "msg": "加密的密码是 Kylin2024"
}
ok: [app2] => {
    "msg": "加密的密码是 Kylin2024"
}
```

系统会提示输入 Vault 的密码。输入密码后，Playbooks 将自动解密 secret_password 变量，并在任务中显示其真实值。

（5）批量加密文件

在加密多个文件时，逐个加密文件可能会显得非常烦琐，特别是在需要加密大量文件的场景中。为了简化操作，Vault 支持批量加密文件。可以使用通配符来一次性加密指定目录下的所有目标文件。例如，加密 files 目录下的所有扩展名为.yml 的文件，具体命令如下。

```
[root@ansible ~]# ansible-vault encrypt files/*.yml
```

此命令会自动遍历 files 目录，并对该目录下的每一个扩展名为.yml 的文件进行加密。这种操作简便，无须为每个文件单独执行加密命令，极大地提高了工作效率。

为了进一步提高自动化的效率，还可以使用密码文件来动态管理加密文件的密码。

在 files 目录下创建两个扩展名为.yml 的文件。创建第一个文件 file1.yml，具体命令如下。

```
[root@ansible ~]# mkdir files
[root@ansible ~]# vim files/file1.yml
```

在编辑器中输入以下内容。

```
---
```

```
api_key: "example_api_key_1"
```

保存文件并退出编辑器。创建第二个文件 file2.yml，具体命令如下。

```
[root@ansible ~]# vim files/file2.yml
```

在编辑器中输入以下内容。

```
---
api_key: "example_api_key_2"
```

保存文件并退出编辑器。现在，files 目录下有两个文件：file1.yml 和 file2.yml。对这两个文件进行批量加密，具体命令如下。

```
[root@ansible ~]# ansible-vault encrypt files/*.yml
New Vault password:
Confirm New Vault password:
Encryption successful
```

系统会提示输入加密密码，输入密码后，files 目录下的所有扩展名为.yml 的文件都将被加密。

（6）基于文件加密

为了进一步提高自动化的效率，还可以使用密码文件来动态管理加密文件的密码。通过创建一个包含密码的文本文件，可以避免每次执行加密或解密时手动输入密码。创建一个密码文件 vault_pass.txt，并在文件中输入密码，具体命令如下。

```
[root@ansible ~]# vim vault_pass.txt
Kylin2024
```

保存文件并退出编辑器后，可以在执行 Playbooks 或对文件进行加密时，通过--vault-password-file 参数指定这个密码文件。这样，Ansible 将自动读取文件中的密码，省略手动输入密码的步骤。例如，执行以下命令执行 Playbooks。

```
[root@ansible ~]# ansible-vault encrypt files/*.yml --vault-password-file=vault_pass.txt
Encryption successful
```

这条命令会自动读取 vault_pass.txt 中的密码来解密文件夹中的全部文件，简化了操作流程。

通过密码文件来批量加密这些文件，具体命令如下。

```
[root@ansible ~]# ansible-vault decrypt files/*.yml --vault-password-file=vault_pass.txt
Decryption successful
```

使用密码文件可以避免在每次执行加密或解密操作时手动输入密码，同时确保所有加密文件使用统一的密码。

（7）基于 Ansible 配置文件完成加密和解密

Vault 提供了一种简化管理加密文件密码的方式，读者可以通过在 Ansible 配置文件中指定密码文件路径，实现自动加载加密文件密码的功能，省略手动输入密码的步骤。在实际的运维中，这种方式可以极大地提高工作效率，特别是在需要频繁操作加密文件的场景中。

创建包含 Vault 密码的文件，具体命令如下。该密码文件将用于自动解密由 Vault 加密的文件。

```
[root@ansible ~]# vim vault_password.txt
```

在文件中输入加密时使用的密码，如以下密码。

```
ansible config password
```

为了确保密码文件的安全性，需要为其设置合适的权限，限制其他用户的访问，具体命令如下。

```
[root@ansible ~]# chmod 600 vault_password.txt
```

将密码文件路径添加到 Ansible 配置文件中（ansible.cfg 是 Ansible 配置文件），通过配置密码文件路径，Ansible 可以在需要时自动加载配置文件中的密码。编辑配置文件，具体命令如下。

```
[root@ansible ~]# vim /etc/ansible/ansible.cfg
```

在文件中添加以下内容。在 defaults 配置项中指定密码文件路径。

```
[defaults]
vault_password_file = /root/vault_password.txt
```

这样，每次执行涉及加密文件的命令时，Ansible 都会自动从该路径加载密码文件中的密码。

创建一个需要加密的变量文件。该文件包含敏感的数据库密码信息，使用 Vault 对其进行加密。创建 secrets-cfg.yml 文件，具体命令如下。

```
[root@ansible ~]# vim secrets-cfg.yml
```

在文件中输入数据库密码等敏感信息，具体命令如下。

```
db_password: "mysecretpassword"
```

保存文件后，使用 Vault 对其进行加密，具体命令如下。

```
[root@ansible ~]# ansible-vault encrypt secrets-cfg.yml
Encryption successful
```

加密完成后，文件将不再以明文形式显示，而是通过加密算法进行保护。接下来，创建一个简单的 Playbooks 来引用这个加密的变量文件。创建 cfg-playbook.yml 文件，具体命令如下。

```
[root@ansible ~]# vi cfg-playbook.yml
```

在文件中输入以下内容，引用加密的变量文件并输出数据库密码。

```
- hosts: all
  vars_files:
    - secrets-cfg.yml
  tasks:
    - name: 输出数据库密码
      debug:
        msg: "数据库密码是 {{db_password}}"
```

由于已经在配置文件中指定了密码文件，因此执行 Playbooks 时，不再需要手动输入密码。Ansible 会自动从配置的路径加载密码文件中的密码并解密加密的变量文件。执行 Playbooks，具体命令如下。

```
[root@ansible ~]# ansible-playbook playbook.yml
```

执行结果如下。

```
TASK [输出数据库密码] *******************************************************
ok: [localhost] => {
    "msg": "数据库密码是 mysecretpassword"
}
```

通过这种方式，密码文件的管理将会更加自动化和高效。无论是在大型项目中频繁操作加密文件，还是在日常运维中处理多个加密文件，自动加载加密文件密码功能可以简化操作流程，避免手动输入密码时的错误或遗漏。

项目小结

通过对本项目的学习，读者应全面掌握Ansible的核心模块及其在自动化运维中的应用。在对Ansible模块深入应用的学习中，读者学会了如何创建、删除和管理系统用户，配置用户组和权限，并熟练掌握了文件和目录的操作及权限设置。通过对命令和shell模块的深入学习，读者能够在远程主机上高效地执行命令和进行脚本操作，获取系统状态和管理进程。此外，读者还理解了如何利用模块动态生成配置文件，并通过service模块确保关键服务的正常运行与自动化管理。

在对Playbooks的设计与高级特性的学习中，读者掌握了如何编写结构化的

Playbooks,理解了条件判断、循环和任务控制等高级特性,能够高效地编写复杂的自动化任务。

在对Vault的安全实践的学习中,读者学会了如何加密和保护敏感数据,确保自动化流程中敏感数据的安全性。

通过对本项目的学习,读者具备了利用Ansible完成复杂运维任务的能力,为将来在大规模系统管理中高效、安全地完成工作奠定了坚实的基础。

课后练习

1. 【单选题】Ansible 中管理用户的主要模块是哪个?(　　)
   A. service　　　　B. shell　　　　C. user　　　　D. file

2. 【单选题】Ansible 中执行远程命令的模块是哪个?(　　)
   A. copy　　　　B. shell　　　　C. template　　　　D. user

3. 【多选题】以下哪些操作可以通过 Ansible 实现?(　　)
   A. 批量安装软件包　　　　　　B. 执行远程命令
   C. 配置文件加密　　　　　　　D. 修改操作系统内核

4. 【多选题】Vault 的功能包括哪些?(　　)
   A. 加密敏感数据　　　　　　　B. 删除不必要的文件
   C. 保护加密文件的安全　　　　D. 更改加密文件的密码

5. 【判断题】Ansible 可以在没有代理程序的情况下管理多台远程主机。(　　)

实训练习

1. 使用Ansible,创建一个Playbooks,通过user模块在远程主机上创建一个名为testuser的用户,并将其添加到wheel组中,确保其家目录被正确创建并设置合适的权限。

2. 编写一个Playbooks,使用template模块生成Apache的虚拟主机配置文件,并确保在文件生成后通过service模块重启Apache服务以应用新配置。

项目 6

Ansible进阶与最佳实践

📖 项目描述

　　随着自动化运维和批量部署技术的发展，Ansible Roles已成为高效管理和部署服务的重要工具。本项目将帮助读者深入掌握Ansible Roles的高级用法，并能够利用其实现快速、标准化的服务部署。本项目聚焦于Ansible Roles的高级应用，以帮助读者掌握模块化管理与自动化部署。

　　通过本项目的学习，读者将系统掌握Ansible Roles的实际应用，为未来高效运维和大规模自动化部署奠定坚实基础。

学习目标

知识目标

- 理解 Roles 的基本概念及其在自动化运维中的作用。
- 了解 Roles 在简化 Playbooks 的编写和维护中的优势及其在实际项目中的应用场景。
- 掌握通过 Roles 实现依赖管理的原理与机制。

能力目标

- 能够独立创建、管理并配置 Roles，优化自动化任务执行。
- 能够基于 Roles 快速部署 MariaDB 数据库，并对其进行配置管理。
- 能够熟练使用 Ansible 工具，通过 Roles 管理复杂的服务部署流程。

素养目标

- 具备模块化思维，能够将复杂任务拆解为可维护的模块。
- 提高项目管理与团队协作能力，能够在实际运维中应用自动化工具优化流程。

任务分解

本项目的目标是让读者掌握Roles的高级用法及其在实际项目中的应用技能。为了帮助读者系统地学习和掌握这些内容，本项目划分为两个具体任务。

首先，读者将学习Roles的高级用法与管理，了解如何通过Ansible的Roles机制，对任务、变量、文件等内容进行模块化管理。内容包括Roles的目录结构、编写任务文件、变量管理以及使用模板文件生成配置文件。通过实践，读者将理解如何利用Roles简化Playbooks的编写与维护，并在实际场景中实现高效的自动化运维。其次，读者将学习如何基于Roles快速部署MariaDB数据库。内容包括安装MariaDB、配置数据库用户和权限、使用模板生成配置文件等操作。读者还将学习如何通过Ansible模块进行数据库的创建与管理，并通过依赖管理机制自动执行所需的前置任务，最终实现MariaDB数据库的快速部署与配置。

通过依次完成这两个任务，读者将逐步掌握Roles的高级用法和实践应用，为今后在复杂系统环境中实现自动化运维打下坚实基础。项目6任务分解如表6-1所示。

表 6-1 项目 6 任务分解

任务	任务目标	安排课时
任务 6.1 Roles 的高级用法与管理	掌握 Roles 的高级用法与管理	3
任务 6.2 基于 Roles 快速部署 MariaDB	学习使用 Roles 自动化部署 MariaDB	3
总计		6

![图标] **知识准备**

6.1 Roles 的基本概念

在现代 IT 运维中，自动化技术逐渐成为企业提升效率、减少人为错误的重要手段。Ansible 作为一个无代理的自动化工具，因其简洁、易用、功能强大而备受青睐。而 Roles 功能是 Ansible 的一项核心机制，它将任务分解为独立的组件，简化了复杂系统的管理。

1. Roles 概述与作用

在大规模系统或复杂应用中，Roles 能够有效管理多项任务，使得运维工作变得更加系统化和高效。

Roles 的核心作用如下。

（1）模块化管理：将复杂的运维任务分解为独立的模块，使每个模块都能聚焦于特定的功能或服务。

（2）提升可复用性：通过模块化结构，Roles 可以轻松在不同的项目中重复使用，有助于节省时间并提高工作效率。

（3）简化运维流程：Roles 使得运维团队能够快速部署和配置大规模系统，其在云环境或多服务环境中的表现尤为突出。

2. Roles 的目录结构

Roles 的目录结构为用户提供了明确的组织方式，使得任务、变量、文件、模板等内容都能被有条理地管理。标准的 Roles 的目录结构如下。

```
roles/
└── role_name/
    ├── defaults/       # 定义默认变量
    ├── files/          # 存放需要分发到目标主机的文件
    ├── handlers/       # 定义触发动作，如服务重启
    ├── meta/           # 存放 Roles 的元数据与依赖管理
    ├── tasks/          # 存放核心任务文件，定义执行的任务
    ├── templates/      # 存放 Jinja2 模板文件，用于动态生成配置文件
    ├── vars/           # 定义变量
    └── README.md       # 可选的文档说明
```

重要目录说明如下。

① tasks：核心部分，用于定义一系列要在远程主机上执行的任务。

② handlers：用于定义事件处理器，通常在配置文件修改后触发，常用于重启服务。

③ templates：存放 Jinja2 模板文件，用于根据变量动态生成配置文件。

④ meta：用于管理 Roles 的依赖关系，可以定义在当前 Roles 执行前需要完成的其他 Roles。

⑤ vars 与 defaults：用于定义变量，defaults 中的变量是默认变量，优先级较低，而 vars 中的变量具有更高的优先级。

这种目录结构有助于将复杂的任务分解为独立的功能模块，确保不同的任务和资源可以被合理地组织及调用。

3. 模板化配置管理与 Jinja2

Ansible 通过 Jinja2 模板引擎动态生成配置文件，适应不同环境（开发、测试、生产），避免手动维护的烦琐与错误。Jinja2 支持变量、条件判断、循环等，可实现灵活配置。模板文件存放于 templates 目录，变量由 Playbooks 或 Roles 的 vars 传递，使运维管理更高效、统一。

4. 依赖管理与任务顺序控制

在复杂系统中，不同的服务之间往往存在依赖关系，例如，Web 服务器依赖于数据库服务，数据库服务则可能依赖于基础系统环境的配置。为了确保这些服务能按正确的顺序部署，Ansible 提供了依赖管理功能。

依赖管理通过 Roles 的 meta 目录中的 main.yml 文件实现。通过定义依赖关系，Ansible 会自动确保在执行当前 Roles 之前，先执行它所依赖的 Roles。例如，一个 Roles 用于配置 Web 服务器（Web 服务器 Roles），另一个 Roles 用于安装和配置数据库（数据库 Roles）。在 Web 服务器 Roles 的 meta/main.yml 中可以定义对数据库 Roles 的依赖，具体命令如下。

```
dependencies:
  - role: database_role
```

这样，在执行 Web 服务器 Roles 之前，Ansible 会先执行数据库 Roles，确保数据库已配置完成。这种机制可帮助系统管理员更好地控制复杂环境中的任务执行顺序，避免出现服务无法启动或依赖未满足的问题。

5. 事件驱动与 Handlers 机制

在运维中，某些任务执行后可能需要进一步操作，如修改配置文件后需要重启服务，或者安装某个软件包后需要启用与其相关的功能。Ansible 的 Handlers 机制允许用户在某些任务完成后触发事件。

Handlers 与 Tasks 密切相关，Tasks 可以通过 notify 命令通知 Handlers 执行特定的操作。Handlers 只有在被触发时才执行操作，避免不必要的重复操作。例如，在安装并配置 Nginx 服务时，只有当服务的配置文件发生改变时，才会通知 Handlers 重启 Nginx 服务。

Handlers 通常用于处理诸如重启服务、清理缓存等操作，它们位于 handlers/main.yml 文件中，并由 Tasks 来触发执行。通过这种事件驱动的方式，Ansible 能够有效减少多余的操作，使得系统的性能和稳定性得到提升。

6. Roles 的变量管理与灵活性

变量是 Roles 的重要组成部分。Roles 通过变量可以灵活地控制任务的执行逻辑和行为。Ansible 提供了多层级的变量管理机制，确保不同优先级的变量能够适应不同的应用场景。

（1）defaults 变量：位于 defaults/main.yml 中，优先级最低，通常用于定义 Roles 的默认行为。

（2）vars 变量：位于 vars/main.yml 中，优先级高于 defaults 的优先级，用于定义当前 Roles 中特定的变量。

（3）Playbooks 传递变量：当调用 Roles 时，用户可以通过 Playbooks 传递变量，覆盖 Roles 中的默认变量。

这种多层级的变量管理确保了 Roles 的灵活性。例如，在不同的环境中，用户可以通过传递不同的变量来控制服务安装的版本或配置文件的路径。

7. Roles 在大规模集群中的应用

Roles 在大规模集群中尤为有用。随着云计算的发展，企业常常需要管理成百上千台服务器，这些服务器可能分布在多个数据中心、地域或云平台。通过 Roles，系统管理员可以快速、统一地在这些服务器上部署应用、管理配置，并确保服务的一致性。

（1）典型的应用场景

① 云环境中的自动化部署：通过 Roles，系统管理员可以在几分钟内完成大规模集群部署，如 Web 服务器集群、数据库集群等的部署。

② 多平台管理：Ansible 可以跨操作系统进行管理，Roles 通过变量和模板可以轻松适配不同的平台（如 Ubuntu、CentOS 等），确保应用在不同的环境中都能正确运行。

③ CI/CD：结合 Git 和 CI/CD 工具（如 Jenkins、GitLab CI/CD），Roles 可以自动化代码的部署和测试，缩短发布周期。

（2）Roles 的最佳实践

为了确保 Roles 在实际运维中发挥最佳效果，建议遵循以下最佳实践。

① 保持 Roles 的模块化：将每个 Roles 限制在一个具体的功能范围内，避免将过多的任务放入同一个 Roles 中。

② 复用与共享：尽可能地利用 Ansible Galaxy 或自定义的 Roles 仓库，减少重复开发，提升工作效率。

③ 保持 Roles 的灵活性：合理使用变量和模板，使 Roles 能够在不同的环境中灵活适应。

④ 注重日志和错误处理：为每个关键步骤添加日志输出，并处理可能的错误，以便调试和维护。

Roles 为自动化运维提供了极大的便利和灵活性。通过 Roles 的模块化设计、依赖管理、模板生成和变量管理，运维团队能够快速、高效地管理大规模集群和复杂的应用环境。在未来的自动化运维领域，Roles 将继续扮演重要角色，帮助企业应对日益增长的系统复杂性和业务需求。

6.2 Roles 的高级应用与设计

Ansible 是当今自动化运维工具的中坚力量，因其无代理、简单易用的特性而广泛应用于各种 IT 环境中。在 Ansible 的众多功能中，Roles 为复杂任务提供了模块化和可重用的结构。虽然 Roles 的基础用法已经能够解决很多常见的运维问题，但在更大规模、更复杂的环境中，理解和掌握 Roles 的高级应用与设计将极大地提升自动化的灵活性、可维护性和可扩展性。

1. Roles 的高级组织与管理

在规模化的自动化任务中，Roles 的模块化管理已经成为最佳实践。随着系统规模的扩大和复杂度的增加，单个 Roles 往往不足以应对所有的任务需求。此时，可以通过设计多层级的 Roles 结构来更好地组织和管理任务。

（1）多层级的 Roles 结构：在复杂的运维环境中，可以通过嵌套 Roles 的方式来组织和管理任务。例如，一个基础的 Roles 可以管理系统的初始配置，如关闭防火墙、更新软件包等；另一个 Roles 负责部署特定的应用程序。通过这种方式，开发者可以将每个独立任务分配到不同的 Roles 中，且每个 Roles 都可以单独复用。例如，一个常见的 Web 服务部署可能需要多个步骤：操作系统基础设置、Web 服务器安装、数据库配置等。通过将这些步骤分别拆分成多个 Roles，开发者可以灵活地组合和复用它们，以提升开发和运维效率。

（2）版本化管理：为了确保 Roles 在不断演进的过程中保持稳定性，可以使用版本化策略来管理 Roles 的变更。在实际开发中，通过在 meta/main.yml 文件中标记 Roles 的版本号，并结合版本控制工具（如 Git）进行版本管理，可以避免不兼容变更对生产环境的影响。对于大规模团队来说，版本化的 Roles 能够确保不同开发团队或项目的一致性。

2. Roles 的灵活性与动态适配

在实际运维过程中，不同的环境可能有不同的需求。为提升 Roles 的通用性和适应性，设计灵活的变量输入机制和实现模板化设计尤为重要。Ansible 中的变量输入机制和模板化设计，使得同一个 Roles 能够在不同的场景下灵活适应。

（1）动态变量管理：通过将变量分层管理（如在 defaults 和 vars 中定义变量），Roles 可以灵活适应不同场景的需求。例如，在不同的部署场景下，可以通过传入不同的端口号、文件路径或服务配置，来控制 Roles 执行不同的操作。这样，Roles 不仅可以复用，还能根据外部参数的输入调整其行为。

（2）模板化配置文件生成：通过使用 Jinja2，Roles 能够根据传入的变量动态生成配置文件。例如，Roles 可以根据用户输入的不同变量值，动态生成符合实际需求的配置文件内容，而无须为每个环境分别编写配置文件。这种模板化设计不仅简化了配置管理，还能大幅减少错误和维护成本。

（3）跨平台适配：在复杂的多平台环境中，操作系统及其服务的配置和行为差异较大。通过内置变量（如 ansible_os_family）和条件判断（如 when），Roles 能够根据目标主机的操作系统类型动态调整任务。这样，一个 Roles 就能在多个平台上无缝运行，而无须针对每个平台创建单独的 Roles。

3. Roles 中的错误处理与调试

在大型运维任务中，错误处理与调试尤为关键。由于自动化任务往往涉及多个步骤和不同的服务，因此确保系统能够在错误发生时处理、恢复或通知系统管理员至关重要。

（1）错误处理机制：Ansible 允许通过 ignore_errors 选项来忽略某些非关键任务的错误，这使得其他任务能够继续执行。此外，通过 retries 和 delay 选项，用户可以设置任务失败后的自动重试，这在应对网络波动或资源暂时不可用的情况非常有用。

（2）Roles 的分步调试：在开发和调试过程中，可以使用 Ansible 的--step 参数分步执行任务，帮助开发者检查每个步骤的执行情况。这种方式能帮助开发者快速定位问题，尤其是在大型 Playbooks 或 Roles 的执行过程中，分步调试能有效避免出现未预见的错误。

（3）Molecule 测试框架：在 Roles 开发完成后，Molecule 测试框架可以帮助系统管理员对 Roles 进行项目测试。它允许在本地或 CI/CD 管道中模拟不同的执行环境，验证 Roles 在各种条件下的行为是否符合预期。通过编写测试用例，Molecule 测试框架可以检测到 Roles 中的潜在问题，避免在生产环境中出现意外。

4. 动态 Inventory 与自动扩展

随着云计算和容器技术的广泛应用，企业的基础设施变得越来越动态。传统的静态 Inventory 无法满足现代自动化需求，Ansible 通过动态 Inventory 实现了对不断变化的基础设施的自动化管理。

动态 Inventory 工作原理：动态 Inventory 通过云提供商（如 AWS、Azure、GCP）的 API 或容器编排工具（如 Kubernetes、Docker Swarm）获取实时的主机列表。当实例启动或销毁时，动态 Inventory 会自动更新并提供最新的主机信息，从而确保 Ansible 始终与实际环境保持一致。这种机制允许系统管理员根据实际的系统状态自动执行相关的 Roles。

动态扩展与销毁的结合：结合动态 Inventory，Ansible 可以实现自动化的资源管理。例如，当 AWS 的 EC2 实例自动扩展时，Ansible 可以基于最新的 Inventory 执行 Roles 来配置新实例上的服务。相反，当实例销毁时，Ansible 也能根据更新后的 Inventory 清理相应的配置文件或监控任务。这种自动化能力极大地提升了 Ansible 在云环境下的灵活性和适应性。

5. 安全与合规性管理中的 Roles 应用

随着企业对安全与合规性要求的不断提升，自动化工具在实施安全策略和管理合规性方面变得越来越重要。通过 Roles，运维团队可以自动化管理系统的安全配置，确保其符合合规性要求。

安全基线配置：运维团队可以通过 Roles 为服务器应用一致的安全基线配置。这包括常见的安全措施，如禁用不必要的服务、配置防火墙规则、设置日志审计等。通过自动化，所有服务器都能应用统一的安全策略，避免手动操作带来的安全隐患。

合规性检查与修复：通过 Ansible 中的 assert 模块，Roles 可以对系统进行合规性检查。例如，检查密码策略、用户权限配置等是否符合企业合规性要求。当发现不符合合规性要求的策略或配置时，Roles 还可以自动修复其中存在的问题，确保系统始终符合要求。

自动化安全补丁管理：Roles 可以定期检查并应用系统的安全补丁，确保服务器始终处于最新的安全状态。通过自动化安全补丁管理，企业能够降低因系统漏洞带来的风险，并确保合规性要求中的补丁应用策略得到执行。

6. Roles 的最佳实践

在实际应用中，遵循 Roles 的最佳实践能够大幅提升自动化任务的稳定性和可维护性。

（1）模块化设计：确保每个 Roles 只关注一个特定的任务或服务。通过将任务分解为小型、独立的 Roles，不仅可以提高 Roles 的可复用性，还能简化维护和调试过程。

（2）Roles 依赖管理：通过 meta/main.yml 文件中的 dependencies 字段定义 Roles 之间的依赖关系，确保各个 Roles 的执行顺序正确。这种方法可以确保某些基础 Roles（如基础系统配置）在其他应用 Roles 之前被执行，避免服务依赖未满足的情况出现。

（3）CI/CD：结合 CI/CD 工具，如 Jenkins、GitLab CI，Roles 可以在代码变更后自动触发相应的任务，实现 CI/CD。这种方式缩短了软件发布周期，提升了代码质量和运维效率。

（4）Ansible Galaxy 的使用与扩展：通过 Ansible Galaxy，开发者可以下载并使用社区提供的 Roles，同时还可以将自定义的 Roles 上传至 Ansible Galaxy 与他人共享。借助这一平台，企业可以更快地完成常见任务的自动化，并结合已有的 Roles 进行扩展。

Roles 是现代自动化运维的重要组成部分，其模块化、动态化、灵活的特性能够为大规模运维任务提供极大的便利。在大型系统环境中，Roles 不仅可以简化复杂任务，还可以通过版本控制、模板化配置、错误处理和动态扩展等高级功能，使自动化任务更具适应性和可维护性。

任务 6.1 Roles 的高级用法与管理

【任务描述】

在本任务中，读者将学习如何使用 Ansible 的 Roles 机制，通过模块化的方式管理和部署 Apache 服务。首先，本任务将介绍如何使用 ansible-galaxy init 命令创建一个基础的 Roles，并通过编写 tasks、handlers 和 templates 等文件来自动化 Apache 的安装、启动和配置。其次，本任务将展示如何通过自定义的变量和模板动态生成 Apache 配置文件，确保每个网站都能够通过不同的端口和路径进行访问。通过这些操作，读者将掌握在复杂环境中使用 Roles 高效管理多个服务的技巧。

微课

任务 6.1 实操演示

【任务分析】

（1）规划节点

使用银河麒麟高级服务器操作系统规划节点，如表 6-2 所示。

表 6-2 规划节点

IP 地址	主机名	节点
192.168.200.10	ansible	银河麒麟高级服务器操作系统控制节点
192.168.200.11	client1	银河麒麟高级服务器操作系统控制节点
192.168.200.12	client2	银河麒麟高级服务器操作系统控制节点

（2）基础准备

在进行 VMware Workstation Pro 软件的实操练习时，首先启动软件并选择"创建新的虚拟机"选项，打开安装向导，在安装向导中选择使用典型配置，设置虚拟机参数，包括分配 4 个虚拟 CPU、4GB 内存和 40GB 磁盘空间，并选择 NAT 模式作为网络设置，同时分配静态 IP 地址 192.168.200.10。指定加载 Kylin-Server-10-SP2-Release-Build09-20210524-x86_64.iso 镜像文件作为启动介质，完成虚拟机的各项配置后启动虚拟机，按照引导完成系统安装。设置主机名为 ansible，建议设置主机密码为 Kylin2024。按照相同的配置步骤新建另外两台虚拟机，静态 IP 地址分别配置为 192.168.200.11 和 192.168.200.12，主机名分别设置为 client1 和 client2，主机密码同样设置为 Kylin2024。接下来请务必记得关闭防火墙及 SELinux，具体命令如下。

```
[root@client1 ~]# systemctl stop firewalld
[root@client1 ~]# setenforce 0
```

【任务实施】

（1）Roles 的基本使用

Ansible 的 Roles 是用于组织和重用 Playbooks 的重要机制。通过 Roles，开发者可以对 Playbooks 中的任务、变量、文件、模板等内容进行模块化管理，使其更加简洁和可维护。下面将通过一个具体示例介绍如何使用 Roles 管理 Apache 服务。

创建一个 Roles，假设这个 Roles 用于管理 Apache 服务。在终端中创建一个 Roles，具体命令如下。

```
[root@ansible ~]# ansible-galaxy init apache_role
- apache_role was created successfully
```

此命令会自动生成一个完整的 Roles 目录结构，包括 handlers、tasks、templates、files 等目录，生成的目录结构如下。

```
apache_role/
├── defaults
│   └── main.yml
├── handlers
│   └── main.yml
├── tasks
│   └── main.yml
├── templates
├── files
├── vars
│   └── main.yml
└── meta
    └── main.yml
```

在 tasks/main.yml 文件中，可以定义具体的任务，如安装 Apache 服务并确保其正常运行。接下来编写一个 Playbooks，定义 Apache 服务的安装、启动和启用，具体命令如下。

```
[root@ansible ~]# cd apache_role/
[root@ansible apache_role]# vim tasks/main.yml
# apache_role 的任务文件
- name: 安装 httpd 服务
  package:
    name: httpd
```

```
      state: present

  - name: 启动并启用 httpd 服务
    service:
      name: httpd
      state: started
      enabled: yes
```

上述代码中，package 模块用于确保 httpd 服务已安装，而 service 模块负责启动并启用 httpd 服务。通过这两个任务，httpd 服务将被安装并自动在系统启动时运行。

在实际应用中，更新配置文件后可能需要重启 Apache 服务。这可以通过定义事件处理器来实现。编辑 handlers/main.yml 文件，并添加以下内容。

```
[root@ansible apache_role]# vim handlers/main.yml
---
# apache_role 的处理程序文件
- name: 重启 Apache 服务
  service:
    name: httpd
    state: restarted
```

这段代码定义了一个事件处理器，当配置文件发生变化时，将自动重启 httpd 服务。

为了调用这个 Roles，需要编写一个 Playbooks。新建一个名为 site.yml 的文件，具体命令如下。

```
[root@ansible apache_role]# cd ~
[root@ansible ~]#   vim site.yml
---
- hosts: webservers
  roles:
    - apache_role
```

此 Playbooks 将在 webservers 主机组上执行，并调用刚创建的 apache_role 来管理 Apache 服务。执行 Playbooks，具体命令如下。

```
[root@ansible ~]# ansible-playbook site.yml

PLAY RECAP **********************************
 app1                          : ok=3     changed=1     unreachable=0     failed=0
skipped=0     rescued=0     ignored=0
```

通过执行这个 Playbooks，httpd 服务将会在目标主机上被安装、启动和启用，并根据 Roles 中定义的任务保持正常运行。

注意：

① 任务中使用的 package 模块和 service 模块适用于大多数 Linux 操作系统，但如果在不同操作系统中应用这些模块，则可能需要修改具体模块或包名称。

② Handlers 仅在任务中被触发时才执行操作，不会重复操作未发生变更的服务。

这样，通过使用 Roles，能够使 Playbooks 更加模块化且便于扩展，还能够简化管理。读者可以根据业务需求，进一步添加模板渲染、自定义配置文件等功能。

在 defaults/main.yml 中，定义了一些默认变量，如 apache_port 和 apache_root，将它们分别设置为 Apache 的默认监听端口 81 和根目录/var/www/html，具体命令如下。这些默认变量可以让 Roles 在不同的环境下实现灵活适应。

```
[root@ansible ~]# cd apache_role/
[root@ansible apache_role]# vim defaults/main.yml
---
apache_port: 81
apache_root: /var/www/html
```

通过 vars/main.yml 来定义更多与 Apache 相关的变量。这些变量包括 apache_user、apache_group 和 apache_log_dir，分别用于设置 Apache 运行时的用户、用户组和日志目录，具体命令如下。

```
[root@ansible apache_role]# vim vars/main.yml
---
apache_user: apache
apache_group: apache
apache_log_dir: /var/log/httpd
```

再编写 Apache 配置文件的模板文件，在 templates/apache.conf.j2 文件中，通过变量引用 {{apache_port}}和{{apache_root}}，动态生成 Apache 配置文件，具体命令如下。

```
[root@ansible apache_role]# vim templates/apache.conf.j2
# templates/apache.conf.j2
Listen {{apache_port}}
<VirtualHost *:{{apache_port}}>
    DocumentRoot "{{apache_root}}"
    ErrorLog "{{apache_log_dir}}/error.log"
    CustomLog "{{apache_log_dir}}/access.log" combined
</VirtualHost>

<Directory "{{apache_root}}">
    AllowOverride None
    Require all granted
</Directory>
```

如果需要为 httpd 服务提供一个默认的超文本标记语言（HyperText Markup Language，HTML）页面，那么可以先创建这个页面对应的文件（具体命令如下），再将其存放在 files 目录中，并在 tasks/main.yml 中添加一项任务，将该文件复制到指定的根目录下。这一步可以确保 Apache 服务启动后显示一个默认的 HTML 页面。

```
[root@ansible apache_role]# vim files/index.html
<html>
  <head><title>Apache Role</title></head>
  <body><h1>Apache 安装成功！</h1></body>
</html>
```

有了这些变量定义后，可以修改 tasks/main.yml 来实现 Apache 的安装、配置和运行，并且可以使用模板文件 apache.conf.j2 来生成 Apache 主配置文件，同时确保 Apache 服务被正确启动，具体命令如下。

```
[root@ansible apache_role]# vim tasks/main.yml
# 在文件底部追加
- name: 配置 Apache 主配置文件
  template:
    src: apache.conf.j2
    dest: /etc/httpd/conf.d/httpd_81.conf
```

```
    notify:
      - 重启 Apache 服务

  - name: 复制默认的 index.html 文件
    copy:
      src: index.html
      dest: "{{ apache_root }}/index.html"
```

执行 Playbooks，具体命令如下。

```
[root@ansible apache_role]# cd
[root@ansible ~]# ansible-playbook site.yml

PLAY [webservers] ********************************************************************

TASK [Gathering Facts] *************************************************************
ok: [app1]

TASK [base_setup_role：关闭防火墙] ********************
ok: [app1]

TASK [base_setup_role：关闭 SELinux] ********
ok: [app1]

TASK [apache_role：安装 Apache 服务] **************
ok: [app1]

TASK [apache_role：启动并启用 Apache 服务] ***************
ok: [app1]

TASK [apache_role：配置 Apache 主配置文件] *******************
ok: [app1]

TASK [apache_role：复制默认的 index.html 文件] *******************
ok: [app1]

PLAY RECAP *************************
app1                          : ok=7    changed=0    unreachable=0    failed=0
skipped=0    rescued=0    ignored=0
```

通过浏览器，访问 client1 节点的地址的格式为 "IP 地址:81"，访问效果如图 6-1 所示。

（2）Roles 的依赖管理

为了实现 Roles 的依赖管理，首先需要创建和配置 base_setup_role。这个 Roles 的作用是关闭防火墙和 SELinux，以便为 apache_role 提供一个干净的环境。在终端中，创建 base_setup_role，具体命令如下。

图 6-1　访问效果

```
[root@ansible apache_role]# cd ~
[root@ansible ~]# ansible-galaxy init base_setup_role
- base_setup_role was created successfully
```

此命令会生成一个基础的 Roles 目录结构。编辑 base_setup_role 的任务文件 tasks/main.yml，确保任务内容为关闭防火墙和 SELinux，具体命令如下。

```
[root@ansible ~]# cd base_setup_role
[root@ansible base_setup_role]# vim tasks/main.yml
---
# base_setup_role 的任务文件
- name: 关闭防火墙
  systemd:
    name: firewalld
    state: stopped
    enabled: no
- name: 关闭 SELinux
  selinux:
    state: disabled
```

在这个任务文件中，使用 systemd 模块来关闭防火墙并确保它在系统启动时不会启用，使用 selinux 模块关闭 SELinux。这些任务在执行时，会关闭目标系统的防火墙和 SELinux，确保后续安装的 Apache 服务可以正常运行。

在 apache_role 中定义 base_setup_role 的依赖关系。编辑 apache_role 的 meta/main.yml 文件，添加对 base_setup_role 的依赖，具体命令如下。

```
[root@ansible base_setup_role]# cd ..
[root@ansible ~]# cd apache_role/
[root@ansible apache_role]#
[root@ansible apache_role]# vim meta/main.yml
---
# apache_role 的元信息
dependencies:
  - role: base_setup_role
    vars:
      setup_firewall: true
```

这里的 dependencies 字段用于指定 apache_role 在执行之前需要先执行 base_setup_role。虽然传递了 setup_firewall:true 变量，但在这个例子中，具体的任务已经不依赖该变量，传递该变量主要是为了演示如何在依赖中传递参数。完成依赖关系的定义后，接下来需要创建一个顶层的 Playbooks 来执行这些 Roles。编辑或创建一个新的 site.yml 文件，定义将要应用的主机组和 Roles，具体命令如下。

```
[root@ansible apache_role]# cd ~
[root@ansible ~]# vim site.yml
---
- hosts: all
  become: yes
  roles:
    - apache_role
```

这个 Playbooks 文件会在所有主机上应用 apache_role，并且由于 apache_role 依赖 base_setup_role，在执行 apache_role 之前，Ansible 会自动执行 base_setup_role 来关闭防火墙和 SELinux。为了确保这些操作都能以 root 权限进行，在 Playbooks 中添加了 become:yes，以便在远程主机上切换到系统管理员身份。保存文件并退出编辑器后，在终端中执行 Playbooks，具体命令如下。

```
[root@ansible ~]# ansible-playbook site.yml

PLAY [webservers] *****************************************

TASK [Gathering Facts] *************************************
ok: [app1]

TASK [base_setup_role：关闭防火墙] ******************************
ok: [app1]

TASK [base_setup_role：关闭 SELinux] **************************
changed: [app1]

TASK [apache_role：安装 Apache 服务] ****************************
ok: [app1]

TASK [apache_role：启动并启用 Apache 服务] ***************************
ok: [app1]

PLAY RECAP ***********************************************
app1                        : ok=5    changed=1    unreachable=0    failed=0
skipped=0    rescued=0    ignored=0
```

可以看到，执行 Playbooks 后，Ansible 将首先执行 base_setup_role，确保防火墙和 SELinux 都被关闭，然后执行 apache_role 来安装和配置 Apache 服务。如果 Apache 的配置文件发生了更改，那么 Ansible 将根据之前定义的任务自动重启 Apache 服务。通过这种方式，可以清晰地看到 Roles 之间的依赖关系和任务执行顺序，也可以根据不同的环境调整 Roles 的具体配置和执行逻辑。

（3）使用 Roles 批量部署多个网站

下面将通过一个具体示例介绍如何使用 Roles 批量部署多个 Apache 网站，并通过不同的端口和路径来配置不同的网页内容。

创建一个 Roles，假设这个 Roles 名为 sites_role，专门用于部署多个网站。创建 Roles，具体命令如下。

```
[root@ansible ~]# ansible-galaxy init sites_role
```

生成的目录结构如下。

```
sites_role/
├── defaults
│   └── main.yml
├── handlers
│   └── main.yml
├── tasks
│   └── main.yml
├── templates
├── files
├── vars
│   └── main.yml
```

```
└── meta
    └── main.yml
```

通过 defaults/main.yml 来定义多个网站的配置参数，如名称、端口、路径和根目录。创建并编辑 defaults/main.yml，具体命令如下。

```
[root@ansible ~]# cd sites_role/
[root@ansible sites_role]# vim defaults/main.yml
```

在文件中添加以下内容。

```
---
websites:
  - name: site1
    port: 8081
    path: /site1
    root: /var/www/site1
  - name: site2
    port: 8082
    path: /site2
    root: /var/www/site2
  - name: site3
    port: 8083
    path: /site3
    root: /var/www/site3
```

这些变量定义了 3 个网站的配置参数，每个网站的配置参数都包括名称、端口、路径和根目录。

在 templates 目录下创建 Apache 配置文件的模板文件 apache_site.j2，用来生成每个网站的 Apache 配置文件。进入 templates 目录并创建模板文件，具体命令如下。

```
[root@ansible sites_role]# vim templates/apache_site.j2
```

在文件中添加以下内容。

```
# templates/apache_site.j2
Listen {{item.port}}
<VirtualHost *:{{item.port}}>
    DocumentRoot "{{item.root}}"
    ServerName localhost

    <Directory "{{item.root}}">
        AllowOverride None
        Require all granted
    </Directory>

    ErrorLog "{{item.root}}/error.log"
    CustomLog "{{item.root}}/access.log" combined

    Alias {{item.path}} "{{item.root}}"
</VirtualHost>
```

这个模板文件通过{{item.port}}和{{item.path}}等变量动态生成每个网站的 Apache 配置文件。

在 tasks/main.yml 中定义任务，用于创建网站的根目录、生成 Apache 配置文件、复制默认的 index.html 文件和重启 Apache 服务。进入 tasks 目录并编辑 main.yml 文件，具体命令如下。

```
[root@ansible sites_role]# vim tasks/main.yml
```

在文件中添加以下内容。

```
# tasks/main.yml
- name: 创建网站的根目录
  file:
    path: "{{item.root}}"
    state: directory
  loop: "{{websites}}"

- name: 生成每个网站的 Apache 配置文件
  template:
    src: apache_site.j2
    dest: "/etc/httpd/conf.d/{{item.name}}.conf"
  loop: "{{websites}}"

- name: 复制默认的 index.html 文件
  template:
    src: index.html.j2
    dest: "{{item.root}}/index.html"
  loop: "{{websites}}"

- name: 重启 Apache 服务
  service:
    name: httpd
    state: restarted
```

这个任务文件需要确保以下几点。

① 创建每个网站的根目录。

② 根据模板文件生成对应的 Apache 配置文件。

③ 将默认的 index.html 文件复制到每个网站的根目录下。

④ 重启 Apache 服务以应用新配置。

在 templates 目录下创建默认的 index.html.j2 文件，用于显示每个网站的欢迎页面，具体命令如下。

```
[root@ansible sites_role]# vim templates/index.html.j2
<html>
  <head><title>{{item.name}} Website</title></head>
  <body>
    <h1>欢迎来到 {{item.name}} 网站！</h1>
  </body>
</html>
```

为了调用这个 Roles，需要编写 Playbooks。新建名为 site.yml 的文件，具体命令如下。

```
[root@ansible ~]# vim site.yml
```

在文件中添加以下内容。

```
---
- hosts: webservers
  roles:
    - sites_role
```

执行这个 Playbooks，具体命令如下。此时，其将在 webservers 主机组上执行，并调用

sites_role 来批量部署多个网站。

```
[root@ansible ~]# ansible-playbook site.yml
```

命令执行后，Apache 将被配置为运行多个网站。每个网站都通过不同的端口和路径进行访问。通过浏览器访问这些网站，具体命令如下。

```
[root@ansible ~]# curl 192.168.200.11:8081
<html>
  <head><title>site1 Website</title></head>
  <body>
    <h1>欢迎来到 site1 网站！</h1>
  </body>
</html>
[root@ansible ~]# curl 192.168.200.11:8082
<html>
  <head><title>site2 Website</title></head>
  <body>
    <h1>欢迎来到 site2 网站！</h1>
  </body>
</html>
[root@ansible ~]# curl 192.168.200.11:8083
<html>
  <head><title>site3 Website</title></head>
  <body>
    <h1>欢迎来到 site3 网站！</h1>
  </body>
</html>
```

通过这种方式，Roles 能够灵活地部署多个 Apache 网站，并动态配置它们的端口和路径。此外，变量的动态使用能够显著提升 Playbooks 的可扩展性和灵活性。

任务 6.2 基于 Roles 快速部署 MariaDB

【任务描述】

在本任务中，读者将深入学习如何通过 Ansible 实现 MariaDB 数据库的自动化安装与配置，并通过解析 mariadb-kylin Roles 的结构，了解各任务文件的作用。本任务涉及 MariaDB 及其依赖的安装、配置文件的动态生成、数据库的创建以及用户的管理。在具体实现过程中，读者会通过 Ansible 的不同模块（如 yum、mysql_user、mysql_db 等）执行软件包安装、用户权限分配、模板配置等一系列操作。通过 Ansible 的模块化设计，任务执行顺序得以清晰展现，自动化部署过程也变得更加高效和易于维护。

微课

任务 6.2 实操演示

通过对本任务的学习，读者不仅能够掌握使用 Ansible 来自动化数据库的安装和配置方法，还能深刻理解 Roles 的设计思路及其模块化执行方法。这为大规模数据库部署提供了可复制的解决方案，提升了运维效率。此外，读者将学习如何通过配置文件模板化和批量用户创建的方式，简化复杂的数据库管理任务。这种自动化运维的实践经验将极大地增强读者的技术能力，使读者能够在实际工作中更有效地处理数据库管理和维护任务，为今后应对更复杂的 IT 基础设施奠定坚实的基础。

【任务分析】

（1）规划节点

使用银河麒麟高级服务器操作系统规划节点，如表 6-3 所示。

表 6-3　规划节点

IP 地址	主机名	节点
192.168.200.10	ansible	银河麒麟高级服务器操作系统控制节点
192.168.200.11	client1	银河麒麟高级服务器操作系统控制节点
192.168.200.12	client2	银河麒麟高级服务器操作系统控制节点

（2）基础准备

在进行 VMware Workstation Pro 软件的实操练习时，首先启动软件并选择"创建新的虚拟机"选项，打开安装向导，在安装向导中选择使用典型配置，设置虚拟机参数，包括分配 4 个虚拟 CPU、4GB 内存和 40GB 磁盘空间，并选择 NAT 模式作为网络设置，同时分配静态 IP 地址 192.168.200.10。指定加载 Kylin-Server-10-SP2-Release-Build09-20210524-x86_64.iso 镜像文件作为启动介质，完成虚拟机的各项配置后启动虚拟机，按照引导完成系统安装。设置主机名为 ansible，建议设置主机密码为 Kylin2024。按照相同的配置步骤新建另外两台虚拟机，静态 IP 地址分别配置为 192.168.200.11 和 192.168.200.12，主机名分别设置为 client1 和 client2，主机密码同样设置为 Kylin2024。接下来请务必记得关闭防火墙及 SELinux，具体命令如下。

```
[root@client1 ~]# systemctl stop firewalld
[root@client1 ~]# setenforce 0
```

【任务实施】

（1）Roles 的解读

在任务实施之初，先解析一个 Roles，即 mariadb-kylin。该 Roles 是一个用于自动化安装和配置 MariaDB 数据库的 Ansible Roles，其目录结构如下。

```
mariadb-kylin/
├── defaults
│   └── main.yml
├── files
│   └── python3-PyMySQL-0.9.2-3.ky10.noarch.rpm
├── handlers
│   └── main.yml
├── meta
│   └── main.yml
├── tasks
│   ├── configure.yml
│   ├── databases.yml
│   ├── install.yml
│   ├── main.yml
│   └── users.yml
├── templates
│   └── my.cnf.j2
└── vars
    └── main.yml
```

该 Roles 通过多个任务文件实现对 MariaDB 的安装和配置。核心任务文件 tasks/main.yml 通过 include_tasks 调用其他任务文件，按顺序执行以下任务。

```
# tasks/main.yml
- include_tasks: install.yml
- include_tasks: configure.yml
- include_tasks: databases.yml
- include_tasks: users.yml
```

tasks/install.yml 文件用于安装 MariaDB 及其依赖，具体命令如下。

```
# tasks/install.yml
- name: 安装 MariaDB 软件包
  yum:
    name: mariadb-server
    state: present
  become: yes

- name: 安装 MySQL-python 文件包
  yum:
    name: MySQL-python
    state: present
  become: yes

- name: 复制 PyMySQL RPM 文件包
  copy:
    src: python3-PyMySQL-0.9.2-3.ky10.noarch.rpm
    dest: /root/python3-PyMySQL-0.9.2-3.ky10.noarch.rpm
    mode: '0644'

- name: 安装 PyMySQL RPM 文件包
  yum:
    name: /root/python3-PyMySQL-0.9.2-3.ky10.noarch.rpm
    state: present
```

MariaDB 配置通过 tasks/configure.yml 完成，使用模板文件 my.cnf.j2 配置 MariaDB 监听地址和端口，并配置 root 用户密码，具体命令如下。

```
# tasks/configure.yml
- name: 配置 MariaDB 监听地址和端口
  template:
    src: my.cnf.j2
    dest: /etc/my.cnf
  notify: restart mariadb
  become: yes

- name: 配置 root 用户密码
  ansible.builtin.mysql_user:
    name: root
    password: "{{mariadb_root_password}}"
    host_all: yes
    state: present
  become: yes
```

模板文件 templates/my.cnf.j2 用于配置 MariaDB 的网络设置，具体命令如下。

```
[mysqld]
bind-address = 0.0.0.0
port = 3306
```

tasks/databases.yml 文件负责根据传入的变量创建数据库，具体命令如下。

```
# tasks/databases.yml
- name: 创建数据库
  ansible.builtin.mysql_db:
    name: "{{item.name}}"
    state: present
    login_user: root
    login_password: "{{mariadb_root_password}}"
    login_host: localhost
  loop: "{{mariadb_databases}}"
  become: yes
```

用户管理任务在 tasks/users.yml 中定义，通过 user 模块创建用户并分配权限，具体命令如下。

```
# tasks/users.yml
- name: 创建用户并分配权限
  ansible.builtin.mysql_user:
    name: "{{item.name}}"
    login_user: root
    login_password: "{{mariadb_root_password}}"
    login_host: localhost
    password: "{{item.password}}"
    priv: "{{item.priv}}"
    state: present
  loop: "{{mariadb_users}}"
  become: yes
```

在所有配置完成后，如果更改配置文件，就会触发 handlers/main.yml 中的 MariaDB 服务重启操作，具体命令如下。

```
# handlers/main.yml
- name: restart mariadb
  ansible.builtin.systemd:
    name: mariadb
    state: restarted
  become: yes
```

通过对 mariadb-kylin Roles 的解读，了解了其用于自动化安装和配置 MariaDB 数据库的完整流程。该 Roles 通过模块化的设计，将不同的任务（如安装软件包、配置数据库、创建用户和分配权限）分解到不同的任务文件中，并通过 include_tasks 进行调用和执行。数据库配置通过模板文件 my.cnf.j2 动态生成，用户通过 loop 机制批量创建。最后，handlers 文件负责处理数据库服务的重启，确保配置修改后服务能正常运行。

（2）部署 Roles

通过一个 Playbooks 文件调用 mariadb-kylin Roles，自动完成数据库的安装、配置和用户管理。创建该 Roles，具体命令如下。

```
[root@ansible ~]# vim role-mariadb.yaml
- hosts: dbservers
```

```
      become: yes
      vars:
        mariadb_root_password: "super_root_password"
        mariadb_databases:
          - name: example_db
        mariadb_users:
          - name: example_user
            password: "example_password"
            priv: "example_db.*:ALL"
      roles:
        - mariadb-kylin
```

执行该 Roles，具体命令如下。

```
[root@ansible ~]# ansible-playbook role-mariadb.yaml
# 输出省略
PLAY RECAP ************************************************************************
app2                       : ok=15    changed=7    unreachable=0    failed=0
skipped=0    rescued=0    ignored=0
```

登录 client2 节点，检查数据库是否部署完成，具体命令如下。

```
[root@ansible ~]# ssh -p 2222 192.168.200.12

Authorized users only. All activities may be monitored and reported.

Authorized users only. All activities may be monitored and reported.
Last login: Mon Sep  9 21:57:09 2024 from 192.168.200.10
[root@client2 ~]# mysql -uroot -psuper_root_password
Welcome to the MariaDB monitor.   Commands end with ; or \g.
Your MariaDB connection id is 8
Server version: 10.3.9-MariaDB MariaDB Server

Copyright (c) 2000, 2018, Oracle, MariaDB Corporation Ab and others.

Type 'help;' or '\h' for help. Type '\c' to clear the current input statement.

MariaDB [(none)]> show databases;
+--------------------+
| Database           |
+--------------------+
| example_db         |
| information_schema |
| mysql              |
| performance_schema |
+--------------------+
4 rows in set (0.000 sec)
MariaDB [(none)]> use mysql;
Reading table information for completion of table and column names
You can turn off this feature to get a quicker startup with -A
```

```
Database changed
MariaDB [mysql]> SELECT * FROM user WHERE User = 'example_user'\G;
*************************** 1. row ***************************
                    Host: localhost
                    User: example_user
# 输出省略
1 row in set (0.000 sec)
```

在上面的流程中，通过登录 client2 节点并连接到 MariaDB，执行了以下操作。

① 成功使用 show databases;命令确认了数据库表，发现 example_db 数据库已经成功创建。

② 选择 MySQL 数据库，并使用 SELECT * FROM user WHERE User = 'example_user'\G;命令查询用户表中的数据，验证了 example_user 用户已经存在，并且相关信息已经正确配置。

通过检查数据库和用户信息，可以确认部署过程已经成功完成。所有在 Playbooks 中指定的数据库和用户配置都已正确创建并可以正常使用。

项目小结

通过对本项目的学习，读者应全面掌握Roles的使用方法及其在自动化运维中的应用。在学习Roles的过程中，读者学会了如何创建、管理和配置Roles，理解了如何通过模块化的方式简化Playbooks的管理。通过编写任务、变量和模板，读者能够灵活地实现服务的自动化部署，并能够通过Handlers机制确保配置文件变更后服务自动重启。同时，读者还深入理解了如何使用依赖管理，将多个Roles组合应用于复杂的部署场景中，从而提升项目的可维护性和执行效率。

在学习基于Roles快速部署MariaDB数据库的过程中，读者应已经掌握了通过Ansible自动安装和配置MariaDB的各项操作。通过配置数据库、管理用户权限、设置监听端口等关键任务，读者能够高效地完成数据库的自动化部署与管理。

在学习整个项目的过程中，读者不仅掌握了如何通过Roles实现复杂服务的快速部署，还学会了如何应对实际场景中的多服务依赖问题，为未来的自动化运维工作奠定了坚实基础。

课后练习

1.【单选题】Roles 是通过什么机制来组织和重用 Playbooks 的？（　　）
    A. 虚拟机技术　　　　　　　　B. 通过模块化管理机制
    C. 特定的编译器　　　　　　　D. 硬件虚拟化

2.【单选题】Roles 的依赖管理是通过什么文件实现的？（　　）
    A. tasks/main.yml　　　　　　B. handlers/main.yml
    C. meta/main.yml　　　　　　D. vars/main.yml

3.【多选题】在编写 Roles 时，可以执行哪些操作？（　　）
    A. 创建和定义任务　　　　　　B. 使用模板文件生成配置文件
    C. 通过 Handlers 定义依赖服务重启　D. 编写代码逻辑控制用户输入

4.【多选题】Roles 目录结构的主要组成部分有哪些？（   ）

    A. tasks   B. vars   C. logs   D. templates

5.【判断题】Roles 可以通过单独的 Playbooks 文件进行调用和执行。（   ）

实训练习

1．使用Ansible创建一个自定义Roles，用于安装并配置Nginx服务。要求Roles具备自动生成Nginx配置文件的功能，并在系统重启后确保服务仍能正常启动。最后，编写Playbooks来调用该Roles并在指定节点上执行。

2．创建一个Roles来管理MySQL数据库的安装和配置。要求该Roles能够创建一个新的数据库和用户，设置访问权限，并确保数据库服务在配置变更后自动重启。

项目 **7**

Ansible高可用实践

项目描述

　　随着自动化运维和高可用性需求的不断增加，掌握Ansible的使用和部署技能已经成为IT运维从业者的必备能力。本项目的目标是让读者掌握Ansible在系统自动化管理中的应用技巧和高可用服务的配置方法，为日后在实际运维中部署自动化解决方案打下坚实的基础。为了帮助读者系统地学习和掌握这些内容，本项目划分为3个具体任务。

　　首先，读者将学习如何使用Ansible部署高可用Web服务。内容包括创建Roles、编写Playbooks，以及通过Ansible配置Nginx和Keepalived实现高可用性及负载均衡。其次，读者将学习如何通过Ansible自动化部署负载均衡器，内容涵盖HAProxy的安装与配置，使用Ansible模块自动化执行任务，并确保服务的高效运行。最后，读者将学习如何通过Ansible部署高可用数据库集群，了解Ansible在MariaDB主从复制集群中的应用，学会如何编写Ansible任务实现自动化管理数据库服务。

　　通过逐步完成这些任务，读者将掌握Ansible在高可用性、负载均衡和数据库集群自动化部署中的核心技术，为在实际工作中实现高效的自动化运维奠定基础。

学习目标

知识目标 ——————————————————————————

- 了解 Ansible 与传统手动配置方式的主要区别及其优势。
- 掌握 Ansible 在高可用数据库集群部署中的关键作用及其主要应用场景。

能力目标 ——————————————————————————

- 能够独立安装、配置和使用 Ansible，编写 Playbooks 并执行基本的自动化任务。
- 能够通过 Ansible 完成 Nginx 和 Keepalived 的高可用配置。

素养目标 ——————————————————————————

- 提高通过自动化运维实现复杂系统配置的能力，培养逻辑思维与解决问题的能力。
- 提高实际操作与项目管理能力，通过协作培养团队的合作精神并掌握沟通技巧。

任务分解

　　本项目涵盖Ansible的环境配置、服务自动化部署和数据库集群管理等内容。首先，介绍如何搭建Ansible的运行环境，包括控制节点和管理节点的配置，以及Ansible引擎的安装与基础设置。其次，通过编写并执行Ansible Playbooks，实现Web服务的自动化部署，掌握Roles机制，配置Nginx和Keepalived来实现高可用负载均衡。最后，将深入数据库集群的自动化管理，学习MariaDB主从复制的部署与配置，实现高可用数据库架构。通过逐步完成这些任务，读者将掌握Ansible在自动化运维中的实际应用，为高效管理IT基础设施提供技术支撑。项目7任务分解如表7-1所示。

表 7-1　项目 7 任务分解

任务	任务目标	安排课时
任务 7.1 Ansible 部署高可用 Web 服务	掌握 Web 服务的高可用部署方法	4
任务 7.2 Ansible 自动化部署负载均衡器	学习自动化部署负载均衡器的方法	4
任务 7.3 Ansible 部署高可用数据库集群	掌握数据库集群的高可用部署方法	4
总计		12

知识准备

7.1 Keepalived

　　Keepalived 是一个用于实现高可用性（High Availability，HA）和负载均衡的开源软件，广泛应用于网络服务的高可用架构设计中。它的核心目的是通过监控网络服务器和服务状态，来保证服务在出现故障时能够自动地切换到备份节点，从而提供持续可用的服务。以下是有关 Keepalived 的详细理论知识，包括其背景与用途、工作机制、主备模式以及一些扩展的内容。

1. Keepalived 的背景与用途

　　在现代的分布式系统架构中，高可用性是一项关键的设计目标，尤其是对于提供互联网服务的企业来说，服务的中断会带来巨大的损失。为了避免单点故障（Single Point of Failure，SPoF），通过 Keepalived 实现主备切换成为常用的解决方案。Keepalived 最早是为 Linux 虚拟服务器（Linux Virtual Server，LVS）提供高可用性和故障转移（Failover）功能而设计的，但随着它的扩展，Keepalived 已不仅局限于 LVS，还可以用于多种负载均衡和故障转移场景。

2. Keepalived 的工作机制

Keepalived 通过虚拟路由冗余协议（Virtual Router Redundancy Protocol，VRRP）实现高可用性，保证网络服务在节点故障时能够自动切换。

（1）VRRP

VRRP 是一种网络协议，用于确保虚拟 IP（Virtual IP，VIP）地址总是可达的。通过 VRRP，Keepalived 可以将多台物理路由器组合为一个虚拟路由器组，并为其分配一个虚拟 IP 地址。这个虚拟 IP 地址在正常情况下由主节点（Master）管理，但如果主节点发生故障，那么 VRRP 会将控制权转移给备份节点（Slave），从而保持网络的可用性。VRRP 工作流程如图 7-1 所示。

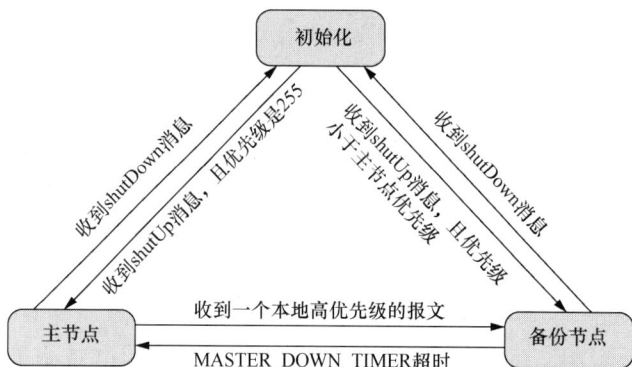

图 7-1　VRRP 工作流程

其核心流程如下。

① 初始化：节点启动时进入初始状态，完成协议参数配置。

② 主节点：通过优先级选举，胜出的节点成为主节点，负责管理虚拟 IP 地址。

③ 主节点失效超时：若备份节点在超时周期内未收到主节点心跳报文，则判定主节点故障，触发状态切换。

④ 优先级抢占：若备份节点收到优先级更高的 VRRP 报文（如本地配置的优先级提升），则可能发起主节点重新选举。

⑤ 切换至备份节点：原主节点因故障或优先级降低，主动或被动切换为备份状态。

（2）虚拟 IP 地址

虚拟 IP 地址是高可用性架构中非常重要的一个概念。Keepalived 通过虚拟 IP 地址来实现负载均衡和故障转移。将虚拟 IP 地址绑定到主节点，当主节点出现问题时，虚拟 IP 地址会由备份节点接管。由于客户端只与虚拟 IP 地址通信，因此节点的切换对客户端来说是无感的，从而保证了服务的连续性。

（3）健康检查

Keepalived 不仅依赖 VRRP 来决定是否需要切换节点，还通过对服务的健康检查（Health Check）来决定节点的状态。健康检查可以是对服务器、网络设备的检查，也可以是对应用层服务的检查。例如，可以配置 Keepalived 定期检查 Web 服务、数据库服务等，如果检查到某个服务不可达，那么 Keepalived 可以自动执行节点切换或其他策略。

3. Keepalived 的主备模式

Keepalived 实现高可用性的常见模式是主备模式（Master-Slave Model）。在这种模式下，通常存在一个主节点和一个或多个备份节点。主节点负责处理请求并绑定虚拟 IP 地址，而备份节点则处于监控状态。当主节点发生故障时，备份节点会迅速接管虚拟 IP 地址，继续处理请求，整个过程对用户透明。

（1）主节点选举与心跳机制

Keepalived 基于 VRRP 实现主节点选举，其核心规则如下。

优先级竞争：每个节点都配置一个优先级数值（范围为 1~254），优先级最高的节点被选举为主节点。若优先级相同，则比较节点 IP 地址大小，IP 地址较大者胜出。

心跳报文：主节点会以固定间隔（默认为 1s）向多播地址发送心跳报文，宣告自身存活状态。备份节点通过监听心跳报文判断主节点是否正常。

心跳超时：若备份节点在 3 倍心跳间隔内未收到主节点心跳报文，则判定主节点失效，触发故障转移。

（2）故障转移与抢占机制

Keepalived 的故障转移流程包含以下关键行为。

故障检测与接管：当备份节点检测到主节点心跳报文超时时，立即发起优先级比对。若自身优先级为当前最高，则切换为主节点状态，接管虚拟 IP 地址并对外服务。

抢占模式：若原主节点恢复并重新发送心跳报文，且其优先级高于当前主节点，则会触发主动抢占，重新夺回主节点的角色。

非抢占模式：可通过配置关闭抢占功能，此时即使原主节点恢复，只要当前主节点正常运行，虚拟 IP 地址就仍由当前主节点持有。

无缝切换：故障转移过程中，VRRP 通过免费 ARP 广播更新网络设备的 ARP 表，确保虚拟 IP 地址的流量无缝迁移至新主节点。

Keepalived 的故障转移整体架构如图 7-2 所示。

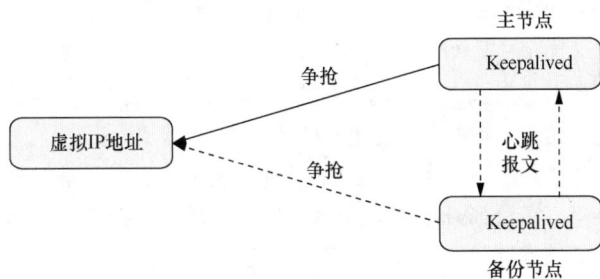

图 7-2　Keepalived 的故障转移整体架构

4．Keepalived 的高可用性架构扩展

在多数据中心的部署中，可以使用 Keepalived 来监控和切换多个数据中心之间的流量，保证即使一个数据中心完全不可用，另一个数据中心也可以接管所有请求，确保服务的连续性。

5．Keepalived 与其他高可用性和负载均衡技术的对比

Keepalived 常被用来与其他高可用性和负载均衡技术进行比较，如 HAProxy 和 Nginx。

（1）Keepalived 与 HAProxy

HAProxy 是一个专门的负载均衡软件，能够处理很多复杂流量分发策略。与 Keepalived 相比，HAProxy 的负载均衡功能更为丰富，但 Keepalived 在主备切换、健康检查和 VRRP 支持上更具优势。因此，Keepalived 常常与 HAProxy 一起使用，作为高可用性和负载均衡的互补工具。

（2）Keepalived 与 Nginx

Nginx 作为一种广泛使用的 Web 服务器，也具备负载均衡功能。与 Keepalived 类似，Nginx

可以通过健康检查和流量均衡提高服务的可用性。但 Nginx 主要用于实现应用层负载均衡，Keepalived 则更适用于网络层和传输层的高可用性实现。

6. Keepalived 在现代 IT 架构中的作用

随着云计算和容器化技术的兴起，Keepalived 的应用场景也逐渐扩展。在 Kubernetes 集群中，Keepalived 可以作为服务的高可用性解决方案，结合其他工具（如 MetalLB），实现外部负载均衡。在云环境中，Keepalived 也可以为虚拟机、容器等提供高可用性支持。

Keepalived 是实现网络和服务高可用性的关键工具之一。依托 VRRP 和虚拟 IP 地址，它能够为各种网络环境提供高效的故障转移和负载均衡方案。Keepalived 的工作机制虽然简单，但其在现代 IT 架构中的作用不可忽视。通过与其他负载均衡和高可用性技术的结合，Keepalived 可以为企业提供稳定、可靠的网络服务。

7.2　HAProxy 的架构设计

HAProxy 是一种开源的负载均衡器和反向代理服务器，广泛用于分布式系统中的负载分配和高可用性管理。它能够高效地处理大量并发连接，同时提供多种负载均衡算法、安全的 SSL/传输层安全（Transport Layer Security，TLS）协议终端和强大的健康检查功能。HAProxy 的架构设计灵活且高效，能够为 Web 应用、数据库、消息队列等场景提供负载均衡解决方案。

1. HAProxy 的基础架构

HAProxy 的基础架构包括几个核心组件，如前端（Frontend）、后端（Backend）、服务器池（Server Pool）和负载均衡算法。其核心作用是将来自前端的请求转发到后端的服务器池中，从而分担单台服务器的负载压力，提升系统的性能和可靠性。

（1）前端：前端是 HAProxy 中的接入点，负责接收来自客户端的请求。前端通常与特定的 IP 地址和端口绑定，并根据配置的规则处理流量。前端配置中定义了监听的协议（如 HTTP、TCP 等）、连接限制以及要将流量转发到的后端。

（2）后端：后端是处理实际请求的服务器池，HAProxy 将前端的请求转发到后端的服务器池中。后端的配置中定义了可用的服务器、负载均衡策略、健康检查机制以及连接的超时时间。每个后端都可以包含多台服务器，这些节点共同分担请求流量。

（3）服务器池：服务器池是 HAProxy 后端配置中定义的一组服务器，它们可以是物理服务器、虚拟机、Docker 容器等。每台服务器都有一个权重，权重用于控制负载均衡的流量分担比例。通过调整权重，可以让性能较高的服务器分担较多的流量，而让性能较低的服务器分担较低的流量。

HAProxy 提供了多种负载均衡算法，用于将请求按照特定的策略转发给后端的服务器。这些算法包括以下几种。

① 轮询（Round Robin）：将请求依次转发给每台服务器，保证每台服务器都能均匀分担流量，轮询结构如图 7-3 所示。

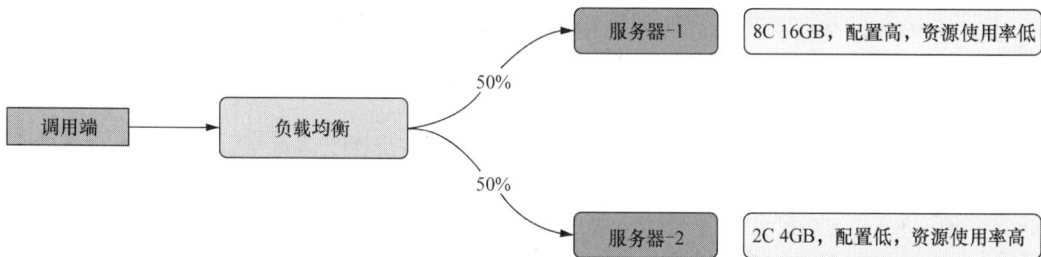

图 7-3　轮询结构

② 最少连接（Least Connection）：将请求转发给当前连接数最少的服务器，适用于需要长时间保持连接的应用，如数据库或 WebSocket 服务。

③ 源 IP 哈希（Source IP Hash）：根据客户端的 IP 地址计算哈希值，并将请求始终转发给同一台服务器。这种算法适用于需要保持会话状态的应用，源 IP 哈希结构如图 7-4 所示。

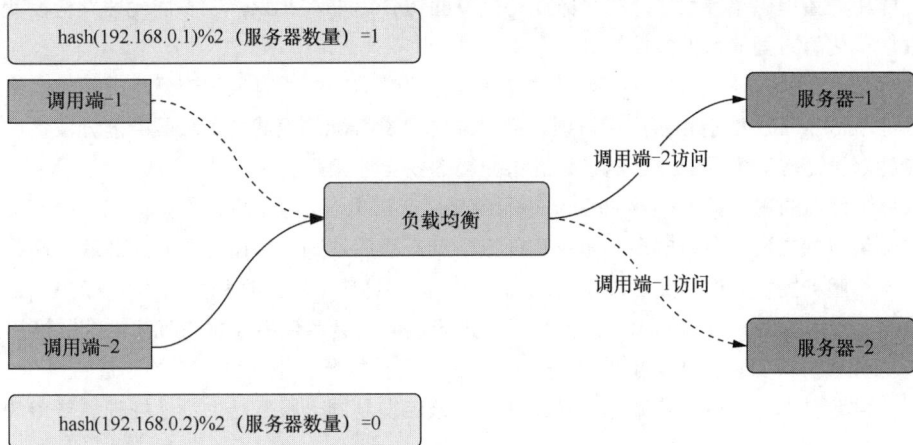

图 7-4 源 IP 哈希结构

2. HAProxy 的工作流程

HAProxy 的工作流程如下。

（1）请求接收：HAProxy 的前端监听来自客户端的请求。当客户端请求到达前端时，HAProxy 根据配置的监听规则（如 HTTP 或 TCP）接收请求。

（2）负载均衡：一旦请求被接收，HAProxy 就会使用负载均衡算法决定将该请求转发给哪台后端服务器。例如，使用轮询算法时，HAProxy 会将请求依次转发给不同的服务器；而在使用最少连接算法时，它会将请求转发到当前连接数最少的服务器。

（3）健康检查：在请求转发之前，HAProxy 会通过健康检查机制验证目标服务器的可用性。如果某台服务器无法响应健康检查，那么 HAProxy 会将其标记为失效，并避免将请求转发给该服务器。

（4）响应处理：后端服务器处理完请求后会发出响应，响应会通过 HAProxy 发送回客户端。HAProxy 在这个过程中可以进行响应缓存、压缩或修改 HTTP 头等操作，以提高响应性能。

3. 健康检查与故障转移

健康检查是 HAProxy 保障高可用性的重要机制之一。HAProxy 会定期检查后端服务器的健康状态，确保它们能够正常处理请求。健康检查可以是简单的 TCP 连接检查，也可以是更复杂的 HTTP 请求检查，甚至是自定义脚本检查。

（1）TCP 连接检查：HAProxy 尝试与目标服务器的 TCP 端口建立连接。如果连接成功，则认为该服务器健康；否则，将该服务器标记为失效。

（2）HTTP 请求检查：HAProxy 发送 HTTP 请求到后端服务器，并检查返回的 HTTP 状态码。如果返回 200，则该服务器被认为是健康的。如果返回 500 或超时，则该服务器被标记为失效。

（3）自定义脚本检查：系统管理员可以编写自定义健康检查脚本，通过执行脚本来验证服务器的健康状态。自定义脚本检查通常包括检查特定应用或服务的健康状态。

一旦服务器被标记为失效，HAProxy 就会自动将其从负载均衡池中移除，并将流量转发给其他健康的服务器。当服务器恢复时，HAProxy 会将其重新加入负载均衡池中，确保流量转发的连续性和稳定性。

4. HAProxy 的扩展性

HAProxy 作为一个高性能的负载均衡器和反向代理软件，其可扩展性设计使其能够灵活适应各种复杂的业务需求和系统架构。无论是在小型应用还是大型分布式系统中，HAProxy 都能通过多样化的功能和配置提供高效、稳定的服务支持。下面将介绍 HAProxy 在多层代理架构设计、灵活配置及性能优化等方面的可扩展性特点。

（1）多层代理架构：HAProxy 可以通过多层代理架构来处理复杂的流量路由需求。例如，前端可以处理 SSL/TLS 终端和客户端认证，而后端则负责实际的负载均衡和服务器分发。这种多层代理架构能够灵活应对不同的业务需求，提供更高的安全性和可控性。

（2）每个代理的独立配置：HAProxy 的配置文件非常灵活，可以为每个前端和后端定义独立的配置。前端可以独立设置监听端口、协议和连接限制，而后端则可以设置不同的负载均衡算法、健康检查机制和服务器池。这种灵活性使得 HAProxy 能够适应各种规模和类型的系统架构。

（3）连接池和会话保持：HAProxy 可以通过连接池和会话保持技术来优化性能。连接池能够复用已有的连接，减少建立新连接的开销，特别是在高并发场景下。会话保持则通过 IP 地址哈希或 cookie 绑定技术，确保客户端的连续请求总是被转发到同一服务器，适合处理需要持久化会话的应用。

5. 高可用性与冗余

HAProxy 本身可以与其他工具（如 Keepalived）配合使用，以实现高可用性架构。通过 Keepalived，多个 HAProxy 实例可以形成一个冗余系统，防止单点故障。此系统中的工作机制通常使用主备模式：一个 HAProxy 实例作为主节点，另一个 HAProxy 实例作为备份节点。当主节点故障时，备份节点会接管所有流量，确保服务不中断。

在某些高流量场景中，HAProxy 可以配置为负载分担模式，即多个 HAProxy 实例同时处理流量。通过 DNS 轮询或边界网关协议（Border Gateway Protocol，BGP）路由技术，客户端请求可以分配给不同的 HAProxy 实例，从而实现负载均衡和冗余保障。

6. SSL/TLS 终端与安全性

HAProxy 作为 SSL/TLS 终端，能够集中处理 HTTPS 流量的加密和解密，减轻后端服务器的负载，并通过集中管理 SSL 证书提高安全性。此外，它支持基于服务器名称指示（Server Name Indication，SNI）的 SSL 负载均衡，使不同域名或服务的 HTTPS 请求能够高效路由至相应的后端服务器。同时，HAProxy 提供 IP 限制、访问控制列表（Access Control List，ACL）、请求速率限制和流量过滤等安全功能，有效防御分布式拒绝服务（Distributed Denial of Service，DDoS）攻击、SQL 注入和跨站脚本攻击等网络威胁。

7. 高性能设计

HAProxy 作为高性能代理，通过事件驱动的异步 I/O 模型优化了 CPU 和内存的使用，在高负载情况下依然能够实现低延迟和高吞吐量。同时，它支持多进程和多线程模式，充分利用多核处理器优势以进一步提升并发处理能力。此外，HAProxy 还采用了零复制（Zero-Copy）技术，在数据传输中避免内核与用户空间的数据复制，大幅提高了传输效率，特别适用于高带宽场景。

8. 日志与监控

HAProxy 通过日志与监控功能帮助系统管理员实时监控和分析系统性能表现。其中，包括通过实时日志记录每个请求的详细信息（如客户端 IP 地址、请求时间、响应延迟和后端服务器的健康状态），便于快速排查问题；提供内置的统计与监控 Web 界面，展示连接状态、服务器健康状况和负载均衡统计数据，帮助系统管理员快速定位瓶颈；支持与 Prometheus 等监控系统集成，实时导出关键性能指标,如每秒查询数（Query Per Second，QPS）、请求延迟和服务器健康状态数据，使系统管理员能够通过图形化界面直观掌控系统运行状态。

9. HAProxy 的应用场景

HAProxy 通过将流量智能分发到后端多个节点,确保了系统的可扩展性、可靠性与高效性。下面将探讨 HAProxy 在 3 个常见应用场景中的具体表现,包括 Web 应用负载均衡、数据库负载均衡,以及在微服务架构和消息队列中的应用。

（1）Web 应用负载均衡：HAProxy 广泛用于 Web 应用的负载均衡,其能够将大量并发请求分发到多台 Web 服务器上,以保证系统的高可用性和性能。

（2）数据库负载均衡：HAProxy 也可以用于数据库的读写分离,将读操作负载分发给多台从库服务器,减轻主库服务器的压力,提高数据库集群的吞吐量。

（3）微服务架构和消息队列：在微服务架构中,HAProxy 常用于 API 网关层,负责将客户端请求路由到相应的微服务,并通过健康检查确保微服务的高可用性。它也常用于消息队列,以平衡消息的生产和消费。

任务7.1 Ansible 部署高可用 Web 服务

【任务描述】

在本任务中,读者将学习如何使用 Ansible 的 Roles 配置高可用的 Nginx 和 Keepalived 负载均衡系统。通过创建和组织任务文件,读者将逐步掌握如何将 Nginx 和 Keepalived 的安装、配置模块化,并使用 Jinja2 模板引擎动态生成配置文件。这一过程中,读者将通过 Ansible 的 include_tasks 指令和 vars 文件的变量定义,灵活管理 Roles 的各个组件。此外,读者还会学习如何通过 Playbooks 调用多个主备服务器节点,并使用 Keepalived 实现虚拟 IP 地址的漂移和故障转移机制。通过这些实践,读者将理解高可用架构的实现原理以及负载均衡系统的核心机制,并学会如何使用健康检查脚本来保证服务的稳定性和可用性。

微课

任务 7.1 实操演示

通过对本任务的学习,读者不仅能掌握 Roles 的基本结构与使用方法,还能理解 Nginx 和 Keepalived 高可用负载均衡的原理与配置技巧。在编写和组织任务时,读者将深入体会模块化管理带来的便利,能够更加自信地处理复杂系统的自动化部署和运维需求。本任务将帮助读者提升自动化运维能力,增强系统架构的可扩展性与稳定性,同时为后续更复杂的 DevOps 实践打下坚实的基础。

【任务分析】

（1）规划节点

使用银河麒麟高级服务器操作系统规划节点,如表 7-2 所示。

表 7-2　规划节点

IP 地址	主机名	节点
192.168.200.10	ansible	银河麒麟高级服务器操作系统控制节点
192.168.200.11	client1	银河麒麟高级服务器操作系统控制节点
192.168.200.12	client2	银河麒麟高级服务器操作系统控制节点

（2）基础准备

在进行 VMware Workstation Pro 软件的实操练习时,首先启动软件并选择"创建新的虚拟机"选项,打开安装向导,在安装向导中选择使用典型配置,设置虚拟机参数,包括分配 4 个虚拟 CPU、

4GB 内存和 40GB 磁盘空间，并选择 NAT 模式作为网络设置，同时分配静态 IP 地址 192.168.200.10。指定加载 Kylin-Server-10-SP2-Release-Build09-20210524-x86_64.iso 镜像文件作为启动介质，完成虚拟机的各项配置后启动虚拟机，按照引导完成系统安装。设置主机名为 ansible，建议设置主机密码为 Kylin2024。按照相同的配置步骤新建另外两台虚拟机，静态 IP 地址分别配置为 192.168.200.11 和 192.168.200.12，主机名分别设置为 client1 和 client2，主机密码同样设置为 Kylin2024。接下来请务必记得关闭防火墙及 SELinux，具体命令如下。

```
[root@client1 ~]# systemctl stop firewalld
[root@client1 ~]# setenforce 0
```

【任务实施】

下面基于一个具体示例来讲解如何通过 Ansible 的 Roles 配置 Nginx 和 Keepalived，实现高可用的负载均衡。

（1）编写入口文件

在开始以前需要注意使用的环境，若环境是项目 6 中的环境，则需要手动关闭 Apache 服务，否则会造成服务的冲突，具体命令如下。

```
[root@client1 ~]# systemctl stop httpd
[root@client2 ~]# systemctl stop httpd
```

创建 Roles，具体命令如下。

```
[root@ansible ~]# ansible-galaxy init web-ha
```

创建 Roles 的入口文件，用于包含其他任务文件，具体命令如下。这个文件将 nginx.yml 和 keep.yml 组合起来，这样可以分开管理 Nginx 和 Keepalived 的相关配置。

```
[root@ansible ~]# cd web-ha
[root@ansible web-ha]# vim tasks/main.yml
---
- name: 包含 Nginx 配置任务
  include_tasks: nginx.yml

- name: 包含 Keepalived 配置任务
  include_tasks: keep.yml
```

其中，include_tasks 指令用于包含其他任务文件，使任务执行更加模块化。此文件是整个任务的核心调度点，后续的 Nginx 和 Keepalived 配置会被逐一执行。

为了实现 Roles 的动态扩展功能，这里首先定义一些可能会变动的变量，具体命令如下。

```
[root@ansible web-ha]# vim vars/main.yml
---
backend_nodes:
  - "192.168.200.11"
  - "192.168.200.12"
interface: ens33
vip: 192.168.200.13
title: WEB-HA
```

说明：

① backend_nodes。这是一个列表，包含后端节点的 IP 地址。在实际应用中，这些节点可能是 Web 服务器或应用服务器，它们将被负载均衡器管理。

② interface。这是一个字符串，指定了负载均衡器将用来进行网络通信的网络接口。在本例中使用了 ens33，如果需要查看具体接口，则可以使用 ip a 命令查看虚拟机的网卡名称。

③ vip。这是一个字符串，指定了虚拟 IP 地址。虚拟 IP 地址是负载均衡器用来接收客户端请求的 IP 地址，它通常被配置为浮动 IP 地址，可以在多个后端节点之间动态分配。

（2）修改主机清单文件

因为 Keepalived 的节点是具有主备之分的，所以需要修改主机清单文件，配置一些主机的变量以区分主机类型，具体命令如下。

```
[root@ansible ~]# vim /etc/ansible/hosts
[webservers]
app1 ansible_host=192.168.200.11 ansible_user=root ansible_port=2222
keepalived_state=MASTER keepalived_priority=150
[webservers:vars]
env=production

[dbservers]
app2 ansible_host=192.168.200.12 ansible_user=root ansible_port=2222
keepalived_state=BACKUP keepalived_priority=100
[dbservers:vars]
env=Test
```

可以看到，新增了两个变量 keepalived_state 和 keepalived_priority，分别对应 Keepalived 服务中的 Roles 及优先级。Roles 一般分为主角色、备份角色，优先级一般为数字，且主角色的优先级会比备份角色的优先级高。

（3）编写 Nginx 相关部署文件

在开始编写以前，需要先将安装 Nginx 的软件包上传至服务器，软件包名为 "nginx-kylinrepo.tar.gz"，上传后将软件包移动至 web-ha 目录内的 files 文件中，以方便文件的传输，具体命令如下。

```
[root@ansible ~]# mv nginx-kylinrepo.tar.gz   web-ha/files/
```

编写 Nginx 的 Playbooks 文件，负责 Nginx 的安装和配置，具体包括以下步骤。

① Nginx repo 配置：通过 copy 和 unarchive 模块，将本地仓库的 Nginx 配置文件复制到目标主机上并解压缩，以便从本地仓库安装 Nginx。

② 安装 Nginx：使用 yum 模块进行安装。

③ 配置文件调整：移动默认的 mime.types.default 文件，修改 Nginx 配置文件，使其符合业务需求。

④ 首页内容替换：使用 template 模块动态生成首页文件。

具体命令如下。

```
[root@ansible web-ha]# vim tasks/nginx.yml
---
- name: 安装 tar 解压缩工具
  yum:
    name: tar
    state: present

- name: 复制 Nginx repo 文件
  copy:
    src: nginx-kylinrepo.tar.gz
    dest: /tmp/nginx-kylinrepo.tar.gz

- name: 解压缩 Nginx repo 文件
```

```
    unarchive:
        src: /tmp/nginx-kylinrepo.tar.gz
        dest: /etc/yum.repos.d/
        remote_src: yes

- name: 生成 Nginx repo 文件
    copy:
        dest: /etc/yum.repos.d/nginx-local.repo
        content: |
            [nginx-local]
            name=Nginx local repository
            baseurl=file:///etc/yum.repos.d/nginx-kylinrepo
            gpgcheck=0
            enabled=1

- name: 安装 Nginx
    yum:
        name: nginx
        state: present

- name: 移动 mime.types.default 文件
    command: mv /etc/nginx/mime.types.default /etc/nginx/mime.types
    args:
        removes: /etc/nginx/mime.types.default

- name: 替换首页内容
    template:
        src: index.html.j2
        dest: /usr/share/nginx/html/index.html
    notify:
    - reload nginx
```

通过这些任务，Nginx 会被正确配置，并在发生配置变更时，通过 notify 触发 reload nginx 处理程序，确保服务动态更新。

编写网页的首页文件，这里引用变量，借助 Jinja2 模板引擎将其中的变量替换为实际的值，从而生成符合特定服务器环境的 HTML 页面。

```
[root@ansible web-ha]# vim templates/index.html.j2
<!DOCTYPE html>
<html lang="en">
<head>
    <meta charset="UTF-8">
    <meta name="viewport" content="width=device-width, initial-scale=1.0">
    <title>{{title}}</title>
</head>
<body>
    <p>当前服务器的主机名是：{{ansible_hostname}}</p>
</body>
</html>
```

在生成动态网页内容时，使用 Jinja2 模板引擎能够方便地根据不同服务器的环境来渲染 HTML

页面。下面来看两个关键点。

① Ansible 变量：模板中的{{ansible_hostname}}是 Ansible 内置的变量，它会自动获取当前目标主机的主机名。{{title}}则是用户自定义的变量，通常通过 Playbooks 或 vars 文件传递。

② 动态渲染：Ansible 通过 template 模块处理 index.html.j2，将渲染后的内容复制到 Nginx 的网页目录中，生成针对每台服务器的动态首页内容。

在 Ansible 中，通过 handlers/main.yml 文件定义了当任务 notify 触发时需要执行的操作。例如，如果修改了 Nginx 的配置文件，则可能需要重新加载 Nginx 服务以使更改生效。在 handlers/main.yml 文件中，可以定义一个名为 reload nginx 的 Handlers，它使用 service 模块将 Nginx 服务的状态设置为 reloaded，这样就可以实现 Nginx 服务的重新加载。

```
[root@ansible web-ha]# vim handlers/main.yml
---
# 重新加载 Nginx 服务
- name: reload nginx
  service:
    name: nginx
    state: reloaded
```

（4）编写 Keepalived 相关部署文件

编写 Keepalived 的 Playbooks，用于部署及配置 Keepalived，具体命令如下。

```
[root@ansible web-ha]# vim tasks/keep.yml
---
- name: 安装 Keepalived
  yum:
    name: keepalived
    state: present

- name: 复制健康检查脚本
  copy:
    src: check_nginx.sh
    dest: /etc/keepalived/check_nginx.sh
    mode: 0755

- name: 部署 Keepalived 配置文件
  template:
    src: keepalived.conf.j2
    dest: /etc/keepalived/keepalived.conf
  notify:
    - restart keepalived

- name: 启动并启用 Keepalived 服务
  service:
    name: keepalived
    state: started
    enabled: yes
```

此 Playbooks 主要用于管理 Keepalived 服务的部署和配置。它会确保 Keepalived 服务已安装，然后将健康检查脚本复制到指定目录中。Ansible 会根据模板文件生成 Keepalived 的配置文件，并部署到目标主机。Playbooks 确保 Keepalived 服务启动并设置为开机自动启动。如果配置文件发生变化，那么服务会自动重启，以确保新配置生效。

编写 Keepalived 的代码，用于动态部署 Keepalived 的配置文件，具体命令如下。

```
[root@ansible web-ha]# vim templates/keepalived.conf.j2
vrrp_script chk_nginx
{
    script "/etc/keepalived/check_nginx.sh"
    interval 1
    weight -100
}
global_defs {
    enable_script_security
    script_user root


}
vrrp_instance VI_1 {
    state {{keepalived_state}}
    interface {{interface}}
    virtual_router_id 51
    priority {{keepalived_priority}}
    advert_int 1
    authentication {
        auth_type PASS
        auth_pass 12345
    }
    virtual_ipaddress {
        {{vip}}
    }
    track_script {
        chk_nginx
    }
}
}
```

说明:

① vrrp_script chk_nginx 定义了 chk_nginx 健康检查脚本，每 2s 检查一次 Nginx 状态，检查失败时，可通过降低权重来进行故障转移。

② vrrp_instance VI_1 定义了一个 VRRP 实例，其中 keepalived_state 用于决定状态（主或备），interface 变量用于定义网络接口，virtual_router_id 和 keepalived_priority 分别用于设置虚拟路由器标识及节点优先级。

③ authentication 用于配置密码认证，使用密码 12345 来保护 VRRP 通信的安全性。

④ virtual_ipaddress 用于使用 vip 变量动态设置虚拟 IP 地址，供主备节点切换时使用。

⑤ track_script 用于检查 Nginx 状态的健康检查脚本 chk_nginx，以在检查失败时触发故障切换。

为了实现高可用，也就是在出现故障时确保业务的正常访问，这里需要编写健康检查脚本，具体命令如下。

```
[root@ansible web-ha]# vim files/check_nginx.sh
#!/bin/bash
```

```
# 检查 Nginx 是否运行
if ! systemctl is-active --quiet nginx; then
    echo "nginx is stop"
    exit 1   # 返回非零值，告诉 Keepalived Nginx 宕机，触发虚拟 IP 地址切换
fi

# Nginx 正常运行
echo "nginx is running."
exit 0   # 返回零值，告诉 Keepalived Nginx 正常运行
```

修改 handlers 中的 Playbooks，以确保每次修改 Keepalived 的配置文件时都将 Keepalived 服务重启，具体命令如下。

```
[root@ansible web-ha]# vim handlers/main.yml
---
# 重新加载 Nginx 服务
- name: reload nginx
  service:
    name: nginx
    state: reloaded
- name: restart keepalived
  service:
    name: keepalived
    state: restarted
```

（5）编写调用 Roles 的 Playbooks 文件

编写调用 Roles 的 Playbooks 文件，具体命令如下。

```
[root@ansible ~]# vim web-ha-deplpy.yaml
---
- hosts: all
  become: yes
  roles:
    - web-ha
```

执行该 Playbooks 文件，具体命令如下。

```
[root@ansible ~]# ansible-playbook web-ha-deplpy.yaml
# 输出省略
PLAY RECAP ****************************************************************
app1  : ok=14   changed=1   unreachable=0   failed=0   skipped=0   rescued=0   ignored=0
app2  : ok=14   changed=1   unreachable=0   failed=0   skipped=0   rescued=0   ignored=0
```

可以看到，一共有 15 个步骤，部署成功后，即完成部署的最后一步后，可以使用 curl 命令对服务进行初步访问测试，具体命令如下。

```
[root@ansible ~]# curl 192.168.200.13
<!DOCTYPE html>
<html lang="en">
<head>
    <meta charset="UTF-8">
    <meta name="viewport" content="width=device-width, initial-scale=1.0">
    <title>欢迎来到 HA - Nginx 主页</title>
</head>
<body>
```

```
<p>当前服务器的主机名是: client1</p>
</body>
</html>
```

登录 client1 节点，查看网络配置信息，具体命令如下。

```
[root@client1 ~]# ip a
1: lo: <LOOPBACK,UP,LOWER_UP> mtu 65536 qdisc noqueue state UNKNOWN group
default qlen 1000
    link/loopback 00:00:00:00:00:00 brd 00:00:00:00:00:00
    inet 127.0.0.1/8 scope host lo
        valid_lft forever preferred_lft forever
    inet6 ::1/128 scope host
        valid_lft forever preferred_lft forever
2: ens33: <BROADCAST,MULTICAST,UP,LOWER_UP> mtu 1500 qdisc fq_codel state
UP group default qlen 1000
    link/ether 00:50:56:9d:55:be brd ff:ff:ff:ff:ff:ff
    inet 192.168.200.11/24 brd 192.168.200.255 scope global noprefixroute ens33
        valid_lft forever preferred_lft forever
    inet 192.168.200.13/32 scope global ens33
        valid_lft forever preferred_lft forever
    inet6 fe80::69f2:864f:22c1:22fb/64 scope link noprefixroute
        valid_lft forever preferred_lft forever
```

从上述结果可以看出，网卡 ens33 新增了一个 IP 地址，即虚拟 IP 地址。当前通过虚拟 IP 地址访问的页面是 client1 节点的 Nginx 首页。禁用 client1 节点上的 Nginx 服务来验证 Keepalived 的高可用性功能，具体命令如下。

```
[root@client1 ~]# systemctl stop nginx
[root@client1 ~]# ip a
1: lo: <LOOPBACK,UP,LOWER_UP> mtu 65536 qdisc noqueue state UNKNOWN group
default qlen 1000
    link/loopback 00:00:00:00:00:00 brd 00:00:00:00:00:00
    inet 127.0.0.1/8 scope host lo
        valid_lft forever preferred_lft forever
    inet6 ::1/128 scope host
        valid_lft forever preferred_lft forever
2: ens33: <BROADCAST,MULTICAST,UP,LOWER_UP> mtu 1500 qdisc fq_codel state
UP group default qlen 1000
    link/ether 00:50:56:9d:55:be brd ff:ff:ff:ff:ff:ff
    inet 192.168.200.11/24 brd 192.168.200.255 scope global noprefixroute ens33
        valid_lft forever preferred_lft forever
    inet6 fe80::69f2:864f:22c1:22fb/64 scope link dadfailed tentative noprefixroute
        valid_lft forever preferred_lft forever
    inet6 fe80::179c:469b:8638:a1fa/64 scope link noprefixroute
        valid_lft forever preferred_lft forever
```

可以看到，当 client1 节点的 Nginx 服务停止后，虚拟 IP 地址将转移到其他节点。在 2～3s 后，Keepalived 完成服务切换。此时再使用 curl 命令访问虚拟 IP 地址，可以看到请求已被转发到 client2 节点的 Nginx 服务上，具体命令如下。

```
[root@ansible ~]# curl 192.168.200.13
<!DOCTYPE html>
```

```
<html lang="en">
<head>
    <meta charset="UTF-8">
    <meta name="viewport" content="width=device-width, initial-scale=1.0">
    <title>欢迎来到 HA - Nginx 主页</title>
</head>
<body>
    <p>当前服务器的主机名是：client2</p>
</body>
</html>
```

返回 client1 节点，重启 Nginx 服务，具体命令如下。

```
[root@client1 ~]# systemctl start nginx
[root@client1 ~]# ip a
1: lo: <LOOPBACK,UP,LOWER_UP> mtu 65536 qdisc noqueue state UNKNOWN group
default qlen 1000
    link/loopback 00:00:00:00:00:00 brd 00:00:00:00:00:00
    inet 127.0.0.1/8 scope host lo
        valid_lft forever preferred_lft forever
    inet6 ::1/128 scope host
        valid_lft forever preferred_lft forever
2: ens33: <BROADCAST,MULTICAST,UP,LOWER_UP> mtu 1500 qdisc fq_codel state
UP group default qlen 1000
    link/ether 00:50:56:9d:55:be brd ff:ff:ff:ff:ff:ff
    inet 192.168.200.11/24 brd 192.168.200.255 scope global noprefixroute ens33
        valid_lft forever preferred_lft forever
    inet 192.168.200.13/32 scope global ens33
        valid_lft forever preferred_lft forever
    inet6 fe80::69f2:864f:22c1:22fb/64 scope link dadfailed tentative noprefixroute
        valid_lft forever preferred_lft forever
    inet6 fe80::179c:469b:8638:a1fa/64 scope link noprefixroute
        valid_lft forever preferred_lft forever
```

从上述结果可以看到，client1 节点重新接管了虚拟 IP 地址，恢复为主节点。

任务 7.2 Ansible 自动化部署负载均衡器

【任务描述】

在本任务中，读者将学习如何使用 Ansible 的 Roles 来自动化安装和配置 HAProxy 负载均衡器。首先，使用 ansible-galaxy init 命令初始化 Roles 目录结构，并在其中编写关键的任务文件，包括上传 RPM 文件、使用模板配置 HAProxy，以及设置系统服务的启动方式。读者将学习 Ansible 的 copy、template 和 systemd 模块的用法，了解如何通过模板文件动态配置后端服务器的 IP 地址。此外，读者还将学习如何定义和使用变量以及编写 handlers，以确保在修改配置文件后能正确地重启服务。

微课

任务 7.2 实操演示

通过对本任务的学习，读者将深入理解 Ansible 的 Roles 机制及其在自动化运维中的重要性，提升对复杂系统架构的自动化管理能力。通过实际操作，读者将能够更加自如地配置和管理 HAProxy 负载均衡器，特别是在需要动态调整配置和扩展系统时，Roles 的使用将大大提高代码的可复用性和管理效率。本任务不仅能提高读者的自动化运维技能水平，还能使读者在构建高效、稳定的系统环境的过程中更加得心应手。

【任务分析】

（1）规划节点

使用银河麒麟高级服务器操作系统规划节点，如表 7-3 所示。

表 7-3　规划节点

IP 地址	主机名	节点
192.168.200.10	ansible	银河麒麟高级服务器操作系统控制节点
192.168.200.11	client1	银河麒麟高级服务器操作系统控制节点
192.168.200.12	client2	银河麒麟高级服务器操作系统控制节点

（2）基础准备

在进行 VMware Workstation Pro 软件的实操练习时，首先启动软件并选择"创建新的虚拟机"选项，打开安装向导，在安装向导中选择使用典型配置，设置虚拟机参数，包括分配 4 个虚拟 CPU、4GB 内存和 40GB 磁盘空间，并选择 NAT 模式作为网络设置，同时分配静态 IP 地址 192.168.200.10。指定加载 Kylin-Server-10-SP2-Release-Build09-20210524-x86_64.iso 镜像文件作为启动介质，完成虚拟机的各项配置后启动虚拟机，按照引导完成系统安装。设置主机名为 ansible，建议设置主机密码为 Kylin2024。按照相同的配置步骤新建另外两台虚拟机，静态 IP 地址分别配置为 192.168.200.11 和 192.168.200.12，主机名分别设置为 client1 和 client2，主机密码同样设置为 Kylin2024。接下来请务必记得关闭防火墙及 SELinux，具体命令如下。

```
[root@client1 ~]# systemctl stop firewalld
[root@client1 ~]# setenforce 0
```

【任务实施】

（1）创建 Roles 目录结构

在创建 Roles 前，需要将 haproxy.rpm 软件包上传至服务器中，具体命令如下。

```
[root@ansible ~]# ls
haproxy.rpm
```

使用 ansible-galaxy init 命令来初始化一个名为 haproxy 的 Roles，具体命令如下。

```
[root@ansible ~]# ansible-galaxy init haproxy
- haproxy was created successfully
```

（2）编写任务文件

创建并编写主要的任务文件，用于安装和配置 HAProxy，具体命令如下。

```
[root@ansible ~]# vim haproxy/tasks/main.yml
---
# 上传 haproxy.rpm 文件到客户端
- name: 上传 haproxy.rpm 文件到客户端
  copy:
    src: haproxy.rpm
    dest: /tmp/haproxy.rpm

# 使用 RPM 安装 HAProxy
- name: 使用 RPM 安装 HAProxy
  command: rpm -ivh /tmp/haproxy.rpm
```

```
    args:
      creates: /usr/sbin/haproxy

# 配置 HAProxy
- name: 配置 HAProxy
  template:
    src: haproxy.cfg.j2
    dest: /etc/haproxy/haproxy.cfg
    owner: root
    group: root
    mode: '0644'
  notify: 重启 HAProxy 服务

# 启动 HAProxy 并设置开机自动启动
- name: 启动 HAProxy 并设置开机自动启动
  systemd:
    name: haproxy
    state: started
    enabled: yes
```

说明：

① 使用 RPM 安装 HAProxy。这里使用 command 模块安装 HAProxy。

② 配置 HAProxy。这里使用 template 模块将模板文件复制到指定位置，并设置相应的权限。

③ 启动 HAProxy 并设置开机自动启动。这里使用 systemd 模块启动 HAProxy，并设置开机自动启动。

（3）创建 HAProxy 配置文件的模板文件

在 templates 目录下创建 HAProxy 配置文件的模板文件，具体命令如下。

```
[root@ansible ~]# vim haproxy/templates/haproxy.cfg.j2
```

输入以下配置内容。

```
global
    log 127.0.0.1     local0
    log 127.0.0.1     local1 notice
    maxconn 4096
    chroot /var/lib/haproxy
    pidfile /var/run/haproxy.pid
    user haproxy
    group haproxy
    daemon

defaults
    log       global
    mode      http
    option    httplog
    option    dontlognull
    retries 3
    option redispatch
    timeout connect 5000ms
    timeout client   50000ms
```

```
        timeout server    50000ms

    frontend http-in
        bind *:81
        default_backend servers

    backend servers
        balance roundrobin
        server server1 {{server1_ip}}:80 check
        server server2 {{server2_ip}}:80 check

    listen status_page
        bind *:82
        stats enable
    stats uri /haproxy-status
```

模板文件使用了变量{{server1_ip}}和{{server2_ip}}来动态设置后端服务器的 IP 地址，确保配置文件具有灵活性。

（4）定义 Handlers

在 handlers 目录下创建一个用于重启 HAProxy 的 Handlers，具体命令如下。

```
[root@ansible ~]# vim haproxy/handlers/main.yml
```

输入以下内容。

```
---
# 重启 HAProxy 服务
- name: 重启 HAProxy 服务
  systemd:
    name: haproxy
    state: restarted
```

（5）定义变量

为了使模板中的后端服务器的 IP 地址可配置，需要在 vars 目录下定义变量。在 vars 目录下创建一个变量文件，具体命令如下。

```
[root@ansible ~]# vim haproxy/vars/main.yml
```

输入以下内容。

```
---
server1_ip: 192.168.200.11
server2_ip: 192.168.200.12
```

server1_ip 和 server2_ip 为后端服务器的 IP 地址，供模板文件使用。

（6）创建 Playbooks 文件来调用 Roles

创建 Playbooks 文件来调用 Roles，具体命令如下。

```
[root@ansible ~]# vim haproxy-roles.yml
---
- hosts: all
  become: yes
  roles:
    - haproxy
```

说明：

① hosts: all 用于指定目标主机组，该组中的主机将部署 HAProxy。

② roles 用于调用 HAProxy Roles，以执行其中的所有任务。

（7）执行 Playbooks

保存文件并退出编辑器后，执行该 Playbooks，具体命令如下。

```
[root@ansible ~]# ansible-playbook haproxy-roles.yml
```

（8）验证 HAProxy 服务的状态

执行完 Playbooks 后，可以验证 HAProxy 服务的状态，具体命令如下。

```
[root@client1 ~]# systemctl status haproxy
```

系统应显示 HAProxy 正在运行，结果如下。

```
● haproxy.service - HAProxy Load Balancer
   Loaded: loaded (/usr/lib/systemd/system/haproxy.service; enabled; vendor preset:
disabled)
   Active: active (running) since Thu 2024-09-12 10:56:49 CST; 24min ago
  Process: 221951 ExecStartPre=/usr/sbin/haproxy  -f $HAPROXY_CONF  -c  -q
(code=exited, status=0/SUCCESS)
 Main PID: 221953 (haproxy)
   Tasks: 2
# 输出省略
```

此外，还可以通过浏览器测试 HAProxy 是否正确分发流量至后端服务器，如通过"IP 地址:81"格式的地址进行访问，HA-Nginx 主页如图 7-5 所示。

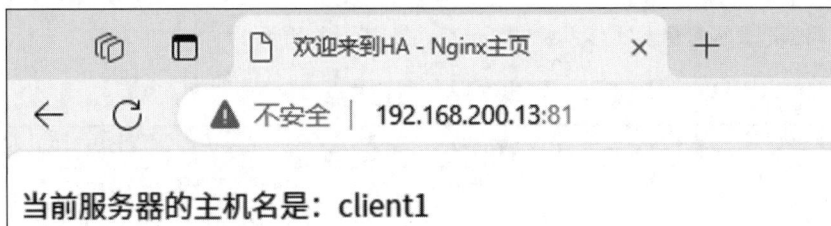

图 7-5　HA-Nginx 主页

HAProxy 也附带了一个显示状态的网页，该网页可以通过"IP 地址:82"格式的地址进行访问，HA-Nginx 主页的状态页面如图 7-6 所示。

图 7-6　HA-Nginx 主页的状态页面

任务 7.3　Ansible 部署高可用数据库集群

【任务描述】

在本任务中，读者将全面学习使用 Ansible 自动化部署高可用数据库集群的流程。从配置 Inventory 文件定义主机 Roles 开始，到编写 Playbooks 文件，再到创建 Roles，每一步都体现了 Ansible 在自动化配置管理中的强大能力。读者将学习如何通过 Ansible 的变量和条件判断来灵活控制不同的配置任务，以及如何利用 Ansible 的模块来执行文件操作、包管理、服务管理等任务。通过实际操作，读者将深入了解 Ansible 的模板功能，学会如何编写配置文件的模板文件来生成适用于不同环境的配置文件。

微课

任务 7.3 实操演示

通过对本任务的学习，读者将获得宝贵的实践经验，这不仅涉及对 Ansible 工具的熟练使用，还涉及对数据库主从复制架构的深刻理解。读者将能够独立完成高可用数据库集群的搭建和配置，这对于任何需要处理高可用性和数据冗余的系统管理员来说都是一项宝贵的技能。此外，读者还将学习如何在实际环境中处理复杂的配置问题，以及如何通过 Ansible 的自动化能力来提高工作效率和减少人为错误。

【任务分析】

（1）规划节点

使用银河麒麟高级服务器操作系统规划节点，如表 7-4 所示。

表 7-4　规划节点

IP 地址	主机名	节点
192.168.200.10	ansible	银河麒麟高级服务器操作系统控制节点
192.168.200.11	client1	银河麒麟高级服务器操作系统控制节点
192.168.200.12	client2	银河麒麟高级服务器操作系统控制节点

（2）基础准备

在进行 VMware Workstation Pro 软件的实操练习时，首先启动软件并选择"创建新的虚拟机"选项，打开安装向导，在安装向导中选择使用典型配置，设置虚拟机参数，包括分配 4 个虚拟 CPU、4GB 内存和 40GB 磁盘空间，并选择 NAT 模式作为网络设置，同时分配静态 IP 地址192.168.200.10。指定加载 Kylin-Server-10-SP2-Release-Build09-20210524-x86_64.iso 镜像文件作为启动介质，完成虚拟机的各项配置后启动虚拟机，按照引导完成系统安装。设置主机名为 ansible，建议设置主机密码为 Kylin2024。按照相同的配置步骤新建另外两台虚拟机，静态 IP 地址分别配置为 192.168.200.11 和 192.168.200.12，主机名分别设置为 client1 和 client2，主机密码同样设置为 Kylin2024。接下来请务必记得关闭防火墙及 SELinux，具体命令如下。

```
[root@client1 ~]# systemctl stop firewalld
[root@client1 ~]# setenforce 0
```

【任务实施】

（1）Inventory 文件配置

在 Inventory 文件中定义每台主机的 MariaDB Roles（主库或从库）以及相关参数，具体命令如下。通过设置 mariadb_role 变量，可以灵活地控制每台主机的 MariaDB Roles。

```
[root@ansible ~]# vim /etc/ansible/hosts
```

```
[webservers]
    app1 ansible_host=192.168.200.11 ansible_user=root ansible_port=2222 keepalived_
state=MASTER keepalived_priority=150 mariadb_role=master
    [dbservers]
    app2 ansible_host=192.168.200.12 ansible_user=root ansible_port=2222 keepalived_
state=BACKUP keepalived_priority=100 mariadb_role=slave
```

这里定义了变量 mariadb_role，用于标识每台主机是主库还是从库，master 表示主库，slave
表示从库。这个变量将在 Playbooks 中用来区分配置任务。

（2）编写 Playbooks 文件

编写 Ansible 的 Playbooks 文件，自动化配置主从库部署过程，具体命令如下。

```
[root@ansible ~]# vim ha-mariadb-role.yml
---
- hosts: all
  roles:
    - ha-mariadb
```

（3）创建 Roles

为了将配置任务分离管理，将创建一个名为 ha-mariadb 的 Roles，具体命令如下。这个 Roles
包含安装 MariaDB、配置主从复制等任务。

```
[root@ansible ~]# ansible-galaxy init ha-mariadb
- ha-mariadb was created successfully
```

（4）配置离线安装包

在正式编写 Roles 的相关 Playbooks 前，将用于安装 MariaDB 的离线安装包 kylin- mariadb10-
repo.tar.gz 上传到服务器中，并将其移动至 ha-mariadb 的 files 目录内，具体命令如下。

```
[root@ansible ~]# mv kylin-mariadb10-repo.tar.gz ha-mariadb/files/
[root@ansible ~]# cd ha-mariadb/
[root@ansible ha-mariadb]# ll files/
总用量 44172
-rw-r--r-- 1 root root 45231093   9 月  12 17:47 kylin-mariadb10-repo.tar.gz
```

（5）配置默认变量

在 defaults/main.yml 文件中，定义 MariaDB 安装时的基本信息，如数据库版本、root 密码
和复制用户的配置。

```
[root@ansible ha-mariadb]# vim defaults/main.yml
# MariaDB 安装时的基本信息
mariadb_root_password: "rootpassword"
mariadb_replication_user: "replication"
mariadb_replication_password: "replpassword"

# 主库配置
mariadb_master_bind_address: "0.0.0.0"

# 从库配置
mariadb_slave_bind_address: "0.0.0.0"
mariadb_master_host: "master_db_ip"
```

（6）定义处理程序

在 handlers 文件中定义配置变更时重启 MariaDB 服务，具体命令如下。

```
[root@ansible ha-mariadb]# vim handlers/main.yml
```

```
---
# 当配置变更时重启 MariaDB 服务
- name: 重启 MariaDB
  service:
    name: mariadb
    state: restarted
```

（7）编写主要任务文件

编写主要任务文件 tasks/main.yml，用来安装 MariaDB 并根据 mariadb_role 确定主从库 Roles，其中的任务包括复制离线安装包到目标主机、解压缩离线安装包、创建 MariaDB repo 文件、更新 YUM 缓存、安装 MariaDB 以及根据 Roles 执行不同的任务，具体命令如下。

```
[root@ansible ha-mariadb]# vim tasks/main.yml
---
# 复制离线安装包到目标主机
- name: 复制 kylin-mariadb10-repo.tar.gz 到目标主机
  copy:
    src: files/kylin-mariadb10-repo.tar.gz
    dest: /tmp/kylin-mariadb10-repo.tar.gz

# 解压缩复制离线安装包
- name: 解压缩 kylin-mariadb10-repo.tar.gz
  unarchive:
    src: /tmp/kylin-mariadb10-repo.tar.gz
    dest: /tmp
    remote_src: yes

# 创建 MariaDB repo 文件
- name: 创建 MariaDB repo 文件
  copy:
    content:
      [mariadb]
      name = MariaDB
      baseurl = file:///tmp/kylin-mariadb10-repo
      gpgcheck=0
      enabled=1
    dest: /etc/yum.repos.d/MariaDB.repo

# 更新 YUM 缓存
- name: 更新 YUM 缓存
  command: yum clean all
  become: true

# 安装 MariaDB
- name: 安装 mariadb-server 和 mariadb-client
  yum:
    name:
      - "mariadb-server"
      - "mariadb-client"
```

```
    state: present
  become: true


- name: 将 RPM 文件复制到目标主机的 /root 目录
  copy:
    src: python3-PyMySQL-0.9.2-3.ky10.noarch.rpm
    dest: /root/python3-PyMySQL-0.9.2-3.ky10.noarch.rpm
    mode: '0644'


- name: 使用 YUM 安装 RPM 文件
  yum:
    name: /root/python3-PyMySQL-0.9.2-3.ky10.noarch.rpm
    state: present


# 根据 Roles 执行不同的任务
- include_tasks: master.yml
  when: mariadb_role == 'master'


- include_tasks: slave.yml
  when: mariadb_role == 'slave'
```

（8）配置主库任务

主库的任务文件 tasks/master.yml 将进行 MariaDB 主库的基础配置，并创建复制用户，获取和设置主库日志文件及其位置，用于后续从库的配置，具体命令如下。

```
[root@ansible ha-mariadb]# vim tasks/master.yml
---
# 配置 MariaDB 主库
- name: 配置 MariaDB 主库
  template:
    src: my.cnf.j2
    dest: /etc/my.cnf


- name: 创建二进制日志索引文件
  file:
    path: /var/lib/mysql/mariadb-bin.index
    state: touch
    owner: mysql
    group: mysql
    mode: '0640'


- name: 重启 MariaDB
  service:
    name: mariadb
    state: restarted


# 设置 MariaDB root 密码
- name: 设置 MariaDB root 密码
  become: yes
  shell: mysqladmin -uroot password {{mariadb_root_password}}
```

```
# 创建复制用户
- name: 创建复制用户
  ansible.builtin.mysql_user:
    login_user: root
    login_password: "{{mariadb_root_password}}"
    name: "{{mariadb_replication_user}}"
    password: "{{mariadb_replication_password}}"
    priv: "*.*:REPLICATION SLAVE"
    host: "%"
    state: present

# 获取和设置主库日志文件及其位置
- name: 获取主库日志文件及其位置
  command: "mysql -u root -p{{mariadb_root_password}} -e 'SHOW MASTER STATUS;'"
  register: master_status

- name: 设置主库日志文件及其位置
  set_fact:
    master_log_file: "{{master_status.stdout_lines[1].split()[0]}}"
    master_log_pos: "{{master_status.stdout_lines[1].split()[1]}}"
```

（9）配置从库任务

任务文件 tasks/slave.yml 用于配置从库，并配置从库同步主库的二进制日志索引文件，具体命令如下。

```
[root@ansible ha-mariadb]# vim tasks/slave.yml
---
---
- name: 创建二进制日志索引文件
  file:
    path: /var/lib/mysql/mariadb-bin.index
    state: touch
    owner: mysql
    group: mysql
    mode: '0640'

- name: 创建二进制复制文件
  file:
    path: /var/lib/mysql/relay-bin
    state: touch
    owner: mysql
    group: mysql
    mode: '0640'

# 配置 MariaDB 从库
- name: 配置 MariaDB 从库
  template:
    src: my.cnf.j2
```

```
        dest: /etc/my.cnf

  - name: 重启 MariaDB
    service:
      name: mariadb
      state: restarted

  # 设置 MariaDB 从库 root 密码
  - name: 设置 MariaDB 从库 root 密码
    become: yes
    shell: mysqladmin -uroot password {{mariadb_root_password}}


  # 设置和开启从库复制
  - name: 设置从库复制
    mysql_replication:
      login_user: root
      login_password: "{{mariadb_root_password}}"
      mode: changemaster
      master_host: "{{mariadb_master_host}}"
      master_user: "{{mariadb_replication_user}}"
      master_password: "{{mariadb_replication_password}}"
      master_log_file: "{{hostvars['app1'].master_log_file}}"
      master_log_pos: "{{hostvars['app1'].master_log_pos}}"

  - name: 开启从库复制
    mysql_replication:
      login_user: root
      login_password: "{{mariadb_root_password}}"
      mode: startslave
```

（10）编写 MariaDB 配置文件的模板文件

编写 templates/my.cnf.j2 文件来生成 MariaDB 配置文件，区分主从库的不同配置，具体命令如下。

```
[root@ansible ha-mariadb]# vim templates/my.cnf.j2
[mysqld]
bind-address = 0.0.0.0

# 复制设置（在主库和从库上）
server-id = {{1 if mariadb_role == 'master' else 2}}
log_bin = /var/lib/mysql/mariadb-bin.log
binlog_do_db = mydb

# 仅限从库
{% if mariadb_role == 'slave' %}
relay_log = /var/lib/mysql/relay-bin
log_slave_updates = 1
read_only = 1
{% endif %}
```

213

（11）执行 Playbooks

执行 Playbooks，具体命令如下，完成 MariaDB 主从复制部署。

```
[root@ansible ~]# ansible-playbook ha-mariadb-role.yml
```

（12）验证部署

在 client2 节点上登录数据库，使用命令查看备用状态，具体命令如下。

```
[root@client2 ~]# mysql -uroot -prootpassword
Welcome to the MariaDB monitor.   Commands end with ; or \g.
Your MariaDB connection id is 16
Server version: 10.5.26-MariaDB-log MariaDB Server

Copyright (c) 2000, 2018, Oracle, MariaDB Corporation Ab and others.

Type 'help;' or '\h' for help. Type '\c' to clear the current input statement.

MariaDB [(none)]>   show slave status\G
*************************** 1. row ***************************
               Slave_IO_State: Waiting for master to send event
                  Master_Host: 192.168.200.11
                  Master_User: replication
                  Master_Port: 3306
                Connect_Retry: 60
              Master_Log_File: mariadb-bin.000001
          Read_Master_Log_Pos: 330
               Relay_Log_File: relay-bin.000002
                Relay_Log_Pos: 557
        Relay_Master_Log_File: mariadb-bin.000001
             Slave_IO_Running: Yes
            Slave_SQL_Running: Yes
              Replicate_Do_DB:
# 输出省略
```

可以看到，数据库的备用状态都已经部署完成。

🔍 项目小结

通过对本项目的学习，读者应全面掌握Ansible自动化部署中的实际应用。在对Ansible部署高可用Web服务的学习中，读者学习了如何使用Ansible的Roles机制对任务进行模块化管理，提升了代码的可维护性。通过配置Nginx与Keepalived，读者深入理解了负载均衡和高可用性的实现方式，并掌握了使用Ansible进行动态变量的设置、模板文件的创建与应用的方法，以及如何通过任务和处理程序来管理服务状态的变更。此外，读者也熟悉了如何通过编写自定义脚本，实现对服务的健康检查与自动化故障切换。

在对Ansible自动部署负载均衡器的学习中，读者深入学习了如何使用Ansible自动化部署HAProxy负载均衡器。通过创建和配置Roles，读者掌握了Ansible的copy、template和systemd模块的使用，并通过模板文件动态配置后端服务器的IP地址。在任务实施过程中，读者学会了如何编写Handlers以确保配置文件修改后能够正确重启服务，并利用变量定义提升配置的灵活性。通过Playbooks的调用，读者能够高效地完成负载均衡器的自动化安装与管理，进而提升系统的稳定性和可扩展性。这些实践经验使读者能够更熟练地应对复杂系统的自动化运维需求，为构建高效、可靠的IT基础设施奠定了坚实的基础。

在对Ansible部署高可用数据库集群的学习中，读者学会了使用Ansible自动化配置MariaDB主从复制集群，掌握了如何通过Inventory文件定义主机角色、配置主从库，以及动态设置变量来满足不同节点的需求。通过模板和Playbooks的编写，读者掌握了数据库集群的配置与管理，并能有效利用Ansible的强大自动化能力来减少配置过程中的人为错误并提高工作效率。

课后练习

1.【单选题】Ansible 中的 Playbooks 文件主要用于执行什么操作？（　　）
   A. 配置虚拟机硬件　　　　　　　　B. 执行自动化任务
   C. 启动数据库服务　　　　　　　　D. 创建用户
2.【单选题】在 Ansible 中，Roles 的作用是什么？（　　）
   A. 管理用户权限　　　　　　　　　B. 执行数据库备份
   C. 模块化组织和复用 Playbooks 任务　D. 提供内核隔离
3.【多选题】下列哪些是 Ansible 模块的功能？（　　）
   A. 管理软件包　　　　　　　　　　B. 复制文件
   C. 修改网络配置　　　　　　　　　D. 创建虚拟机快照
4.【多选题】Ansible 可以执行哪些自动化任务？（　　）
   A. 应用程序部署　　　　　　　　　B. 数据库同步
   C. 用户管理　　　　　　　　　　　D. 操作系统内核升级
5.【判断题】Ansible 依赖于客户端代理来与远程主机进行通信。（　　）

实训练习

1. 使用VMware Workstation Pro软件创建3台虚拟机，作为Web服务器节点，自行配置节点的规格，并安装银河麒麟高级服务器操作系统作为实操环境，完成Ansible的安装与配置。配置Keepalived和Nginx实现高可用负载均衡，并使用curl命令验证配置是否成功。

2. 使用部署好的Ansible，创建并应用一个Roles来实现MariaDB主从复制集群的自动化部署。在完成部署后，通过登录从库节点，使用SQL命令验证主从复制的状态是否正常。

项目 8

自动化运维综合实践

项目描述

本项目系统地介绍了自动化运维领域中的两种核心技术，即Shell技术和Ansible技术，并选取4个典型的任务进行详细讲解和实践演示。通过对本项目的学习，读者应能够掌握银河麒麟高级服务器操作系统中自动化运维的基础技能和运维开发的方法，同时了解如何应用Shell技术和Ansible技术来提高运维效率及自动化程度。本项目中的任务贴近实际应用场景，旨在帮助读者快速掌握自动化运维技术的应用和实践方法。

学习目标

知识目标

- 掌握 Shell 语言基础语法。
- 掌握文本处理工具的使用方法。
- 掌握基于 Ansible 部署 DNS 集群的方法。

能力目标

- 能够编写 Shell 脚本。

素养目标

- 提高通过科学思维审视专业问题的能力。
- 提高实际动手操作与团队合作的能力。

任务分解

本项目旨在让读者掌握Shell脚本编写以及Ansible的使用方法，最后通过编写Playbooks完成服务的部署，为了方便学习，本项目划分为4个任务。项目8任务分解如表8-1所示。

表 8-1　项目 8 任务分解

任务	任务目标	安排课时
任务 8.1 Shell 语言基础语法	掌握 Shell 语言基础语法	2
任务 8.2 Shell 部署 2048 小游戏	能够使用 Shell 脚本部署小游戏	2
任务 8.3 Python 自动化部署 Web 网站	能够使用 Python 完成自动化任务	2
任务 8.4 Ansible 部署 DNS 集群	能够使用 Ansible 完成服务的部署	2
总计		8

知识准备

Shell 脚本是一种用于自动化任务的脚本语言，它由一系列 Shell 命令组成，并由 Shell 解释器逐行执行。Shell 是 UNIX 及类 UNIX 操作系统中的命令行解释器，负责解析用户输入的命令并执行相应的操作。Shell 脚本通常用于系统管理、任务调度、批量处理和自动化工作流。

Shell 脚本的理论包括以下几个方面。

（1）基础语法：Shell 脚本的基础语法涵盖变量、函数、流程控制命令（if、for、while、case 等）、命令替换、重定向等方面。熟悉这些语法可以帮助读者编写出更加高效、可维护的 Shell 脚本。

（2）系统环境变量：Shell 脚本可以通过系统环境变量获取系统的一些信息，如当前用户名、当前路径、系统版本等。这些信息可以帮助 Shell 脚本更好地适应当前系统环境。

（3）常用命令：Shell 脚本可以调用各种系统命令来完成特定的任务。一些常用命令包括 ls、grep、sed、awk、cut、find、sort、uniq、head、tail 等。熟悉这些命令可以帮助读者更好地理解和编写 Shell 脚本。

（4）调试技巧：当 Shell 脚本出现问题时，需要通过调试技巧来找出问题。常用的调试技巧包括添加调试输出命令、使用 set 命令开启调试模式、使用 shellcheck 等工具检查脚本语法等。

（5）最佳实践：编写高质量的 Shell 脚本需要遵循一些最佳实践，如保持脚本简洁、确保注释清晰、确保代码可读性强、妥善处理异常情况等。这些最佳实践可以帮助读者编写更加高效、可靠的 Shell 脚本。

总的来说，Shell 脚本的理论包括基础语法、系统环境变量、常用命令、调试技巧和最佳实践等方面，熟练掌握这些方面的知识可以让读者更好地理解和编写 Shell 脚本。

任务 8.1 Shell 语言基础语法

【任务描述】

本任务旨在帮助读者学习 Shell 编程的基本知识和技能，包括 Shell 语言基础语法（包括变量、条件命令、循环命令和函数等）。通过实验案例的演示，读者将学习如何使用 Shell 编程来自动化执行任务和管理系统。这些技能在日常工作中非常实用，可以帮助读者提高工作效率和更好地管理系统。

微课

任务 8.1 实操演示

【任务分析】

（1）规划节点

使用银河麒麟高级服务器操作系统规划节点，如表 8-2 所示。

表 8-2　规划节点

IP 地址	主机名	节点
192.168.200.10	ansible	银河麒麟高级服务器操作系统控制节点
192.168.200.11	client1	银河麒麟高级服务器操作系统控制节点
192.168.200.12	client2	银河麒麟高级服务器操作系统控制节点

（2）基础准备

在进行 VMware Workstation Pro 软件的实操练习时，首先启动软件并选择"创建新的虚拟机"选项，打开安装向导，在安装向导中选择使用典型配置，设置虚拟机参数，包括分配 4 个虚拟 CPU、4GB 内存和 40GB 磁盘空间，并选择 NAT 模式作为网络设置，同时分配静态 IP 地址 192.168.200.10。指定加载 Kylin-Server-10-SP2-Release-Build09-20210524-x86_64.iso 镜像文件作为启动介质，完成虚拟机的各项配置后启动虚拟机，按照引导完成系统安装。设置主机名为 ansible，建议设置主机密码为 Kylin2024。按照相同的配置步骤新建另外两台虚拟机，静态 IP 地址分别配置为 192.168.200.11 和 192.168.200.12，将主机名分别设置为 client1 和 client2，将主机密码都设置为 Kylin2024。接下来请务必关闭防火墙及 SELinux。

【任务实施】

（1）创建一个新文件

在文件的第一行添加以下语句，指定要使用的 Shell 解释器。

```
[root@shell ~]# vim myscript.sh
#!/bin/bash
```

上述命令告诉系统使用 bash 解释器来执行脚本。也可以使用其他 Shell 解释器，如 zsh 或 ksh。

（2）编写脚本

编写脚本的主体部分，这部分通常包含一系列要执行的命令。以下是一个简单的例子。

```
[root@shell ~]# vim myscript.sh
#!/bin/bash
echo "Hello, world!"
```

上述脚本只包含一行代码，它输出了一条简单的消息。可以在终端中运行该脚本来查看结果。

（3）添加可执行权限

保存脚本并为其添加可执行权限。在终端中使用 chmod 命令来为脚本添加可执行权限，具体命令如下。

```
[root@shell ~]# chmod +x myscript.sh
```

上述命令为名为 myscript.sh 的脚本添加可执行权限。

（4）运行脚本

具体命令如下。

```
[root@shell ~]# ./myscript.sh
Hello, world!
```

上述命令会执行名为 myscript.sh 的脚本。如果一切正常，那么会在终端中看到输出结果。

（5）变量

在 Shell 中，可以使用变量来存储数据。变量的名称必须以字母或下画线开头，后面可以接字母、数字或下画线。定义变量时不需要指定数据类型，Shell 会根据变量的值来自动判断数据类型。定义变量的语法为“变量名=值”。

例如：

```
name="John"
age=20
echo "My name is $name and I am $age years old."
```

上述代码定义了两个变量 name 和 age，并输出了一个文本字符串，其中使用了变量。运行结果为“My name is John and I am 20 years old.”。

（6）字符串

Shell 中的字符串是由一系列字符组成的，可以使用单引号或双引号来定义一个字符串。双引号可以解析字符串中的变量，而单引号不会解析变量，只会将变量名作为字符串输出。

例如：

```
name="John"
echo "Hello, $name!"
```

上述代码使用双引号定义了一个字符串，并在字符串中使用了变量 name。运行结果为“Hello, John!”。

（7）数组

Shell 中的数组是一个可以存储多个值的容器，可以通过索引访问数组中的元素。数组的定义方式有多种，其中常见的是使用()来定义数组。

例如：

```
arr=(1 2 3 4 5)
echo "The third element of the array is ${arr[2]}."
```

上述代码定义了一个名为 arr 的数组，然后输出了数组中的第 3 个元素。${arr[2]}表示数组 arr 中的第 3 个元素，因为数组索引从 0 开始，所以第 3 个元素的索引是 2。运行结果为“The third element of the array is 3.”。

（8）条件命令

在 Shell 中，可以使用条件命令来根据条件执行不同的操作。常见的条件命令有 if 命令和 case

命令。

if 命令的基本语法如下。

```
if [ 条件 ]
then
    // 满足条件时执行的代码
else
    // 不满足条件时执行的代码
fi
```

例如：

```
age=20
if [ $age -ge 18 ]
then
    echo "You are an adult."
else
    echo "You are not an adult."
fi
```

上述代码使用 if 命令根据年龄判断用户是否已经成年。$age 表示变量 age 的值，-ge 表示大于或等于，18 表示要比较的值。如果 age 大于或等于 18，则输出"You are an adult."，否则输出"You are not an adult."。

case 命令用于比较一个变量与多个模式。case 命令的基本语法如下。

```
case 变量 in
模式 1)
    // 变量匹配模式 1 时执行的代码
    ;;
模式 2)
    // 变量匹配模式 2 时执行的代码
    ;;
*)
    // 变量与所有模式都不匹配时执行的代码
    ;;
esac
```

例如：

```
color="red"
case $color in
"red")
    echo "The color is red."
    ;;
"green")
    echo "The color is green."
    ;;
*)
    echo "The color is not red or green."
    ;;
esac
```

上述代码使用 case 命令根据变量 color 的值来判断颜色，如果 color 的值为 red，则输出"The color is red."；如果 color 的值为 green，则输出"The color is green."；如果 color 的值不是 red 或 green，则输出"The color is not red or green."。

（9）循环命令

在 Shell 中，可以使用循环命令来重复执行一段代码。常见的循环命令有 for 循环和 while 循环。

for 循环的基本语法如下。

```
for 变量 in 列表
do
    // 要执行的代码
done
```

例如：

```
for i in 1 2 3 4 5
do
    echo $i
done
```

上述代码使用 for 循环输出数字 1~5。$i 表示循环变量，循环变量每次循环时取列表中的一个值。运行结果如下。

```
1
2
3
4
5
```

while 循环的基本语法如下。

```
while [ 条件 ]
do
    // 要执行的代码
done
```

例如：

```
i=1
while [ $i -le 5 ]
do
    echo $i
    i=$((i+1))
done
```

上述代码使用 while 循环输出数字 1~5。$i 表示循环变量，-le 表示小于或等于，5 表示要比较的值。当 i 小于或等于 5 时，输出 i 的值，然后将 i 的值加 1。运行结果与 for 循环的运行结果相同。

下面开始编写相应的文件。

① 创建一个文件，名为 status.sh，具体命令如下。

```
[root@shell ~]# vim status.sh
```

status.sh 内容如下。

```
#!/bin/bash

# 获取当前时间
now=$(date +"%T")

# 显示当前时间
```

221

```
echo "当前时间: $now"

# 显示 CPU 使用率
cpu_usage=$(top -b -n 1 | grep "Cpu(s)" | awk '{print $2}')
echo "CPU 使用率: $cpu_usage%"

# 显示内存使用率
mem_total=$(free -m | awk 'NR==2{printf "%.2fGB\n", $2/1024}')
mem_used=$(free -m | awk 'NR==2{printf "%.2fGB\n", $3/1024}')
mem_free=$(free -m | awk 'NR==2{printf "%.2fGB\n", $4/1024}')
mem_buffers=$(free -m | awk 'NR==2{printf "%.2fGB\n", $6/1024}')
mem_cached=$(free -m | awk 'NR==2{printf "%.2fGB\n", $7/1024}')
mem_usage=$(free -m | awk 'NR==2{printf "%.2f%%\n", $3/($2-$4-$6-$7)*100}')
echo "内存使用率:$mem_usage;总共:$mem_total;已使用:$mem_used;可用:$mem_free;
缓存: $mem_buffers; 缓存文件: $mem_cached"

# 显示磁盘使用情况
disk_total=$(df -h --total | awk 'END{printf "%.2fGB\n", $2/1024}')
disk_used=$(df -h --total | awk 'END{printf "%.2fGB\n", $3/1024}')
disk_avail=$(df -h --total | awk 'END{printf "%.2fGB\n", $4/1024}')
disk_usage=$(df -h --total | awk 'END{print $5}')
echo "磁盘使用情况: 总共: $disk_total; 已使用: $disk_used; 可用: $disk_avail; 使用率:
$disk_usage"

# 显示网络连接状态
tcp_established=$(netstat -an | grep ESTABLISHED | wc -l)
tcp_syn_sent=$(netstat -an | grep SYN_SENT | wc -l)
tcp_syn_recv=$(netstat -an | grep SYN_RECV | wc -l)
tcp_fin_wait1=$(netstat -an | grep FIN_WAIT1 | wc -l)
tcp_fin_wait2=$(netstat -an | grep FIN_WAIT2 | wc -l)
tcp_time_wait=$(netstat -an | grep TIME_WAIT | wc -l)
tcp_close_wait=$(netstat -an | grep CLOSE_WAIT | wc -l)
tcp_last_ack=$(netstat -an | grep LAST_ACK | wc -l)
tcp_closing=$(netstat -an | grep CLOSING | wc -l)
echo "网络连接状态:已建立:$tcp_established;等待 SYN 的确认:$tcp_syn_sent;收到 SYN
的确认:$tcp_syn_recv; 等待远程 TCP 关闭连接: $tcp_fin_wait1; 等待本地 TCP 关闭连接:
$tcp_fin_wait2;等待关闭的 TCP 连接:$tcp_time_wait;等待关闭的 TCP 连接:$tcp_close_wait;
等待关闭的 TCP 连接( Last ACK ): $tcp_last_ack; 正在关闭的 TCP 连接( Closing ): $tcp_closing"
```

② 赋予可执行权限，具体命令如下。

```
[root@shell ~]# chmod +x status.sh
```

③ 安装 net-tools。

```
[root@shell ~]# yum install -y net-tools
```

④ 测试 status.sh，具体命令如下。

```
[root@shell ~]# ./status.sh
当前时间: 04:28:47
CPU 使用率: 0.0%
```

内存使用率：−5.11%；总共：6.51GB；已使用：0.29GB；可用：5.87GB；缓存：0.35GB；缓存文件：5.86GB

磁盘使用情况：总共：0.06GB；已使用：0.01GB；可用：0.05GB；使用率：14%

网络连接状态：已建立：1；等待 SYN 的确认：0；收到 SYN 的确认：0；等待远程 TCP 关闭连接：0；等待本地 TCP 关闭连接：0；等待关闭的 TCP 连接：0；等待关闭的 TCP 连接：0；等待关闭的 TCP 连接（Last ACK）：0；正在关闭的 TCP 连接（Closing）：0

任务 8.2　Shell 部署 2048 小游戏

【任务描述】

本任务的主要目的是通过讲解使用 Shell 脚本自动化部署 Apache 服务器和 2048 小游戏的过程，让读者掌握 Shell 脚本的基础语法和常用命令，并了解 Apache 服务器的基础知识。本任务的实践内容包括环境检查、文件下载、文件解压缩、文件移动、服务配置等过程。通过实践，读者可以熟悉如何编写 Shell 脚本来自动化部署 Apache 服务器和 2048 小游戏，并提高工作效率和质量。

微课

任务 8.2 实操演示

同时，本任务还能够帮助读者进一步了解 Apache 服务器和 2048 小游戏的相关知识，为后续的学习和应用打下基础。本任务的学习过程注重实践和操作，旨在使读者能够深入了解使用 Shell 脚本进行自动化部署的流程和方法，掌握实际应用技能。

【任务分析】

（1）规划节点

使用银河麒麟高级服务器操作系统规划节点，如表 8-3 所示。

表 8-3　规划节点

IP 地址	主机名	节点
192.168.200.10	ansible	银河麒麟高级服务器操作系统控制节点
192.168.200.11	client1	银河麒麟高级服务器操作系统控制节点
192.168.200.12	client2	银河麒麟高级服务器操作系统控制节点

（2）基础准备

在进行 VMware Workstation Pro 软件的实操练习时，首先启动软件并选择"创建新的虚拟机"选项，打开安装向导，在安装向导中选择使用典型配置，设置虚拟机参数，包括分配 4 个虚拟 CPU、4GB 内存和 40GB 磁盘空间，并选择 NAT 模式作为网络设置，同时分配静态 IP 地址 192.168.200.10。指定加载 Kylin-Server-10-SP2-Release-Build09-20210524-x86_64.iso 镜像文件作为启动介质，完成虚拟机的各项配置后启动虚拟机，按照引导完成系统安装。设置主机名为 ansible，建议设置主机密码为 Kylin2024。按照相同的配置步骤新建另外两台虚拟机，静态 IP 地址分别配置为 192.168.200.11 和 192.168.200.12，将主机名分别设置为 client1 和 client2，将主机密码都设置为 Kylin2024。接下来请务必关闭防火墙及 SELinux。

【任务实施】

（1）上传软件包

使用传输工具，将提供的"2048game.tar.gz"上传至 ansible 节点的/root 目录，并将其解压缩，具体命令如下。

```
[root@shell ~]# ls -la
总用量 356
dr-xr-x---    4 root root     216   2 月 22 17:42 .
dr-xr-xr-x. 20 root root     280   2 月 14 02:25 ..
-rw-r--r--    1 root root 330215   2 月 22 17:14 2048game.tar.gz

[root@shell ~]# tar zxf 2048game.tar.gz
[root@localhost ~]# ls -l
总用量 332
drwxr-xr-x 2 root root      44   2 月 22 17:14 2048game
-rw-r--r-- 1 root root 330215   2 月 22 17:14 2048game.tar.gz
-rw------- 1 root root   2550   2 月 14 02:18 anaconda-ks.cfg
-rw-r--r-- 1 root root   2850   2 月 14 02:25 initial-setup-ks.cfg
```

进入文件夹，更改权限，具体命令如下。

```
[root@localhost ~]# cd 2048game/
[root@localhost 2048game]# chmod +x 2048.sh
```

（2）执行脚本

具体命令如下。

```
[root@localhost 2048game]# ./2048.sh
请选择要执行的操作：
1. 重启 Apache
2. 停止 Apache
3. 启动 Apache
4. 备份数据
5. 安装 Apache 并部署 2048 小游戏
6. 退出
请输入数字进行选择： // 输入 5
正在安装 Apache...
上次元数据过期检查：0:06:30 前，执行于 2023 年 02 月 22 日 星期三 17 时 51 分 30 秒。
软件包 httpd-2.4.43-4.p03.ky10.x86_64 已安装。
依赖关系解决。
无须任何处理。
完毕!
Apache 安装成功!
正在部署 2048 小游戏...
Archive:  2048-master.zip
fc1ef4fe5a5fcccea7590f3e4c187c75980b353f
   creating: 2048-master/
  extracting: 2048-master/.gitignore
   inflating: 2048-master/.jshintrc
   inflating: 2048-master/CONTRIBUTING.md
   inflating: 2048-master/LICENSE.txt
   inflating: 2048-master/README.md
   inflating: 2048-master/Rakefile
   inflating: 2048-master/favicon.ico
   inflating: 2048-master/index.html
   creating: 2048-master/js/
```

```
 inflating: 2048-master/js/animframe_polyfill.js
 inflating: 2048-master/js/application.js
 inflating: 2048-master/js/bind_polyfill.js
 inflating: 2048-master/js/classlist_polyfill.js
 inflating: 2048-master/js/game_manager.js
 inflating: 2048-master/js/grid.js
 inflating: 2048-master/js/html_actuator.js
 inflating: 2048-master/js/keyboard_input_manager.js
 inflating: 2048-master/js/local_storage_manager.js
 inflating: 2048-master/js/tile.js
  creating: 2048-master/meta/
 inflating: 2048-master/meta/apple-touch-icon.png
 inflating: 2048-master/meta/apple-touch-startup-image-640x1096.png
 inflating: 2048-master/meta/apple-touch-startup-image-640x920.png
  creating: 2048-master/style/
  creating: 2048-master/style/fonts/
 inflating: 2048-master/style/fonts/ClearSans-Bold-webfont.eot
 inflating: 2048-master/style/fonts/ClearSans-Bold-webfont.svg
 inflating: 2048-master/style/fonts/ClearSans-Bold-webfont.woff
 inflating: 2048-master/style/fonts/ClearSans-Light-webfont.eot
 inflating: 2048-master/style/fonts/ClearSans-Light-webfont.svg
 inflating: 2048-master/style/fonts/ClearSans-Light-webfont.woff
 inflating: 2048-master/style/fonts/ClearSans-Regular-webfont.eot
 inflating: 2048-master/style/fonts/ClearSans-Regular-webfont.svg
 inflating: 2048-master/style/fonts/ClearSans-Regular-webfont.woff
 inflating: 2048-master/style/fonts/clear-sans.css
 inflating: 2048-master/style/helpers.scss
 inflating: 2048-master/style/main.css
 inflating: 2048-master/style/main.scss
2048 小游戏部署成功！
正在关闭防火墙...
Removed /etc/systemd/system/multi-user.target.wants/firewalld.service.
Removed /etc/systemd/system/dbus-org.fedoraproject.FirewallD1.service.
防火墙已关闭！
请选择要执行的操作：
1. 重启 Apache
2. 停止 Apache
3. 启动 Apache
4. 备份数据
5. 安装 Apache 并部署 2048 小游戏
6. 退出
请输入数字进行选择：
```

命令执行完成后，即可访问网站。

（3）访问网站

使用浏览器访问 IP 地址 192.168.200.10，输出界面如图 8-1 所示。

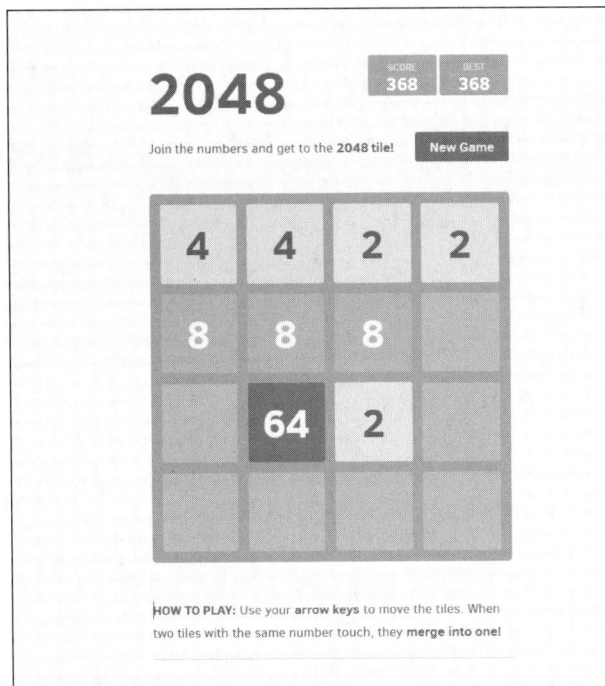

图 8-1　输出界面

（4）代码解读

定义一个函数 install_apache()，用于安装 Apache，具体命令如下。安装过程中，首先使用 yum 命令安装 httpd 软件包，然后启动 Apache 服务并设置开机自动启动，最后输出安装成功的提示信息。

```
# 安装 Apache
function install_apache() {
    echo -e "\033[32m 正在安装 Apache...\033[0m"
    sudo yum install -y httpd
    sudo systemctl start httpd
    sudo systemctl enable httpd
    echo -e "\033[32mApache 安装成功！\033[0m"
}
```

定义一个函数 deploy_2048()，用于部署 2048 小游戏，具体命令如下。删除之前的 2048-master 目录，使用 unzip 命令解压缩 2048-master.zip 压缩包，将解压缩后的文件复制到 Apache 根目录 /var/www/html/下，输出部署成功的提示信息。

```
# 部署 2048 小游戏
function deploy_2048() {
    echo -e "\033[32m 正在部署 2048 小游戏...\033[0m"
    # 下载并解压缩 2048 小游戏压缩包
    rm -rf 2048-master/
    unzip 2048-master.zip
    # 将 2048 小游戏文件复制到 Apache 根目录下
    sudo cp -r 2048-master/* /var/www/html/
    echo -e "\033[32m2048 小游戏部署成功！\033[0m"
}
```

定义一个函数 backup_data()，用于备份/var/www/html/目录下的数据，具体命令如下。其中，使用 tar 命令打包并压缩该目录，并将备份文件保存在当前目录下，备份文件名格式为 2048_backup_年月日_时分秒.tar.gz，输出备份成功的提示信息。

```
# 备份数据
function backup_data() {
    echo -e "\033[32m 正在备份数据...\033[0m"
    backup_file="2048_backup_$(date +%Y%m%d_%H%M%S).tar.gz"
    sudo tar -czvf $backup_file /var/www/html/
    echo -e "\033[32m 数据备份成功，备份文件名为 $backup_file\033[0m"
}
```

定义一个函数 disable_firewall()，用于关闭防火墙，具体命令如下。其中，使用 systemctl 命令停止 firewalld 服务，并设置开机不自动启动，输出关闭成功的提示信息。

```
# 关闭防火墙
function disable_firewall() {
    echo -e "\033[32m 正在关闭防火墙...\033[0m"
    sudo systemctl stop firewalld
    sudo systemctl disable firewalld
    echo -e "\033[32m 防火墙已关闭！\033[0m"
}
```

manage()函数用于提供用户交互式管理操作，是脚本的核心功能。它会显示一系列管理选项，并等待用户输入相应的数字来选择操作。程序通过 case 命令解析用户输入，并调用对应的功能函数。如果输入无效，则会提示错误信息并重新显示菜单。

manage()函数的每个选项都对应一个操作，具体如下。

① 重启 Apache：调用 sudo systemctl restart httpd 命令来重启 Apache。

② 停止 Apache：调用 sudo systemctl stop httpd 命令来停止 Apache。

③ 启动 Apache：调用 sudo systemctl start httpd 命令来启动 Apache。

④ 备份数据：调用 backup_data()函数来备份数据。

⑤ 安装 Apache 并部署 2048 小游戏：依次调用 install_apache()、deploy_2048()、disable_firewall()函数来安装 Apache、部署 2048 小游戏、关闭防火墙。

⑥ 退出：输出提示信息并退出程序。

具体命令如下。

```
# 管理功能
function manage() {
    echo "请选择要执行的操作："
    echo "1. 重启 Apache"
    echo "2. 停止 Apache"
    echo "3. 启动 Apache"
    echo "4. 备份数据"
    echo "5. 安装 Apache 并部署 2048 小游戏"
    echo "6. 退出"
    read -p "请输入数字进行选择：" choice
    case $choice in
        1)
            sudo systemctl restart httpd
            echo -e "\033[32mApache 已重启！\033[0m"
```

227

```
                manage
                ;;
        2)
                sudo systemctl stop httpd
                echo -e "\033[32mApache 已停止！\033[0m"
                manage
                ;;
        3)
                sudo systemctl start httpd
                echo -e "\033[32mApache 已启动！\033[0m"
                manage
                ;;
        4)
                backup_data
                manage
                ;;
        5)
                install_apache
                deploy_2048
                disable_firewall
                manage
                ;;
        6)
                echo -e "\033[32m 程序已退出！\033[0m"
                ;;
        *)
                echo -e "\033[32m 输入无效！\033[0m"
                manage
                ;;
    esac
}
# 进入管理功能
manage
```

任务 8.3 Python 自动化部署 Web 网站

【任务描述】

在本任务中，读者将学习如何通过 Python 脚本实现银河麒麟高级服务器操作系统上 Web 网站的自动化部署，并将一个简单的 index.html 文件部署到服务器上。本任务内容从安装 Apache Web 服务器、启动并设置 Apache 服务开机自动启动，到部署 HTML 文件并检查 Apache 服务器状态，涵盖整个部署流程的自动化操作。通过对 subprocess 模块的使用，读者将深入了解如何在 Python 中执行 Shell 命令，并将这些命令集成到一个完整的自动化部署解决方案中。这不仅使得部署过程变得更加高效，同时可让读者掌握 Python 中与系统交互的核心技巧。

微课

任务 8.3 实操演示

通过对本任务的学习，读者不仅能够掌握 Apache Web 服务器的部署方法，还能通过 Python 实现从手动操作到自动化操作的过渡，从而极大地提高工作效率。同时，读者将学会如何将 Python

应用到实际生产环境中，通过自动化简化复杂的操作流程。这将使读者在处理类似项目时更加自信，能够利用自动化部署的优势加快开发与部署的节奏，提升项目的可维护性与稳定性。此外，本任务的完成将为读者打开进一步学习系统管理和自动化运维的大门，为后续更高级的开发和运维工作打下坚实基础。

【任务分析】

（1）规划节点

使用银河麒麟高级服务器操作系统规划节点，如表 8-4 所示。

表 8-4　规划节点

IP 地址	主机名	节点
192.168.200.10	ansible	银河麒麟高级服务器操作系统控制节点
192.168.200.11	client1	银河麒麟高级服务器操作系统控制节点
192.168.200.12	client2	银河麒麟高级服务器操作系统控制节点

（2）基础准备

使用 VMware Workstation Pro 最小化安装一台虚拟机，配置使用 1 个虚拟 CPU、2GB 内存、40GB 磁盘空间，镜像使用 Kylin-Server-10-SP2-Release-Build09-20210524-x86_64.iso，选择 NAT 模式作为网络设置，并将 NAT 模式的网段配置成 192.168.111.0/24。虚拟机安装完毕之后，配置虚拟机 IP 地址（可自行配置 IP 地址，此处配置的 IP 地址为 192.168.200.10），最后使用远程连接工具进行连接。

【任务实施】

（1）安装 Apache Web 服务器

通过 Python 脚本使用 yum 命令安装 Apache Web 服务器，具体步骤如下。

① 创建一个 Python 脚本，并引入 subprocess 模块用于执行 Shell 命令。

② 编写函数 install_apache()，该函数使用 yum 命令安装 Apache Web 服务器。

具体命令如下。

```python
import subprocess
# 定义执行 Shell 命令的函数
def run_command(command):
    """执行命令并输出"""
    process = subprocess.Popen(command, shell=True, stdout=subprocess.PIPE, stderr=subprocess.PIPE)
    stdout, stderr = process.communicate()

    if process.returncode == 0:
        print(f"命令执行成功：{command}")
        print(stdout.decode())
    else:
        print(f"命令执行失败：{command}")
        print(stderr.decode())
        exit(1)
# 1. 更新系统并安装 Apache Web 服务器
def install_apache():
    print("正在更新系统并安装 Apache Web 服务器...")
```

```
    run_command("sudo yum update -y")
    run_command("sudo yum install httpd -y")
# 调用安装函数
if __name__ == "__main__":
install_apache()
```

说明：

① subprocess.Popen()用于在 Python 中执行 Shell 命令，stdout 和 stderr 用于捕获命令输出和错误信息。

② yum 是 CentOS 上的包管理器，yum install httpd -y 用于安装 Apache Web 服务器（httpd 是 Apache 在 CentOS 上的服务名称）。

（2）启动并设置 Apache 服务开机自动启动

在配置和管理 Apache Web 服务器时，Apache 服务是常用的选择之一。为了确保 Apache 服务在系统启动时自动启动，需要启动服务并将其设置为开机自动启动。下面演示如何通过 Python 脚本启动 Apache 服务，并配置其为开机自动启动，具体命令如下。

```
# 2. 启动 Apache 服务并设置为开机自动启动
def start_apache():
    print("正在启动 Apache 服务并设置为开机自动启动...")
    run_command("sudo systemctl start httpd")
    run_command("sudo systemctl enable httpd")


# 在主函数中调用该方法
if __name__ == "__main__":
    install_apache()
start_apache()
```

说明：

① systemctl start httpd 用于启动 Apache 服务。

② systemctl enable httpd 用于设置 Apache 服务开机自动启动。

（3）部署 HTML 文件

将本地的 index.html 文件部署到 Apache 的默认根目录/var/www/html/，具体步骤如下。

① 编写一个函数 deploy_html()，该函数会将指定的 HTML 文件复制到 Apache 的默认根目录。

② 确保文件路径正确，并且具有能够进行文件复制操作的权限。

具体命令如下。

```
importos
# 3. 复制 index.html 文件到 Apache 的默认根目录
def deploy_html(html_file_path):
    print(f"正在部署 {html_file_path} 到 /var/www/html/ ...")
    if os.path.exists(html_file_path):
        run_command(f"sudo cp {html_file_path} /var/www/html/index.html")
    else:
        print(f"错误：文件 {html_file_path} 不存在。")
        exit(1)


# 在主函数中调用该方法并传入 HTML 文件路径
if __name__ == "__main__":
```

```
        html_file_path = "/root/index.html"
        install_apache()
        start_apache()
        deploy_html(html_file_path)
```

说明：

① os.path.exists(html_file_path)用于检查 HTML 文件是否存在。

② cp 命令用于将 HTML 文件复制到/var/www/html/目录，这是 Apache 默认的网页存放目录。

执行此步骤编写的命令后，index.html 文件会成功部署到服务器，并可以在浏览器中通过服务器的 IP 地址访问。

231

（4）检查 Apache 服务状态

确认 Apache 服务是否正常运行，并输出服务状态。编写函数 check_apache_status()，该函数会调用 systemctl status httpd 检查 Apache 服务状态，具体命令如下。

```
# 4. 确认 Apache 服务是否正常运行
def check_apache_status():
    print("正在检查 Apache 服务状态...")
    run_command("sudo systemctl status httpd")
# 调用主函数进行完整部署
if __name__ == "__main__":
    html_file_path = "/root/index.html"
    install_apache()
    start_apache()
    deploy_html(html_file_path)
    check_apache_status()
```

说明：

systemctl status httpd 用于查看 Apache 服务当前的状态信息，并输出到终端。

至此，整个部署过程完成，Apache 服务将会启动并运行，读者可以通过服务器的 IP 地址访问部署的 index.html 文件。

（5）上传文件

上传软件包内的 HTML 文件到服务器中，确保脚本能正常运行。

具体命令如下。

```
[root@ansible ~]# vim python_deploy_html.py
import subprocess
import os
# 定义执行 Shell 命令的函数
def run_command(command):
    """执行命令并输出"""
    process = subprocess.Popen(command, shell=True, stdout=subprocess.PIPE, stderr=subprocess.PIPE)
    stdout, stderr = process.communicate()

    if process.returncode == 0:
        print(f"命令执行成功: {command}")
        print(stdout.decode())
    else:
        print(f"命令执行失败: {command}")
```

```
            print(stderr.decode())
            exit(1)
# 1. 更新系统并安装 Apache Web 服务器
def install_apache():
        print("正在更新系统并安装 Apache Web 服务器...")
        run_command("sudo yum update -y")
        run_command("sudo yum install httpd -y")
# 2. 启动 Apache 服务并设置为开机自动启动
def start_apache():
        print("正在启动 Apache 服务并设置为开机自动启动...")
        run_command("sudo systemctl start httpd")
        run_command("sudo systemctl enable httpd")
# 3. 复制 index.html 文件到 Apache 的默认根目录
def deploy_html(html_file_path):
        print(f"正在部署 {html_file_path} 到 /var/www/html/ ...")
        if os.path.exists(html_file_path):
            run_command(f"sudo cp {html_file_path} /var/www/html/index.html")
        else:
            print(f"错误：文件 {html_file_path} 不存在。")
            exit(1)
# 4. 确认 Apache 服务是否正常运行
def check_apache_status():
        print("正在检查 Apache 服务状态...")
        run_command("sudo systemctl status httpd")
# 调用主函数进行完整部署
if __name__ == "__main__":
        html_file_path = "/path/to/your/index.html"  # 替换为实际路径
        install_apache()
        start_apache()
        deploy_html(html_file_path)
        check_apache_status()
[root@ansible ~]# ll /root/index.html
-rw-r--r-- 1 root root 1060904  9 月 19 16:48 /root/index.html
```

（6）执行脚本以部署此项目

具体命令如下。

```
[root@ansible ~]# python3 python_deploy_html.py
正在安装 Apache Web 服务器...
命令执行成功: sudo yum install httpd -y
上次元数据过期检查: 2:34:31 前，执行于 2024 年 09 月 19 日 星期四 14 时 56 分 34 秒。
软件包 httpd-2.4.43-4.p03.ky10.x86_64 已安装。
依赖关系解决。
无须任何处理。
完毕!

正在启动 Apache 服务并设置为开机自动启动...
命令执行成功: sudo systemctl start httpd

命令执行成功: sudo systemctl enable httpd
```

正在部署 index.html 到 /var/www/html/ ...
命令执行成功：sudo cp index.html /var/www/html/index.html

正在检查 Apache 服务状态...
命令执行成功：sudo systemctl status httpd
● httpd.service – The Apache HTTP Server
 Loaded: loaded (/usr/lib/systemd/system/httpd.service; enabled; vendor preset: disabled)
 Active: active (running) since Thu 2024-09-19 17:10:17 CST; 20min ago
 Docs: man:httpd.service(8)
 Main PID: 38178 (httpd)
 Status: "Total requests: 6; Idle/Busy workers 100/0;Requests/sec: 0.00484; Bytes served/sec: 1.7KB/sec"
 Tasks: 278
 Memory: 54.2M
 CGroup: /system.slice/httpd.service
　　├─38178 /usr/sbin/httpd -DFOREGROUND
　　├─38179 /usr/sbin/httpd -DFOREGROUND
　　├─38180 /usr/sbin/httpd -DFOREGROUND
　　├─38181 /usr/sbin/httpd -DFOREGROUND
　　├─38182 /usr/sbin/httpd -DFOREGROUND
　　└─38436 /usr/sbin/httpd -DFOREGROUND

9 月 19 17:10:17 ansible systemd[1]: Starting The Apache HTTP Server...
9 月 19 17:10:17 ansible httpd[38178]: [Thu Sep 19 17:10:17.597136 2024] [so:warn] [pid 38178] AH01574: module socache_memcache_module is already loaded, skipping
9 月 19 17:10:17 ansible httpd[38178]: AH00558: httpd: Could not reliably determine the server's fully qualified domain name, using 192.168.200.10. Set the 'ServerName' directive globally to suppress this message
9 月 19 17:10:17 ansible systemd[1]: Started The Apache HTTP Server.

使用浏览器访问 Apache 服务，访问结果如图 8-2 所示。

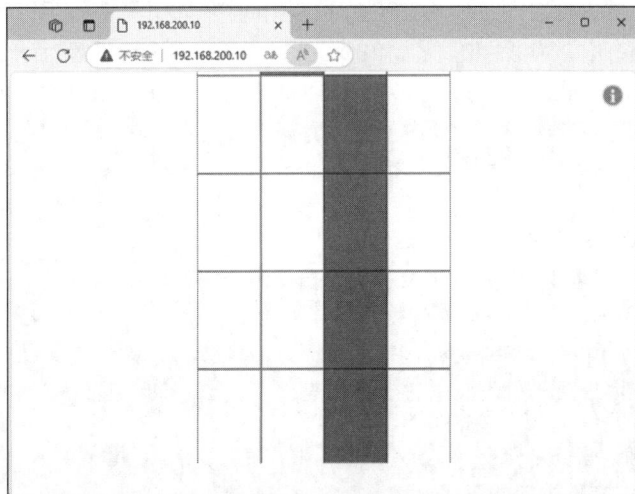

图 8-2　访问结果

任务 8.4　Ansible 部署 DNS 集群

【任务描述】

DNS 是互联网中一种常用的协议，用于将域名转换为 IP 地址，使得用户可以通过更加友好的域名访问网站。在实际应用中，为了提高 DNS 服务的可用性和性能，通常需要将其部署成集群。本任务旨在介绍如何使用 Ansible 自动化部署一个基本的 DNS 集群，包括一台主 DNS 服务器和一台备用 DNS 服务器。通过对本任务的学习，读者将掌握如何使用 Ansible 进行自动化部署、如何配置和管理 DNS 服务器，以及如何提高 DNS 服务的可用性和性能。同时，本任务还能够帮助读者进一步了解 DNS 协议和 DNS 服务的相关知识，为后续的学习和应用打下基础。

微课

任务 8.4 实操演示

【任务分析】

（1）规划节点

使用银河麒麟高级服务器操作系统规划节点，如表 8-5 所示。

表 8-5　规划节点

IP 地址	主机名	节点
192.168.200.10	ansible	Ansible 服务节点
192.168.200.11	client1	银河麒麟高级服务器操作系统控制节点
192.168.200.12	client2	银河麒麟高级服务器操作系统控制节点

（2）基础准备

在进行 VMware Workstation Pro 软件的实操练习时，首先启动软件并选择"创建新的虚拟机"选项，打开安装向导，在安装向导中选择使用典型配置，设置虚拟机参数，包括分配 4 个虚拟 CPU、4GB 内存和 40GB 磁盘空间，并选择 NAT 模式作为网络设置，同时分配静态 IP 地址 192.168.200.10。指定加载 Kylin-Server-10-SP2-Release-Build09-20210524-x86_64.iso 镜像文件作为启动介质，完成虚拟机的各项配置后启动虚拟机，按照引导完成系统安装。设置主机名为 ansible，建议设置主机密码为 Kylin2024。按照相同的配置步骤新建另外两台虚拟机，静态 IP 地址分别配置为 192.168.200.11 和 192.168.200.12，主机名分别设置为 client1 和 client2，主机密码都设置为 Kylin2024。接下来请务必关闭防火墙及 SELinux，具体命令如下。

```
[root@client1 ~]# systemctl stop firewalld
[root@client1 ~]# setenforce 0
```

【任务实施】

（1）编写 Playbooks 文件

创建一个专门用于部署 DNS 集群的文件夹，具体命令如下。

```
[root@ansible elk-rpm]# cd ~
[root@ansible ~]# mkdir dns
[root@ansible ~]# cd dns/
```

编写 Playbooks 文件，具体命令如下。

```
[root@ansible dns]# vim dns_cluster.yml
```

dns_cluster.yml 文件内容如下。

```
- name: 部署 DNS 服务器
```

```
hosts: all
become: yes

vars:
  domain: example.com
  master_ip: 192.168.200.10
  slave_domain: slave.example.com
  slave_ip: 192.168.200.11
  ansible_python_interpreter: /usr/bin/python3
tasks:
  - name: 安装 bind
    yum:
      name: bind
      state: latest
  - name: 配置文件 named.conf
    template:
      src: named.conf.j2
      dest: /etc/named.conf
      owner: named
      group: named
      mode: 0640
  - name: 创建区域文件
    template:
      src: "{{item}}.zone"
      dest: "/var/named/{{item}}.zone"
      owner: named
      group: named
      mode: 0640
    loop:
      - "{{domain}}"
      - "{{slave_domain}}"
  - name: 创建从属目录
    file:
      path: /var/named/slaves
      state: directory
      owner: named
      group: named
      mode: 0750
  - name: 将从属区域文件复制到从属服务器中
    copy:
      src: "{{slave_domain}}.zone"
      dest: "/var/named/slaves/{{ slave_domain }}.zone"
      owner: named
      group: named
      mode: 0640
    when: "'192.168.200.12' in inventory_hostname"
  - name: 重启 named
```

```
        systemd:
            name: named
            state: restarted
            enabled: yes
```

该 Playbooks 包括以下几个主要方面的内容。

① 检查所有主机的操作系统版本和更新源是否可用，确保系统是最新的并能够安装软件包。

② 在所有 DNS 服务器上安装 bind 软件包，以便能够提供 DNS 服务。

③ 将主 DNS 服务器的配置文件，包括 named.conf 和主区域文件，从 Ansible 主机复制到主 DNS 服务器。

④ 将从 DNS 服务器的配置文件，包括 named.conf 和从区域文件，从 Ansible 主机复制到备用 DNS 服务器。

⑤ 在主 DNS 服务器上启动 named 服务，并配置 systemd，使其在系统重启后自动启动。

⑥ 在从 DNS 服务器上启动 named 服务，并配置 systemd，使其在系统重启后自动启动。

（2）编写配置文件的模板文件

具体命令如下。

```
[root@ansible dns]# vim named.conf.j2
```

named.conf.j2 文件内容如下。

```
acl "trusted" {
        192.168.0.0/16;
        10.0.0.0/8;
        localhost;
};
options {
        directory "/var/named";
        listen-on port 53 {any;};
        allow-query {trusted;};
        allow-transfer {trusted;};
        recursion yes;
        dnssec-validation yes;
        auth-nxdomain no;
        notify yes;
};
zone "{{domain}}" IN {
        type master;
        file "{{domain}}.zone";
        allow-transfer { {{slave_ip}}; };
};
zone "{{slave_domain}}" IN {
        type slave;
        file "slaves/{{slave_domain}}.zone";
        masters { {{master_ip}}; };
};
```

在 named.conf.j2 配置文件的模板文件中，使用了{{slave_domain}}变量来指定从 DNS 服务器的域名，并在 zone 部分中引用该变量。为了使从 DNS 服务器能够获取到 DNS 区域文件，需要在从 DNS 服务器上创建一个名为 slaves 的目录，并将{{slave_domain}}.zone 文件复制到该目录中。此外，在主 DNS 服务器上，必须将 DNS 区域文件复制到 slaves 目录中，并确保 allow-transfer 配置允许从 DNS 服务器访问主 DNS 服务器上的 DNS 区域文件。

① options：在此部分中，指定 DNS 服务器的常规选项，如指定数据存储目录和是否启用递归查询等选项。

② zone：在此部分中，定义主 DNS 区域和从 DNS 区域。其中，{{domain}}代表主区域名称，{{slave_ip}}是从 DNS 服务器的 IP 地址，{{slave_domain}}代表从区域名称，{{master_ip}}是主 DNS 服务器的 IP 地址。在此示例中，主 DNS 服务器的 type 设置为 master，表示该服务器负责管理和维护该区域的数据；从 DNS 服务器的 type 设置为 slave，用于从主服务器同步 DNS 记录。

③ 在 Playbooks 中，可以使用 template 模块将上面的 named.conf.j2 模板渲染为实际的配置文件，然后将其复制到 DNS 服务器上的适当位置。在模板中，可以使用实际的替换模板中的变量值，如将{{domain}}、{{slave_domain}}和{{master_ip}}、{{slave_ip}}替换为实际的值。

（3）编写 DNS 区域文件

在配置 DNS 区域文件时，需要为主 DNS 服务器和从 DNS 服务器分别创建各自的 DNS 区域文件。这些文件定义了域名解析的详细信息，包括主机名、IP 地址、名称服务器等内容。接下来将分别创建两个 DNS 区域文件：example.com.zone 用于主 DNS 服务器，slave.example.com.zone 用于从 DNS 服务器。这些 DNS 区域文件的配置将确保主从 DNS 服务器之间的 DNS 同步和解析功能。

为主 DNS 服务器和从 DNS 服务器分别编写 DNS 区域文件，具体命令如下。

```
[root@ansible dns]# vim example.com.zone
$ORIGIN example.com.
$TTL 86400
@          IN      SOA     ns1.example.com. root.example.com. (
                           2023022101        ; serial
                           7200              ; refresh (2 hours)
                           3600              ; retry (1 hour)
                           1209600           ; expire (2 weeks)
                           86400             ; minimum (1 day)
                           )

           IN      NS      ns1.example.com.
           IN      NS      ns2.example.com.

ns1        IN      A       192.168.200.10
ns2        IN      A       192.168.200.11

www        IN      A       192.168.200.10

[root@ansible dns]# vim slave.example.com.zone
$ORIGIN slave.example.com.
$TTL 86400
@          IN      SOA     ns1.example.com. root.example.com. (
                           2023022101        ; serial
                           7200              ; refresh (2 hours)
                           3600              ; retry (1 hour)
```

```
                              1209600          ; expire (2 weeks)
                              86400            ; minimum (1 day)
                              )

              IN     NS      ns1.example.com.
              IN     NS      ns2.example.com.

     ns1      IN     A       192.168.200.10
     ns2      IN     A       192.168.200.11

     www      IN     A       192.168.200.10
```

（4）执行和测试

执行 Playbooks 文件，具体命令如下。

```
[root@ansible dns]# ansible-playbook dns_cluster.yml

PLAY [部署 DNS 服务器] *************************************************************
**********************************************************

TASK [Gathering Facts] ***********************************************************
**********************************************************
ok: [192.168.200.11]
ok: [192.168.200.12]

TASK [ftp repo] ******************************************************************
**********************************************************
ok: [192.168.200.12]
ok: [192.168.200.11]

TASK [安装 bind] ******************************************************************
**********************************************************
ok: [192.168.200.11]
ok: [192.168.200.12]

TASK [配置文件 named.conf] **********************************************************
**********************************************************
changed: [192.168.200.12]
changed: [192.168.200.11]

TASK [创建区域文件] ******************************************************************
**********************************************************
changed: [192.168.200.11] => (item=example.com)
changed: [192.168.200.12] => (item=example.com)
changed: [192.168.200.12] => (item=slave.example.com)
changed: [192.168.200.11] => (item=slave.example.com)

TASK [创建从属目录] ******************************************************************
**********************************************************
```

```
changed: [192.168.200.11]
changed: [192.168.200.12]

TASK [将从属区域文件复制到从属服务器中] ********************************************
**************************************************
skipping: [192.168.200.11]
changed: [192.168.200.12]

TASK [重启 named] ************************************************************
************************************************
changed: [192.168.200.11]
changed: [192.168.200.12]

PLAY RECAP *****************************************************************
***********************************************

 192.168.200.11                 : ok=7     changed=4    unreachable=0    failed=0
skipped=1    rescued=0    ignored=0
 192.168.200.12                 : ok=8     changed=5    unreachable=0    failed=0
skipped=0    rescued=0    ignored=0
```

配置 DNS 服务器 IP 地址为 192.168.200.11 并进行测试，具体命令如下。

```
[root@ansible dns]# echo 'nameserver 192.168.200.11' > /etc/resolv.conf
[root@ansible dns]# ping www.example.com
PING www.example.com (192.168.200.10) 56(84) bytes of data.
64 bytes from ansible (192.168.200.10): icmp_seq=1 ttl=64 time=0.008 ms
^C
--- www.example.com ping statistics ---
1 packets transmitted, 1 received, 0% packet loss, time 0ms
rtt min/avg/max/mdev = 0.008/0.008/0.008/0.000 ms
```

项目小结

　　本项目通过对自动化运维技术的介绍，帮助读者了解自动化运维的相关概念和作用，并掌握其中的基础技能和工具。首先，读者学习了Shell脚本的基础语法和常用命令，了解了如何编写Shell脚本来自动化部署Apache服务器和2048小游戏。其次，读者学习了Python自动化部署Web网站的技术，使用Python脚本实现Apache Web服务器的自动安装、启动，HTML文件部署及服务状态检查，并掌握了如何通过subprocess模块执行系统命令，实现Web服务器的自动化管理。最后，读者学习了如何使用Ansible自动化部署DNS集群，掌握DNS服务器的安装与配置方法。实验内容包括编写Ansible Playbooks以自动化配置DNS服务器、管理主从DNS服务器的同步，并通过模板文件生成named.conf和DNS区域文件，以提升DNS服务的可用性和可靠性。

　　通过本项目的学习，读者将掌握Python及Ansible在自动化运维中的实际应用，能够高效完成Web服务器和DNS服务器的自动化部署，提高运维管理的效率和精度，为后续更高级的系统管理和运维自动化学习打下坚实的基础。

课后练习

1.【单选题】在 Shell 脚本中，常用来控制代码执行流程的语句包括哪些？（　　　）
  A. ls、grep、find　　　　　　　　B. if、for、while、case
  C. curl、sed、awk　　　　　　　　D. sort、uniq、head

2.【单选题】Ansible 通信时，Linux 操作系统中的通信协议是什么？（　　　）
  A. PowerShell　　B. OpenSSH　　　C. HTTP　　　　　D. HTTPS

3.【多选题】下列哪些是 Shell 脚本的常见调试技巧？（　　　）
  A. 使用 set 命令开启调试模式　　　B. 添加调试输出命令
  C. 使用 shellcheck 工具检查脚本语法　D. 使用 if 命令调试

4.【多选题】Ansible 的使用者可以通过哪些方式调用 Ansible 工具集？（　　　）
  A. CMDB 方式
  B. 私有云/公有云方式
  C. Users 方式
  D. 通过 Ansible 控制节点执行 ansible 或 ansible-playbook 命令

5.【判断题】Ansible 可以直接作用于所有 Linux 和非 Linux 操作系统的主机及云平台设备。（　　　）

实训练习

　　1. 使用Shell脚本自动化备份指定目录下的文件，并记录备份日志。要求通过Shell脚本调用tar命令打包备份文件，生成备份日志并将其保存到指定路径。

　　2. 配置Ansible，使用Playbooks自动化部署一个Web服务，并验证部署后的Web服务是否能正常响应请求。要求编写一个简单的Playbooks，完成Web服务的安装和配置，并使用curl命令进行验证。